职业教育机械类专业"互联网+"新形态教材

金工实训

主　编　赵菲菲
副主编　王墨林　李金亮
参　编　王文豪　徐国峰　崔文强　魏玉俭　刘肖肖
主　审　潘学海

机械工业出版社

本书是根据《钳工国家职业技能标准》《焊工国家职业技能标准》和《车工国家职业技能标准》及装备制造大类机械制造及自动化相关专业的培养目标，同时兼顾机械类、材料类、车辆类各专业的培养方案编写的。

本书分为金工实训基础、钳工、焊接、机械装配与拆卸和车削加工五个教学项目，着重介绍了钳工的基本操作方法和焊工、车工的基本操作。

本书按照由简单到复杂的认知规律，引导学习者循序渐进地提高实际操作技能；在每个任务中，对实训步骤都进行了详细的介绍，并力求图文并茂；在重要知识点处嵌入二维码，方便读者理解相关知识及操作方法，进行更深入的学习。

本书可作为职业院校机械、机电、汽车等相关专业教材，也可作为工程技术人员的参考用书。

为方便教学，本书配有电子课件、习题答案等教学资源，凡选用本书作为教材的教师，均可登录机械工业出版社教育服务网（www.cmpedu.com）注册、下载或来电索取。

图书在版编目（CIP）数据

金工实训 / 赵菲菲主编. —北京：机械工业出版社，2024.2
（2025.6重印）
职业教育机械类专业"互联网+"新形态教材
ISBN 978-7-111-74485-6

Ⅰ.①金… Ⅱ.①赵… Ⅲ.①金属加工 – 实习 – 职业教育 – 教材 Ⅳ.①TG-45

中国国家版本馆CIP数据核字（2023）第242681号

机械工业出版社（北京市百万庄大街22号　邮政编码100037）
策划编辑：黎　艳　　　　　责任编辑：黎　艳　王莉娜
责任校对：孙明慧　张　薇　　封面设计：王　旭
责任印制：张　博
固安县铭成印刷有限公司印刷
2025年6月第1版第2次印刷
210mm×285mm·13.5印张·370千字
标准书号：ISBN 978-7-111-74485-6
定价：46.00元

电话服务　　　　　　　　　网络服务
客服电话：010-88361066　　机 工 官 网：www.cmpbook.com
　　　　　010-88379833　　机 工 官 博：weibo.com/cmp1952
　　　　　010-68326294　　金 书 网：www.golden-book.com
封底无防伪标均为盗版　机工教育服务网：www.cmpedu.com

前言

党的二十大报告明确了职业教育的重要地位和产教融合这一职业教育办学模式的重要作用,并非常明确地把大国工匠和高技能人才作为人才强国战略的重要组成部分。为了全面贯彻党的教育方针,落实立德树人的根本任务,本书根据岗位能力要求,以培养学生的职业能力为目标,突破传统学科教学体系框架,注重从理论知识、实践技能和职业素养三个方面培养学生的综合能力,在学习过程中让学生充分体验"学中做、做中学、学有所用"的职业教育特色。本书大力弘扬爱国精神、劳模精神、劳动精神、工匠精神、创新精神,旨在培养学生爱岗敬业、勤学苦练、专心致志的品质,养成严谨的科学态度和精益求精的工作作风,领悟做人、做事的道理,以达到"教书"和"育人"的双重目的。

本书按照项目任务编写,以工作任务为抓手,以能力为本位,以学生为中心来安排教学内容,将各工种的实际操作过程采用活页式教学,并配有评分表、拓展知识和任务,有助于帮助学生掌握实训重点,帮助教师有效评定学生成绩,符合高职教育特色。同时,本书以二维码的形式将实训操作的视频植入书中,便于读者学习。

本书由淄博职业学院赵菲菲任主编,淄博职业学院王墨林、李金亮任副主编,淄博职业学院王文豪、徐国峰、崔文强和山东新华医疗器械股份有限公司魏玉俭、刘肖肖参与了编写,淄博职业学院潘学海主审。本书在编写过程中,山东莱茵科斯特智能科技有限公司胡鹏昌、山东新景表业有限公司孙建光、山东新马制药装备有限公司张峰等给予了大力支持,在此一并表示衷心的感谢!

由于编者经验不足、水平有限,书中难免会有疏漏、不足之处,请广大读者予以指正。

编 者

二维码索引

序号	名称	二维码	页码	序号	名称	二维码	页码
1	实训规范与安全		2	11	手锯的握法和锯削姿势		44
2	游标卡尺		17	12	锯削的操作要领		45
3	外径千分尺		18	13	棒料的锯削方法		45
4	内径千分尺		19	14	圆管的锯削方法		45
5	游标万能角度尺		19	15	薄材料的锯削方法		46
6	百分表		21	16	深缝的锯削方法		46
7	认识钳工		30	17	锯削实操微课		47
8	划线工、量具		32	18	锉削工具		53
9	划线实例		42	19	锉削的基本操作要领		54
10	锯削工具		43	20	平面锉削方法		56

IV

（续）

序号	名称	二维码	页码	序号	名称	二维码	页码
21	外圆弧面的锉削方法		56	33	螺纹加工实操微课		81
22	内圆弧面的锉削方法		57	34	埋弧焊		87
23	锉削实操微课		59	35	压力焊		87
24	麻花钻的结构		66	36	气体保护焊		87
25	扩孔介绍		68	37	焊条电弧焊		87
26	认识铰刀		69	38	认识焊工		88
27	铰孔操作		70	39	平敷焊		88
28	孔加工实操微课		71	40	焊接劳动保护		90
29	丝锥介绍		77	41	焊接设备及使用		91
30	攻螺纹方法		78	42	焊条电弧焊介绍		92
31	板牙介绍		79	43	引弧、运条、收弧		93
32	套螺纹的操作方法		80	44	直线形运条法		94

V

(续)

序号	名称	二维码	页码	序号	名称	二维码	页码
45	直线往复形运条法		94	56	横对接焊介绍		115
46	月牙形运条法		94	57	横对接焊实操微课		117
47	圆圈形运条法		94	58	立对接焊介绍		121
48	三角形运条法		94	59	立对接焊实操微课		124
49	八字形运条法		94	60	仰对接焊实操微课		131
50	锯齿形运条法		94	61	装配知识		139
51	平敷焊接实操微课		96	62	连接件的装配		140
52	焊接作业安全操作规程		100	63	螺纹的种类及其应用		140
53	平对接焊介绍		103	64	认识螺纹连接的预紧		141
54	平对接焊实操微课		109	65	认识螺纹连接的防松(上)		141

（续）

序号	名称	二维码	页码	序号	名称	二维码	页码
55	认识螺纹连接的防松（下）		141	66	车刀的种类和用途		177
67	传动件的装配		146	72	车床卡盘的装卸方法		177
68	变速器装配实操微课		153	73	台阶轴零件加工实操微课		182
69	机械的拆卸		162	74	车螺纹		191
70	变速器拆卸实操微课		165	75	车圆锥		194
71	车削运动和三个表面		174	76	锥度心轴零件加工实操微课		199

目 录

前言

二维码索引

项目 1　金工实训基础 ·· 1
任务 1　实训规范与安全 ··· 1
任务 2　量具的使用 ·· 15

项目 2　钳工 ·· 30
任务 1　划线 ·· 30
任务 2　锯削 ·· 42
任务 3　锉削 ·· 52
任务 4　孔加工 ·· 64
任务 5　螺纹加工 ·· 76

项目 3　焊接 ·· 87
任务 1　平敷焊接 ·· 88
任务 2　平对接焊 ·· 102
任务 3　横对接焊 ·· 114
任务 4　立对接焊 ·· 120
任务 5　仰对接焊 ·· 128

项目 4　机械装配与拆卸 ··· 137
任务 1　机械装配 ·· 137
任务 2　机械拆卸 ·· 160

项目 5　车削加工 ··· 171
任务 1　车削外圆、端面和台阶面 ·· 171
任务 2　车削螺纹和圆锥面 ·· 189

参考文献 ·· 206

项目 1　金工实训基础

任务 1　实训规范与安全

知识树

实训规范与安全知识树如图 1-1 所示。

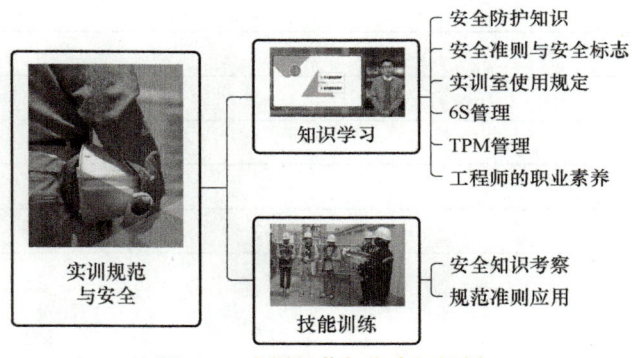

图 1-1　实训规范与安全知识树

任务描述

每个企业都希望实现安全、低成本、高效率、高品质的生产目标以及提供优质服务，创造整洁、方便、安全的优良工作环境，以稳定产品质量使企业在激烈的竞争中不被淘汰。因此，6S、TPM 等先进的管理方法被企业广泛采用。本任务通过 6S、TPM 管理方法与钳工工作岗位的结合，使学生在完成工作任务的同时，做好自我安全防护工作，逐步养成良好的职业素养，以便未来适应企业管理要求。

任务要求

1. 学会安全防护知识。
2. 熟悉实训室安全管理制度，认识安全标识。
3. 熟悉手动加工区 6S 及 TPM 管理方法。
4. 熟悉工作岗位的职业素养要求。

素养提升

在实训准备阶段,要让学生了解和掌握相关的安全防护知识,培养学生遵守工作规范、文明生产的意识。在实训过程中,培养学生的安全和规范意识,增强学生的社会责任感,提高安全防范能力。在实训结束后,能养成严谨、精益求精、专注的学习态度。

 工作内容

工作一　知识学习

【自主资料搜集】

2002年4月23日,陕西一煤机厂职工小吴正在摇臂钻床上进行钻孔作业。测量零件时,小吴没有关停钻床,只是把摇臂推到一边,就戴着手套去搬动工件。这时,飞速旋转的钻头猛地绞住了小吴的手套,强大的力量拽着小吴的手臂往钻头上缠绕。小吴一边喊叫,一边拼命挣扎,等到同事听到喊声关掉钻床,小吴的手套、工作服已被撕烂,右手小手指也被绞断。

上面的例子告诉我们,劳保用品也不能随便使用,尤其在旋转机械附近,更要规范着装,如要扣紧袖口,不要戴围巾、手套等。通过案例学习,同学们认为安全防范意识和规范操作是不是很重要呢?描述你搜集到的事故场景,并和小组其他成员一起讨论事故中的违规操作及预防措施。

_____
_____
_____
_____
_____
_____

【专业知识学习】

一、安全防护知识

实训规范与安全

1. 个人的安全防护

无数惨痛的教训告诉人们,不注意生产中的安全防护会带来极其严重的后果。一次意外事故可能会缩减甚至断送个人的职业生涯,甚至给个人和家庭带来极大的痛苦。因此,作为机械加工操作人员,必须高度重视个人的安全防护,牢固树立安全第一的意识。

(1)眼睛的防护

在使用机床加工工件时,产生的高温金属切屑常常会以很高的速度飞溅出来,稍不留神就可能导致周围的人眼睛受伤。在车间进行相关操作时,一定要做到时刻佩戴防护眼镜。多数情况下可选用普通的平光镜,如图1-2所示,这种平光镜镜片为有机玻璃镜片,镜片刮伤后可以更换。平光镜的镜架分为固定式和柔性可调式两种。进行磨削、钻削操作时,必须佩戴防护罩眼镜,如图1-3所示,以防止飞出的切屑从侧面落进眼睛。对戴近视镜的操作人员,可以采用防护面罩,如图1-4所示。

图1-2 普通的框式防护眼镜

图1-3 防护罩眼镜

图1-4 防护面罩

(2)听力的防护

在学校实训车间里通常没有噪声干扰的问题。然而，在真正的机械加工车间里，装配生产线或冲压设备都会产生很大的噪声，保护听力不受损害成为安全工作的重要内容。《工业企业职工听力保护规范》明确规定了噪声的限制范围，见表1-1。

表1-1 规定时间内的允许噪声

序号	每个工作日接触噪声的时间/h	允许噪声/dB
1	8	85
2	4	88
3	2	91
4	1	94
5	0.5	97
6	0.25	100
7	0.125	103
8	最高不得超过115dB	

《工业企业职工听力保护规范》规定，企业应当提供三种以上的护耳器（包括不同类型、不同型号的耳塞或耳罩），如图1-5所示。

a)回弹耳塞

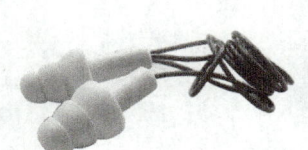
b)带线耳塞

c)耳罩

图1-5 护耳器

《金属切削机床 安全防护通用技术条件》（GB 15760—2004）中规定，应采取措施降低机床的噪声。在空运转条件下，机床的噪声声压级应符合表1-2的规定。

表1-2 机床空运转噪声声压级的限值

机床质量/t	≤10	>10~30	≥30
普通机床/dB（A）	85	85	90
数控机床/dB（A）	83		

(3)磨屑及有害烟尘的控制

磨屑是砂轮机磨削工件或刀具时产生的，包含大量对人体有害的细小金属颗粒和砂轮磨料。为了减少空气中磨屑的含量，大部分磨削机械安装了砂轮机除尘装置，如图1-6所示。此外，使用切削液也具有一定的降尘作用。

a) 除尘式砂轮机

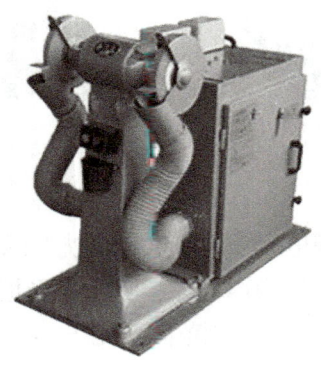
b) 砂轮机吸尘装置

图 1-6 砂轮机除尘装置

（4）工作时的着装、服饰与头发要求

在机械加工车间工作时，应当穿工作服，如图 1-7 所示，不要系领带。工作时，应该戴上工作帽，并将长发置于工作帽内，如图 1-8 所示，以免头发被卷入机器中，造成灾难性的事故。操作机床时不可戴手表和戒指，以免造成严重伤害。

（5）脚部的防护

在机械加工车间工作时应穿钢包头劳保鞋，如图 1-9 所示，以保护脚部。

图 1-7 工作服

图 1-8 戴上工作帽操作机床

图 1-9 钢包头劳保鞋

（6）手部的防护

机械加工车间里的工人长年接触各种机械，应保护好双手。在操作机床的过程中，不要用手直接接触机床上的金属切屑，应使用刷子清除，或使用工业吸尘器清除切屑，如图 1-10 所示。操作机床时严禁戴手套，以防手套被机床部件卷入而导致手臂被带入旋转的机器中。各种切削液和溶剂对人的皮肤都有刺激作用，经常接触可能会引起皮疹或感染，所以应尽量少接触这些液体，如果无法避免，使用后应立即洗手。

（7）搬运重物的注意事项

使用错误的方式搬运重物可能导致操作人员脊椎永

图 1-10 用工业吸尘器清除切屑

久性的损伤,甚至使人完全丧失劳动能力。将力量全部施加在脊柱上抬起重物是错误的,如图 1-11 所示。搬运重物的正确姿势如图 1-12 所示。

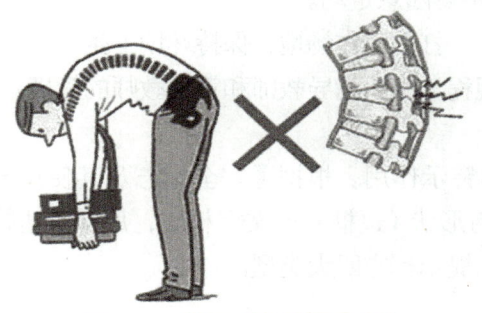

图 1-11　搬运重物的错误姿势

图 1-12　搬运重物的正确姿势

2. 机械伤害事故的预防

生产制造车间都会存在安全隐患,因此每次启动机床前,应明确以下问题。
1)怎么使用这台机器?
2)使用这台机器有什么潜在的危险?
3)所有的安全防护装置都就位了吗?
4)操作程序安全吗?
5)是否做我力所能及的事?
6)是否已做好所有的调整工作?
7)装夹的工件牢固了吗?
8)佩戴好必需的防护装备了吗?
9)知道关机的开关在哪里吗?
10)所做的每件事都考虑了安全问题吗?

二、安全准则与安全标志

1. 安全管理制度

实训教学环节具有一定的危险性。如果实训人员不遵守设备安全操作规程或者缺乏一定的安全知识,有可能发生机械伤害、触电等事故。因此,为保证实训人员的安全,必须进行安全知识的培训,使所有参加训练的人员都树立"安全第一"的思想意识,谨记并严格遵守安全管理制度,做到警钟长鸣。

1)进入实训场地必须按规定着装,做好劳动保护工作,工作服必须扣紧袖口。女学生必须戴安全帽,不得将头发披散在前额或两侧,不准戴围巾或穿裙子、高跟鞋、拖鞋、凉鞋等;男学生不准穿背心、拖鞋上岗,经检查不合格者不能参加实训。

2)实训场地的任何机器设备及其他辅助设施,未经允许一律禁止乱动。

3)实训时必须按工种要求戴防护用品,具体如下:机加工必须戴防护眼镜,不准戴手套;钳工不准戴手套;电焊工必须穿劳保鞋、防护服、护袜,戴电焊手套和电焊面罩。

4)未经同意不准动用、扳动、起动非自己操作的设备及其电源开关和消防设备。

5)不准攀登起重机、墙梯和任何设备。

6)不准在起重机的吊物运行路线上行走和停留。

7）不准在实训场地内追逐、打闹、喧哗等，以免造成事故或影响他人工作。

8）操作时必须精力集中，不准做与操作无关的事情，操作机床时不能接听手机。

9）现场教学和参观时，必须服从组织安排，注意听讲，不得随意走动。

10）每天下班前应清扫干净机床，清洁、整理用具、工件，打扫工作场地，保持环境卫生。

11）实训期间必须遵守安全管理制度和各工种安全操作规程，服从指导教师和管理教师的管理。

2. 安全标志

安全标志比安全语言的描述更简洁、形象，具有更强的警示作用。根据《安全标志及其使用导则》（GB 2894—2008），安全标志由图形符号、安全色、几何形状（边框）或文字构成，用以表达特定安全信息。安全标志分为禁止标志、警告标志、指令标志和提示标志四大类型。

（1）禁止标志

禁止人们不安全行为的图形标志。其基本型式为带斜杠的圆边框，圆边框与斜杠相连且用红色，图形符号用黑色，背景用白色。常用禁止标志见表1-3。

表1-3 常用禁止标志

序号	图形标志	名称	序号	图形标志	名称
1		禁止烟火	4		禁止合闸
2		禁止堆放	5		禁止靠近
3		禁止启动	6		禁止伸入

（2）警告标志

提醒人们对周围环境引起注意，以避免可能发生危险的图形标志。其基本型式为黑色正三角形边框、黑色符号和黄色背景。常用警告标志见表1-4。

表1-4 常用警告标志

序号	图形标志	名称	序号	图形标志	名称
1		注意安全	3		当心机械伤人
2		当心触电	4		当心弧光

（3）指令标志

强制人们必须做出某种动作或采用防范措施的图形标志。其基本型式为圆形边框、蓝色背景、白色图形符号。常用指令标志见表1-5。

表1-5 常用指令标志

序号	图形标志	名称	序号	图形标志	名称
1		必须戴防护眼镜	3		必须戴防尘口罩
2		必须戴护耳器	4		必须戴安全帽

（4）提示标志

向人们提供某种信息（如标明安全设施或场所等）的图形标志。其基本型式为正方形边框、绿色背景、白色图形符号及文字。常用提示标志见表1-6。

表1-6 常用提示标志

序号	图形标志	名称	序号	图形标志	名称
1		紧急出口	3		应急电话
2		急救点	4		避险处

三、实训室使用规定

1）根据教学计划在指定的实训室进行实训。进入实训室应听从指导教师及管理教师的安排，不迟到和早退。

2）进入实训室应注意着装，不穿拖鞋、背心、短裙进入实训室。

3）保持实训室安静，以免影响他人。

4）维护实训室机器设备，不私自拆卸设备，不违规操作设备。做好设施、设备以及教具等的使用记录，发生设备故障时，要及时、如实、详细地向指导教师或实训室管理教师报告。

5）注意用电用水安全，离开实训室及时关闭电源、水源。

6）熟悉实训室及周围环境，熟悉消防设施设备和消防通道的位置，掌握消防器材的使用方法。

7）不带与实训无关的物品进入实训室，及时打扫实训室卫生，保持实训室整洁。

8）不私自逗留在实训室，不得在实训室内留宿和进行娱乐活动等。如有特殊情况，需要提前向指导教师申请。

9) 不私自遮挡实训室摄像头，不私自将实训室设备带离实训室。爱护实训室的一切设施。对故意损坏实训室设施、人为设置障碍或故意损坏设备的行为，除赔偿相关损失外，参照学校规定给予一定的纪律处分。

10) 保护实训室安全。不允许外来人员进入实训室，离开实训室要关好门窗。

四、6S 管理

1. 6S 管理简介

6S 的前身为 5S。5S 是源自日本企业的一种全新的管理模式，指在组织内部持续开展"整理（Seiri）""整顿（Seiton）""清扫（Seiso）""清洁（Seiketsu）""素养（Shitsuke）"五项活动，以此来规范现场、现物，营造一目了然的工作环境，培养员工良好的工作习惯，是日式企业独特的一种管理方法，其最终目的是提升人的品质。

因为日语中这五个单词的罗马拼音第一个字母都是 S，故简称其为 5S 管理。后来在 5S 的基础上又增加了安全（Safety），形成了 6S；增加了节约（Saving），形成了 7S。

2. 6S 管理的含义

（1）整理

将工作场所的任何物品区分为有必要的和没有必要的，除了有必要的留下来，其他的都消除掉。目的：腾出空间，空间活用，防止误用，塑造清爽的工作场所。

（2）整顿

把留下来的必要用的物品依规定位置摆放，并放置整齐，加以标识。目的：工作场所一目了然，消除寻找物品的时间，提供整整齐齐的工作环境，消除过多的积压物品。

（3）清扫

将工作场所内看得见与看不见的地方清扫干净，保持工作场所干净、亮丽。目的：稳定品质，减少工业伤害。

（4）清洁

将整理、整顿、清扫进行到底，并且制度化，经常保持环境处在美观的状态。目的：创造明朗现场，维持上面 3S 成果。

（5）素养

每位员工养成良好的习惯，并遵守规则做事，培养积极主动的精神（也称习惯性）。目的：培养有良好习惯、遵守规则的员工，营造团队精神。

（6）安全

重视员工安全教育，每时每刻都有安全第一的观念，防患于未然。目的：建立起安全生产的环境，所有的工作应建立在安全的前提下。

用以下的简短语句来描述 6S，也能方便记忆：

整理：要与不要，一留一弃；

整顿：科学布局，取用快捷；

清扫：清除垃圾，美化环境；

清洁：清洁环境，贯彻到底；

素养：形成制度，养成习惯；

安全：安全操作，以人为本。

五、TPM 管理

1. TPM 管理概述

TPM（Total Productive Maintenance）意为"全员生产维护"。其中，全员是指全体人员。TPM 管理是企业领导、生产现场员工以及办公室人员参加的生产维修、保养体制。TPM 管理的目的是达到设备的最高效益。它以小组活动为基础，涉及设备全系统，其基本要点如下：

1）以现场 6S 活动为基础。
2）确立以设备一生为对象的全系统的生产维修。
3）涉及设备的管理部门、使用部门、维修部门等所有部门。
4）从领导者到生产一线员工全员参加。
5）通过小组自主活动推进生产维修。
6）创造整合有机的生产体系。

2. TPM 管理的意义

做好 TPM 管理就是做好自主保全，减少设备故障；做好 TPM 管理就是形成管理的氛围，防止事故的发生；做好 TPM 管理就是培养解决主要矛盾或问题的能力，把影响生产的内外因素消除到最少。

3. TPM 管理的实施

制定 TPM 管理标准内容，通过图文结合的标准文件指导学生做好每一步的 TPM 管理工作。

4. TPM 管理点检

实行 TPM 管理后，应对管理内容进行 TPM 管理点检。对于 TPM 管理过程中仍存在的问题，应向实训教师或上一级管理人员反映。TPM 管理点检内容应与 TPM 管理规范内容对应。

5. TPM 管理的含义

（1）预防哲学

防止问题发生是 TPM 管理的基本方针，这是预防哲学，也是消除灾害、事故、故障的理论基础。为防止问题发生，应当消除产生问题的因素，并为防止问题的再次发生进行逐一的检查。

（2）"零"目标

TPM 管理以实现 4 个"零"为目标，即灾害为零、不良为零、故障为零、浪费为零。为了实现 4 个"零"，TPM 管理以预防保全手法为基础展开活动。

（3）全员参与和小集团活动

做好预防工作是 TPM 管理活动成功的关键。如果操作者不关注、相关人员不关注、领导不关注，不可能做到全方位预防。如企业规模比较大，只靠几十个工作人员维护，就算是一天 8h 不停地巡查，也很难防止一些显在或潜在的问题发生。

六、工程师的职业素养

2013 年 11 月 28 日，教育部、中国工程院印发了《卓越工程师教育培养计划通用标准》（教高函〔2013〕15 号）。这个通用标准规定了卓越计划各类工程型人才培养应达到的要求，同时也是制定行业标准和学校标准的宏观指导性标准。根据通用标准以及社会发展的需求，现代工程型人才应具有良好的质量意识、安全意识、效益意识、环境意识、职业健康意识、服务意识、创新意识、精细化工作意识等。

1. 质量意识

工程质量是保证工程造福于民的关键，工程质量的好坏直接关系到人民的生命安全和国家的经济利益。由于质量事故，利国利民工程变成祸国殃民工程的情况在现实生活中并不少见，如重庆綦江彩虹桥垮塌事件，使人民生命财产遭受了重大损失。质量意识就是工程师对质量和质量工作的认识、理解和重视程度，拥有良好的质量意识是工程师追求卓越的前提，需贯穿于工程师的整个职业生涯。

2. 安全意识

安全意识就是工程师在从事生产活动中对安全现状的认识，以及对自身和他人安全的重视程度。良好的安全意识关系到人民群众的人身安全和切身利益、国家和企业财产的安全，以及经济社会的健康稳定发展。安全既是工程师从事工程实践的前提和保障，也是企业快速发展、创造利益的需要。可以说，安全是企业生产的命脉。安全意识也是员工应具备的核心意识。因此，现代工程师必须具有高度的安全意识，在生产过程中严格遵守相关规章制度和劳动纪律，杜绝违章，才能实现安全生产并创造效益和价值。

3. 效益意识

效益意识是指工程师在从事相关工程活动中对经济效益和社会效益的重视程度，以及对两者关系的认识水平。良好的效益意识要求工程师在工程活动中既要关注工程产生的经济效益，也要注重其带来的社会效益，这样企业才能在获取经济效益的同时得到社会的认可和支持。

4. 环境意识

环境意识是人们对环境的认识水平以及对环境保护行为的自觉程度。良好的环境意识是工程师在工程活动中重视环境保护、处理好人与自然和谐关系的基础。

5. 职业健康意识

职业健康意识是指在职业活动过程中人们注重个人身心健康的社会适应能力。良好的职业健康意识是有效预防职业病，保持身心健康、乐观向上，能在各种环境下顺利开展工作的主观条件。尤其作为现代工程师，面对的工作环境往往具有一定的复杂性和危险性，更应该树立起良好的职业健康意识。

6. 服务意识

服务意识是人们自觉主动地为服务对象提供热情、周到服务的观念和愿望，是现代企业应对市场竞争，要求员工必须具备的重要意识。工程师的服务意识不仅体现在设计和研发阶段，还体现在产品售后或工程项目交付使用后的保养、维护和更新阶段。

7. 创新意识

创新意识是推崇创新、追求创新、主动创新的意识，即创新的积极性和主动性、创新的愿望与激情。创新意识具体表现为强烈的求知欲、创造欲、自主意识、问题意识，以及执着、不懈的创新追求等。目前，日益凸显的能源、资源和环境问题已严重影响我国经济社会的持续健康发展，要解决这一问题，必须坚持科学发展观，走新型工业化道路，这就迫切需要创新型工程型人才。而要想成为创新型的工程师，就必须具有创新意识。

8. 精细化工作意识

精细化工作意识是指人们在各种工作中对小事和工作细节的态度、认知、理解和重视程度。精细化工作意识通常能反映一个员工的职业素养，而这也是人们能否取得成功的关键所在。

总之，作为一名工程师，不仅要掌握基本的知识，更重要的是担负起社会责任。工程的可靠性直接关系到国家和人民的生命财产安全，只有保持精细化工作意识，科学运用所学知识，才能真正造福于民。树立正确的精细化工作意识是工程师成就自我、追求卓越的前提,应在每个工程师的职业生涯中得到实现。

工作二　自我检验

(1) 仔细查阅事故预防、危险源的辨识与防范方面的相关资料,并和小组其他成员一起讨论,在切削加工实训过程中存在哪些危险源?如何排除危险源?

_____
_____
_____

(2) 去图书馆借阅室或在网上查找《中华人民共和国安全生产法》内容及相关学习指南,并和小组其他成员一起讨论。

_____
_____
_____

1) 安全生产方针是什么?

_____
_____
_____

2) 有关的劳动防护用品有哪些?

_____
_____

3) 仔细查阅 6S 管理方面的相关资料,并和小组其他成员一起讨论,实施 6S 管理的意义是什么? 6S 管理给生产企业能带来什么影响?

_____
_____
_____

4) 仔细查阅 TPM 方面的相关资料,并和小组其他成员一起讨论 TPM 管理对生产和管理产生的影响是什么。

_____
_____
_____

工作三 技能训练

完成表 1-7 钻床 TPM 每日点检表和表 1-8 钳工区域 6S 检查表。

表 1-7 钻床 TPM 每日点检表

所属区域：钳工实训室　　　设备名称：台钻　　　设备型号：　　　　　年　　月

序号	保养及点检内容	学年 第 学期 第 周						
		星期一	星期二	星期三	星期四	星期五	星期六	星期日
1	检查控制开关工作是否正常							
2	检查电动机、主轴运转是否正常							
3	检查各操作手柄是否灵活，并将各操作手柄置于中间空档位置							
4	检查各部位紧固螺钉是否有松脱，并锁紧松动的螺钉							
5	清扫机床，保持机床清洁卫生							
	点检人签名							
	异常情况描述							

备注：1) 点检记录：√—正常、×—异常，应在异常情况描述栏内注明异常现象并通知实训教师。
2) 只要使用机床，必须在实训教师指导下进行每天点检。
3) 如果机床一周都不使用，可以只进行每周点检。
4) 每次实训结束由实训教师收集此表，交实训室管理教师复核后保存

表 1-8 钳工区域 6S 检查表

名称	序号	检查内容	学年 第 学期 第 周						
			星期一	星期二	星期三	星期四	星期五	星期六	星期日
(一) 整理	1	钳工工作台的工具柜里和台面上应没有摆放无关物品							
	2	台钻、窗台、地面上无应清理出去的杂物							
	3	教学区保持整齐，没有摆放无关物品							
(二) 整顿	4	台钻的操作指导书、台钻和钳工的操作规程完善，放置在适当位置							
	5	手动实训时，各工具摆放位置正确							
	6	工具柜里的工具和台钻的钻头摆放整齐且按要求分类摆放							
(三) 清扫	7	作业区域地面上每天下班前打扫后无边角余料和杂物、废物							
	8	台钻每天清扫后无切屑和杂物							
	9	台钻床身、台虎钳和窗台上无可见杂物，保持干净							
(四) 清洁	10	实训区整体保持整洁、美观							

（续）

名称	序号	检查内容	学年　第　学期　第　周						
			星期一	星期二	星期三	星期四	星期五	星期六	星期日
（五）素养	11	教师和学生按要求着装							
	12	不随地吐痰，不随便乱丢垃圾							
	13	实训区域内不进食（如早餐、零食等）							
	14	实训区域内保持正常教学秩序，无大声喧哗和无故走动现象							
	15	下课后学生主动开展6S管理，教师锁好门窗，关闭电气设备							
（六）安全	16	不佩戴饰物，如耳环、戒指、项链、手表等；不涂指甲油，指甲长度不超过0.2cm							
	17	正确穿戴工作服、工作鞋、工作帽（头发不外露）							
	18	工作前或离岗返回后洗手并消毒；无皮肤破损人员从事直接接触产品工作							
	19	严禁携带食品及饮料进入实训区，抽屉、柜子、垃圾桶不得出现食品和饮料以及包装袋							
学生检查人员签名				指导教师检查签名					

工作四　总结与反馈

本任务的评分标准见表1-9。

表1-9　实训规范与安全评分标准

评价内容	考核项目	考核要求	配分	评分标准	得分
知识评价（线上）	安全防护知识	1. 掌握个人安全防护的种类和方法 2. 掌握机械伤害事故的预防方法	15	1. 不熟悉个人安全防护种类，扣1分/项 2. 未考虑实训前的事故预防，扣2分	
	安全准则与安全标志	1. 掌握实训室安全管理制度 2. 认识多种安全标志并知道其含义	10	1. 实训室安全管理制度不明确，扣1分/条 2. 不能正确识读安全标志，扣1分/个	
	工程师的职业素养	了解工程师的职业素养	10	不清楚职业素养有哪些，扣1分/条	
技能评价（线下）	6S和TPM管理认知与应用	1. 理解6S和TPM管理的含义和办法 2. 填写6S和TPM管理表格	40	1. 对6S和TPM管理概念理解不清，扣2分/处 2. 6S和TPM管理表格填写错误，扣2分/处	
职业素养	学习和劳动态度	态度认真、虚心好学、埋头苦干	5	做与课堂无关的事情，扣1分/次	
	工作与职业操守	规范着装，安全文明操作，无事故隐患和事故苗头	5	1. 违反安全生产规程，视情节扣1~5分 2. 违反文明操作规程（工具、器材的摆放不规范；不清理现场），扣1~5分 3. 着装不规范，扣1分/次	
	团队合作精神	具有良好的团队合作精神，热心帮助小组其他成员	5	不团结同学，扣1分/次	
	现场6S管理	能够按照6S管理正确整理现场	5	未按照6S管理整理现场，扣1分/处	
	出勤	遵守实训制度，无迟到、早退、请假	5	迟到、早退、请假，扣1分/次	
		合计	100		

 **拓展知识**

认识 HSE

1. HSE 的含义

HSE 是健康（Health）、安全（Safety）、环境（Environment）的英文缩写，全称为职业健康、安全与环境。

1）职业健康是指人身体上没有疾病、在心理上保持完好的状态。

2）安全是指在劳动生产过程中，努力改善劳动条件、消除不安全因素，使劳动生产在保证劳动者健康、企业财产不受损失、确保人民生命安全的前提下顺利进行。

3）环境是指与人类密切相关的、影响人类生活和生产活动的各种自然力量或作用的总和，它不仅包括各种自然因素的组合，还包括人类与自然因素间相互形成的生态的组合。

2. HSE 的意义

随着全球经济的发展，职业健康、安全与环境问题日益严重。严峻的职业健康、安全与环境问题要求我们在解决这类问题时不能仅依靠技术手段，还应该重视生产过程中的管理以及对人们职业健康、安全与环境意识的教育。国际上，各个层面也越来越重视职业健康、安全与环境，而且越是发达的国家，重视程度越高。我国实施改革开放以来，对于这方面也越来越重视。

国际上对职业健康、安全与环境也有相应的管理体系，通过对环境、设备、人员操作等方面进行策划、管理、监督和控制，来避免事故、保护环境、保证人员健康与安全。

3. HSE 的范围

HSE 的范围是指影响作业场所内人员安全健康的条件和因素，是对进入作业场所的任何人员的安全与健康的保护，但不包括职工其他劳动权利和劳动报酬的保护，也不包括一般的卫生保健和伤病医疗工作。作业场所一般是指组织生产活动的场所。

4. 企业员工的 HSE 责任

1）特种作业人员必须按照国家有关规定经过专门的安全作业培训，取得特种作业操作资格证书方可上岗作业。

2）必须接受所有与工作需要相关的 HSE 教育和培训，掌握本职岗位所需要的安全生产知识，提高安全生产技能，增强事故预防和应急处理能力。

3）必须遵守公司的环境健康安全规章制度和指令，并劝说和阻止他人的不安全活动和操作。

4）上岗前，要检查个人防护用品、工具设备是否良好和有效，确认自己是否处于良好的精神状态，如饮酒、疲劳、生病、情绪不稳定等，严禁上岗。

5）作业过程中，必须维护、保养设备和工具，并始终保持工作场所整洁有序，正确使用化学制品和处理危险废弃物。

6）作业后，要清理工作现场，收拾好工具，收拾好安全防护用品，确保没有任何安全隐患后方可离开。

7）当危险、伤害或突发环境事件发生时要立即报告，并协助救护和调查处理。

5. 企业员工的 HSE 权利

1）有权依法订立劳动合同、依法获得安全生产保障（劳动保护用品）、依法获得参加工伤社会保险。

2）有权了解其他作业场所和工作岗位存在的危险因素、防范措施以及事故应急措施。

3）有权拒绝违章指挥和强令冒险作业。

4）发现直接危及人身安全的紧急情况时，有权停止作业或者在采取可能的应急措施后撤离作业场所。

5）有权对本单位的安全生产工作提出建议，对安全生产工作中存在的问题提出批评、检举、控告。

6）因安全生产事故受到损害的从业人员，除依法享有工伤社会保险外，依照有关民事法律有获得赔偿的权利的，还有权向本单位提出赔偿要求。

【自我探索】

　　同学们应重视生产过程中的管理以及职业健康、安全与环境意识的教育，在学会技术的同时，学会保护自己的身体健康，注重安全文明生产，也要爱护工作环境。在实训室实训时，我们应该注意哪些与 HSE 相关的问题呢？

_____
_____
_____
_____
_____

任务 2　量具的使用

知识树

量具的使用知识树如图 1-13 所示。

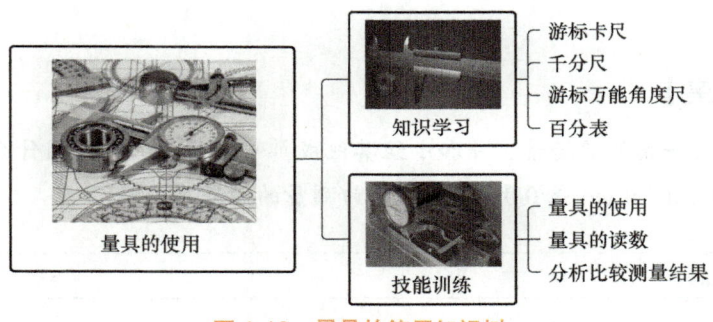

图 1-13　量具的使用知识树

任务描述

为控制零件的加工精度，在加工过程中要对工件进行测量，加工完成后对成品零件也要进行检验、测量。将用以确定零件几何尺寸的测量器具称为量具。在机械制造过程中所使用的量具种类很多，常用的有游标卡尺、千分尺、游标万能角度尺、百分表等。通过对图 1-14 所示零件进行测量，熟悉各种量具的使用方法，能根据实际情况选择合适的量具并规范测量，保证读数准确。

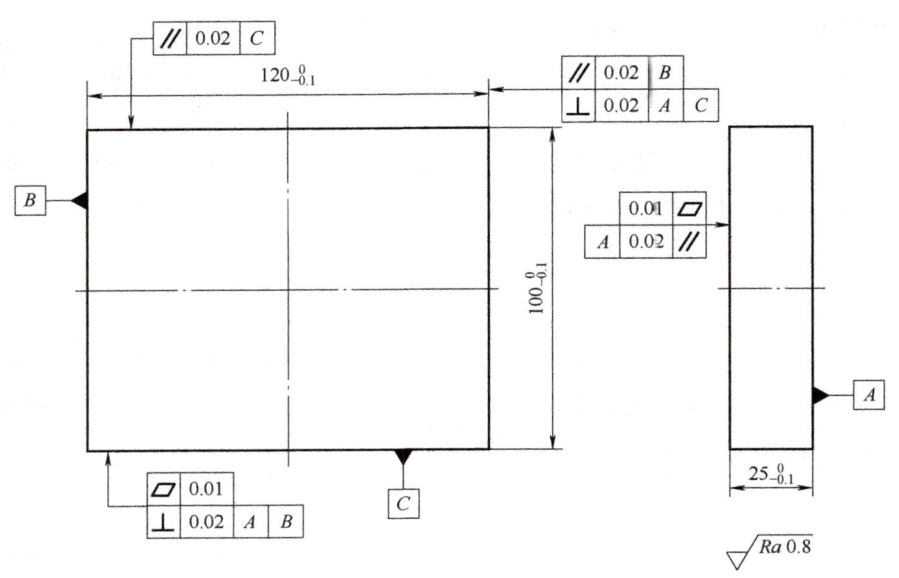

图 1-14 垫块零件图

任务要求

1. 掌握常用量具的基础知识。
2. 会根据实际情况选择合适的量具。
3. 规范使用各种量具，读数要准确。

素养提升

培养学生终身学习的意识和能力，培养其规范意识和标准意识，培养其爱岗敬业、持之以恒、精益求精的精神。

工作内容

工作一　知识学习

【自主资料搜集】

1）回想你测量某一物体的场景，并和小组其他成员一起讨论：你是用什么量具测量的？测量结果精度是多少（如1m、0.1m 或 0.01m）？你认为测量的结果准确吗？

_____
_____
_____

2）什么是尺寸精度？尺寸精度等级如何划分？

_____
_____
_____

【专业知识学习】

一、游标卡尺

1. 游标卡尺的结构

游标卡尺是一种比较精密的量具,在测量中用得很多。它通常用来测量中等精度的零件,可测量零件的长度、宽度和高度,零件的内、外直径和槽、孔的深度以及孔距等。如图1-15所示,游标卡尺由带固定测量爪的尺身和带活动测量爪的游标尺组成。在游标尺上有制动螺钉。按分度值来分,游标卡尺分为0.1mm、0.05mm、0.02mm三种。按测量范围分,游标卡尺有0~150mm、0~200mm、0~300mm等规格。

1)利用刀口外测量爪可以测量零件的直线尺寸和管的外径以及孔距。
2)利用刀口内测量爪可以测量槽的宽度、管的内径以及孔距等。
3)深度尺与游标尺连在一起,可以测槽和孔的深度。

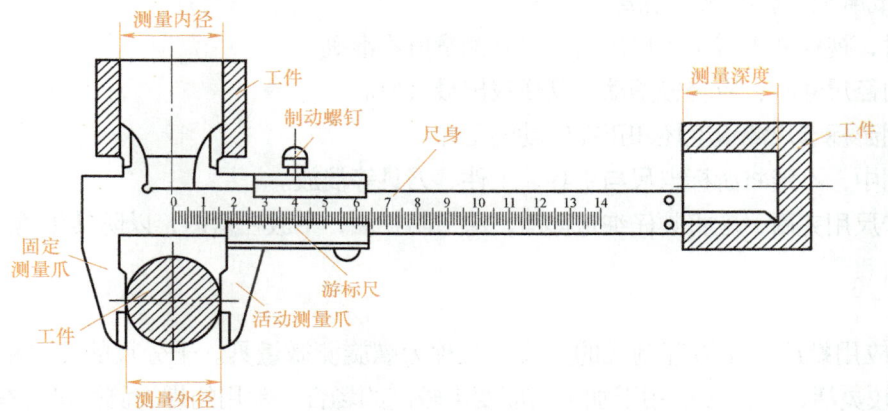

图1-15 游标卡尺的结构

游标卡尺

2. 游标卡尺的读数方法

(1)分度值为0.02mm的游标卡尺

如图1-16所示,游标尺零线在2mm与3mm之间,游标尺上的第21格刻线与尺身刻线对齐。所以,被测尺寸的整数部分为2mm,小数部分为21×0.02mm=0.42mm,被测尺寸为2mm+0.42mm=2.42mm。

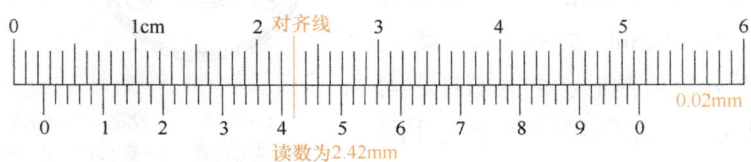

图1-16 分度值为0.02mm的游标卡尺读数

(2)分度值为0.05mm的游标卡尺

如图1-17所示,游标尺零线在10mm与11mm之间,游标尺上的第17格刻线与尺身刻线对齐。所以,被测尺寸的整数部分为10mm,小数部分为17×0.05mm=0.85mm,被测尺寸为10mm+0.85mm=10.85mm。

(3)分度值为0.1mm的游标卡尺

如图1-18所示,游标尺零线在4mm与5mm之间,游标尺上的第5格刻线与尺身刻线对齐。所以,被测尺寸的整数部分为4mm，小数部分为5×0.1mm=0.5mm，被测尺寸为4mm+0.5mm=4.5mm。

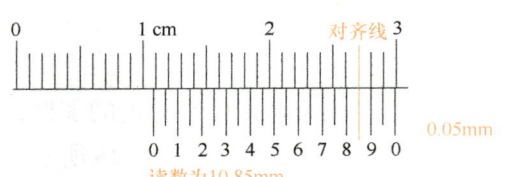

图1-17　分度值为0.05mm的游标卡尺读数

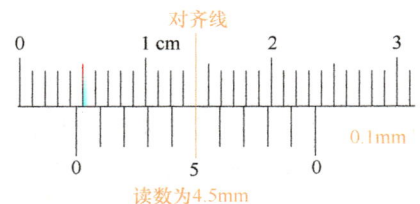

图1-18　分度值为0.1mm的游标卡尺读数

3. 游标卡尺的使用注意事项

1）使用前，应先擦净两测量爪测量面，合拢两测量爪，检查游标尺零线与尺身零线是否对齐。若未对齐，应根据原始误差修正测量读数。

2）测量工件时，测量爪测量面必须与工件的表面平行或垂直，不得歪斜，且用力不能过大，以免测量爪变形或磨损，影响测量精度。

3）读数时，视线要垂直于标尺尺面，否则测量值不准确。

4）测量内径尺寸时，应轻轻摆动，以便找出最大值。

5）不能用游标卡尺测量毛坯和正在转动的工件。

6）在使用中，不能将游标卡尺与工具、工件、刀具等混放。

7）游标卡尺用完后，应将其仔细地擦净，涂上防护油，平放在盒内，以防其生锈或弯曲。

二、千分尺

千分尺是应用螺旋测微原理制成的量具，又称为螺旋测微量具。千分尺的测量精度比游标卡尺高，且测量比较灵活，因此多应用于加工精度要求较高的场合。常用的螺旋测微量具有百分尺和千分尺。百分尺的分度值为0.01mm，千分尺的分度值为0.001mm，但习惯上将所有的螺旋测微量具均称为千分尺。这里主要介绍分度值为0.01mm的千分尺。

1. 外径千分尺的结构

外径千分尺

外径千分尺用以测量或检验零件的外径、凸肩厚度以及板厚或壁厚等，它是比游标卡尺更精密的长度测量器具，分度值为0.01mm，测量范围有0~25mm、25~50mm、50~75mm、75~100mm等。图1-19所示的外径千分尺由测砧、测微螺杆、固定套管和微分筒等组成。有的千分尺还配备有下限尺寸的标准校准杆。

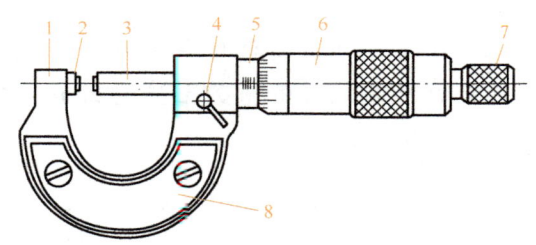

图1-19　外径千分尺

1—尺架　2—测砧　3—测微螺杆　4—锁紧装置
5—固定套管　6—微分筒　7—测力装置　8—隔热装置

2. 外径千分尺的读数

1）以微分筒的端面为基准线，读出固定套管上刻度线的数值。

在图1-20中，由于微分筒边缘在主标尺上处于7mm和7.5mm之间，所以固定套管读数是7mm。

2）以固定套管上的水平横线作为读数基准线，读出微分筒上刻度线的数值。在图1-20中，主标尺基准线对齐到微分筒上的"37"和"38"之间位置，再根据副标尺估读出0.4格（0.4格属于估算格数），因此微分筒

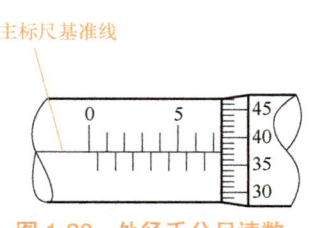

图1-20　外径千分尺读数

读数是37.4格。由于微分筒的标尺间隔是0.01mm，因此微分筒读数为0.01mm×37.4=0.374mm。

最终测量结果应为固定套管读数加上微分筒读数，即7mm+0.374mm=7.374mm。

3. 千分尺的使用注意事项

1）外径千分尺是一种精密的量具，使用时应小心，动作要轻，不要让它受到撞击和碰撞。外径千分尺上的螺纹非常精密，使用时要注意：

在转动微分筒和棘轮时都不能过分用力；当转动旋钮使测微螺杆靠近待测物时，一定要改旋测力装置，不能转动旋钮使螺杆压在待测物上；当测微螺杆与测砧已将待测物卡住或旋紧锁紧装置的情况下，决不能强行转动旋钮。

2）有些外径千分尺为了防止手温使尺架膨胀引起微小的误差，在尺架上装有隔热装置。使用时应手握隔热装置，尽量少接触尺架的金属部分。

3）使用外径千分尺测零件同一长度时，一般应反复测量几次，取其平均值作为测量结果。

4）外径千分尺使用完毕，应用纱布擦干净，在测砧与测微螺杆之间留出一点空隙，放入盒中。如长期不用可抹上润滑脂或润滑油，放置在干燥的地方。注意不要让它接触腐蚀性的气体。

4. 其他千分尺

其他较常用的千分尺还有内径千分尺，用于测量零件的孔径和槽宽尺寸，其结构主要有两种形式，可根据测量零件孔径的不同选择不同的千分尺。图1-21所示为普通内径千分尺，用于测量零件的孔或槽的尺寸，其读数原理和读数方法与外径千分尺相同。

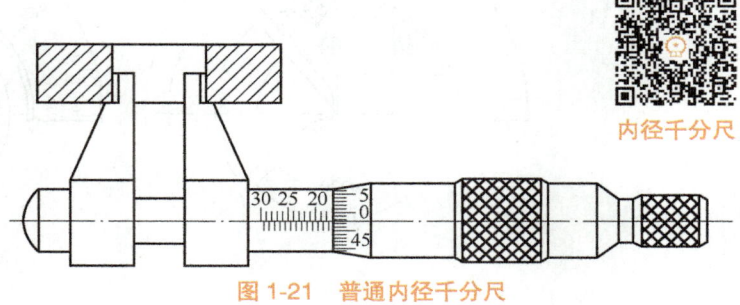

图1-21 普通内径千分尺

三、游标万能角度尺

1. 游标万能角度尺的结构

游标万能角度尺是用来测量精密零件内、外角度或进行角度划线的角度量具，其结构如图1-22所示。

2. 游标万能角度尺的读数原理及读数方法

游标万能角度尺主尺上的分度线每格为1°。由于游标尺上刻有30格，所占的总角度为29°，因此，两者每格刻线的度数差是 $1°-\dfrac{29°}{30}=\dfrac{1°}{30}=2'$，即游标万能角度尺的分度值为2′。

游标万能角度尺的读数方法与游标卡尺相同，即先读出游标尺零线前的角度的整数值，再从游标尺上读出角度的小数值，两者相加就是被测零件的角度值。

3. 游标万能角度尺的应用

游标万能角度尺可以测量0°~320°的任何角度；直角尺和直尺全装上时，可测量0°~50°的外角度；仅装上直尺时，可测量50°~140°的角度；仅装上直角尺时，可测量140°~230°的角度；把直角尺和直尺全拆下时，可测量230°~320°的角度（即可测量40°~130°的内角度），如图1-23所示。游标万能角度尺的主尺上

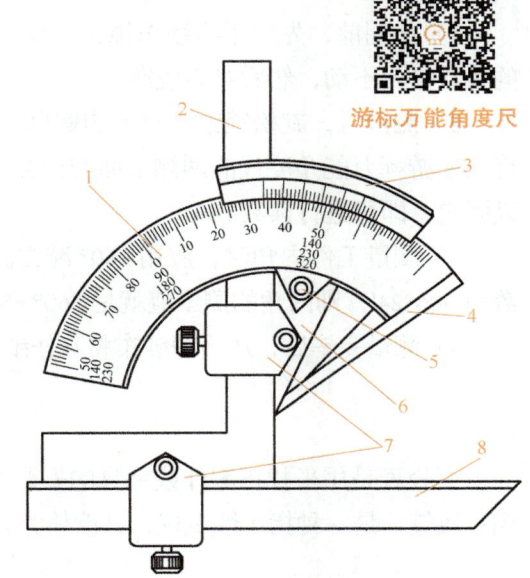

图1-22 游标万能角度尺

1—主尺 2—直角尺 3—游标尺 4—基尺
5—锁紧装置 6—扇形板 7—卡块 8—直尺

的标尺只有 0°~90°，如果被测零件的角度大于 90°，读数时应加上一个基数（90°、180° 或 270°）。

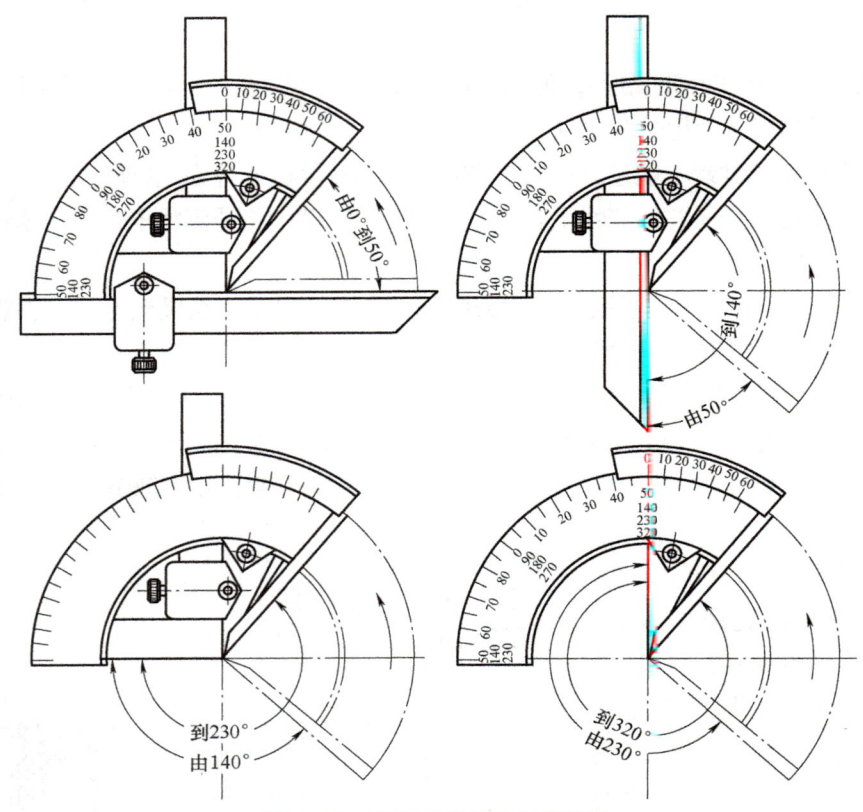

图 1-23　游标万能角度尺的应用

4. 游标万能角度尺的使用注意事项

1）使用前，先用干净纱布擦拭干净游标万能角度尺，再检查各部件移动是否平稳可靠、止动后的读数是否不动，然后对零校准。

2）测量时，旋松锁紧装置上的螺母，移动主尺做粗调整，再转动游标尺背后的手把做精细调整，直到使游标万能角度尺的两测量面与被测工件的工作面密切接触为止；然后拧紧锁紧装置上的螺母加以固定，即可进行读数。

3）测量工件内角时，应用 360° 减去游标万能角度尺上的读数值。例如在游标万能角度尺上的读数为 306°24′，则内角的测量值就是 360°−306°24′=53°36′。

4）测量完毕后，用干净纱布将其仔细擦干净，涂上防锈油放入盒内。

四、百分表

百分表是用来找正零件或夹具的安装位置，检验零件的形状精度或相互位置精度的。它只能测出相对数值，是一种指示性量仪，分度值为 0.01mm。

1. 百分表的结构

百分表的结构如图 1-24 所示，度盘上刻有 100 个等分格，其分度值为 0.01mm。当指针转一圈时，转数指针转动一小格，即 1mm。用手转动表圈 2 时，度盘 3 也跟着转动，可使指针对准任一刻线。测杆 7 是沿着轴套 6 上、下移动的，轴套 6 用于安装百分表。

2. 百分表的使用及读数

百分表适用于公差等级为 IT6~IT8 零件的找正和检验。百分表按其制造精度可分为 0 级、1 级和

2级三种，0级精度最高。使用时，应按照零件的形状和精度要求，选用合适的公差等级和测量范围的百分表。

用百分表测量时大小指针所示读数之和即为尺寸变化量，也就是说先读转数指针转过的刻度值（即整数部分），再读指针转过的刻度数（即小数部分）并乘以0.01，然后两者相加即得到所测量的数值。

3. 百分表的使用注意事项

1）使用前，应检查测杆活动的灵活性。即轻轻推动测杆时，测杆在轴套内的移动要灵活，没有任何卡紧现象，且每次放松后，指针能恢复到原来的刻度位置。

2）使用百分表时，必须把它固定在可靠的夹持架上（如固定在万能表架或磁性表座上，如图1-25所示），夹持架要安放平稳，以免使测量结果不准确或摔坏百分表。夹持百分表的轴套时，夹紧力不要过大，以免因轴套变形而使测杆活动不灵活。

3）用百分表测量零件时，测杆必须垂直于被测量表面。

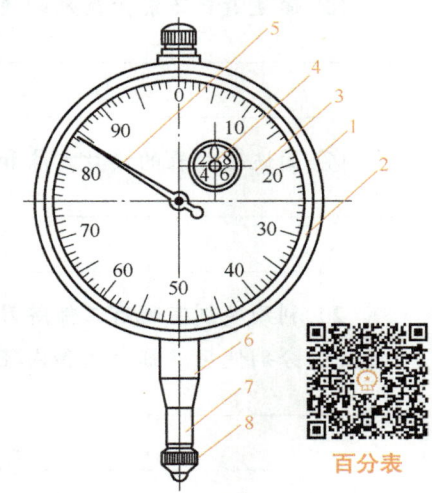

图1-24 百分表的结构

1—表体 2—表圈 3—度盘 4—转数指示盘
5—指针 6—轴套 7—测杆 8—测头

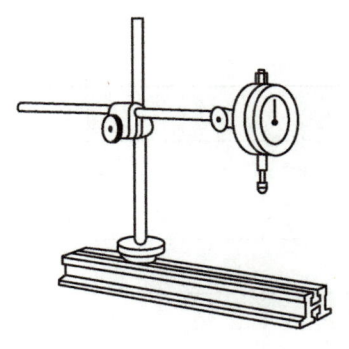 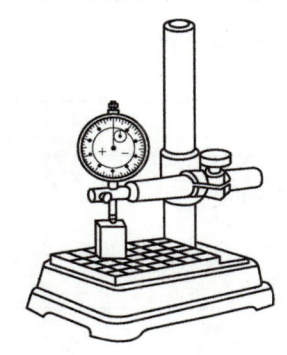 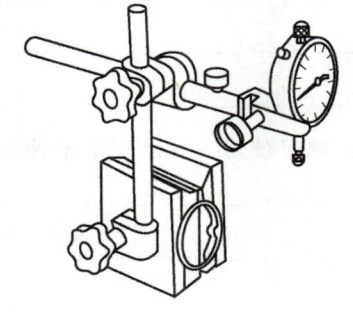

图1-25 百分表专用夹持架

4）测量时，不要使测杆的行程超过它的测量范围；不要使测头突然撞在零件上；不要使百分表受到剧烈的振动和撞击，也不要把零件强推入测头下，避免损坏百分表；不能用百分表测量表面粗糙或有显著凹凸不平的零件。

5）用百分表找正或测量零件时，应当使测杆有一定的初始测量力，即使测杆预先有0.3~1mm的压缩量，以免由于负偏差而测不出偏差值。

工作二　自我检验

1）仔细查阅量具的相关资料，并和小组其他成员一起讨论。
① 简述游标卡尺的读数方法和使用注意事项。
_____
_____
② 简述内径千分尺的结构组成和读数方法。
_____
_____
_____

③ 简述游标万能角度尺的使用方法及相应的测量角度范围。
_____
_____

④ 简述百分表的读数方法和使用注意事项。
_____
_____

2) 利用实训室现有工件练习使用量具。
① 分别使用游标卡尺和内径千分尺练习测量轴套类零件的内径,并比较测量结果。
_____
_____
_____

② 分别使用游标卡尺和外径千分尺练习测量轴类零件的外径,并比较测量结果。
_____
_____
_____

③ 练习使用游标万能角度尺测量零件角度。
_____
_____

④ 练习使用百分表测量零件的平面度。
_____
_____

工作三　技能训练

按照表 1-10 中的操作步骤完成各项实际操作。

表 1-10　轴、套的测量

序号	操作步骤	操作要领	学员检查、实施并记录问题
1	识读图样	观察零件结构,分析零件尺寸精度、几何精度	
2	准备量具	游标卡尺、外径千分尺、内径千分尺、百分表、磁性表座、V 形块,轴、套类零件	
3	进行测量	选择合适的量具测量轴、孔的长度尺寸	
		选择合适的量具测量轴的外径及长度,测量内孔直径、深度	
		选择合适的量具测量形状误差、位置误差	
4	读数	量具读数的数值精度应在各量具的精度范围内。量具的使用与读数应按要求操作,几次读数的数值应相近,若出现差别较大的数值,应排除该读数并分析原因	
5	工作时的 6S 要求	自我检查量具的摆放、被测零件的归类整理、工作台的清理、周围环境的清理	
6	安全要求	实训中注意周围人员及自身安全,防止因误操作造成伤害	

工作四　总结与反馈

1. 填写 TPM 和 6S 表格

完成表 1-11 测量台 TPM 每日点检表和表 1-12 测量区域 6S 检查表的填写。

表 1-11　测量台 TPM 每日点检表

所属区域：测量实训室　　　设备名称：量具　　　设备型号：　　　　　　　年　　月

序号	保养及点检内容	学年　第　学期　第　周						
		星期一	星期二	星期三	星期四	星期五	星期六	星期日
1	量具及被测工件齐全且完整							
2	量具在专门的摆放位置摆放整齐，量具种类对应量具清单							
3	量具测量面无锈蚀、磨损或刮伤							
4	工作台台面干净、无异物							
	点检人签名							
	异常情况描述							

备注：1）点检记录：√—正常、×—异常，应在异常情况描述栏内注明异常现象并通知实训教师。
　　　2）只要使用机床，必须在实训教师指导下进行每天点检。
　　　3）如果机床一周都不使用，可以只进行每周点检。
　　　4）每次实训结束由实训教师收集此表，交实训室管理教师复核后保存。

表 1-12　测量区域 6S 检查表

名称	序号	检查内容	学年　第　学期　第　周						
			星期一	星期二	星期三	星期四	星期五	星期六	星期日
（一）整理	1	通道畅通、整洁							
	2	工作场所的设备、零部件摆放整齐，不放置不必要的东西							
	3	教学区保持整齐，没有摆放无关物品							
（二）整顿	4	量具定期保养，摆放整齐，处于最佳状态							
	5	各量具摆放位置正确							
（三）清扫	6	测量区域地面上每天下班前打扫后无杂物、废物							
	7	工作台台面无可见杂物，保持干净							
（四）清洁	8	实训区整体保持整洁、美观							
（五）素养	9	教师和学生按要求着装，戴好防护用品							
	10	不随地吐痰，不随便乱丢垃圾							
	11	不在实训区域内进食（如早餐、零食等）							
	12	实训区域内保持正常教学秩序，无大声喧哗和无故走动现象							
	13	下课后学生主动开展 6S 管理，教师锁好门窗，关闭电气设备							

（续）

名称	序号	检查内容	学年 第 学期 第 周					
			星期一	星期二	星期三	星期四	星期五	星期六	星期日
（六）安全	14	不佩戴饰物（如耳环、戒指、项链、手表等）；不涂指甲油，指甲长度不超过0.2cm							
	15	正确穿戴工作服、工作鞋、工作帽（头发不外露）							
	16	工作前或离岗返回后洗手并消毒；无皮肤破损人员从事直接接触产品工作							
	17	遵守安全操作规程，保障生产正常进行，不损坏公物							
学生检查人员签名			指导教师检查签名						

2. 考核评价

本任务的评分标准见表1-13。

表1-13　量具的使用评分标准

评价内容	考核项目	考核要求	配分	评分标准	得分
知识评价（线上）	量具的认知	熟悉实训室量具的结构和种类	10	不熟悉量具，扣2分	
	量具的使用	掌握实训室量具的使用方法	15	1. 量具选用错误，扣1分/次 2. 不会正确读取测量数值，扣1分/次	
技能评价（线下）	实际测量	1. 选用正确的量具 2. 正确读出测量值 3. 正确分析测量过程和结果	50	1. 量具选用不当，扣2分/次 2. 量具读数不规范，扣2分/次 3. 对误差较大结果无法分析，扣1分/次	
职业素养	学习和劳动态度	态度认真、虚心好学、埋头苦干	5	做与课堂无关的事情，扣1分/次	
	工作与职业操守	规范着装，安全文明操作，无事故隐患和事故苗头	5	1. 违反安全生产规程，视情节扣1~5分 2. 违反文明操作规程（工具、器材的摆放不规范；不清理现场，扣1~5分 3. 着装不规范，扣1分/次	
	团队合作精神	具有良好的团队合作精神，热心帮助小组其他成员	5	不团结同学，扣1分/次	
	现场6S管理	能够按照6S管理正确整理现场	5	未按照6S管理整理现场，扣1分/处	
	出勤	遵守实训制度，无迟到、早退、请假	5	迟到、早退、请假，扣1分/次	
合计			100		

💡 文明和安全操作

一、使用量具前

1）开始测量前，确认量具是否校正归零。
2）检查量具测量面有无锈蚀、磨损或刮伤等。
3）先清除工件测量面上的毛边、油污或渣屑等。
4）用清洁软布或无尘纸擦拭干净量具。

5)需要定期检验,必要时再校正一次量具。
6)将待使用的量具及仪器摆放在适当位置,不可重叠放置。
7)易损的量具(如光学平镜等),要用软绒布或软擦拭纸垫在工作台上。

二、使用量具时

1)测量时与工件接触应适当,不可偏斜,要避免用手触及测量面,以保护量具。
2)测量力应适当,过大的测量力会产生测量误差,容易对量具造成损伤。
3)工件夹持方式要适当,以免测量不准确。
4)不可测量转动中的工件,以免发生危险。
5)不要将量具强行推入工件中或装夹在台虎钳上使用。
6)不可任意敲击、乱丢或乱放量具。
7)使用特殊量具,应遵照一定的方法和步骤。

三、量具的使用保养

1)使用后,应清洁干净。
2)将清洁后的量具涂上防锈油,妥善存放。
3)拆卸、调整、修改及装配量具等,应由专门的管理人员实施,不可擅自施行。
4)应定期检查量具的性能是否正常,并做保养记录。
5)应定期检验、校验量具尺寸是否合格,以作为继续使用或淘汰的依据,并做校验保养记录。

拓展知识

三坐标测量机(Coordinate Measuring Machining,CMM)简介

世界上第一台测量机是英国 FERRANTI 公司于 1956 年研制成功的,当时的测量方式是测头接触工件后,依靠脚踏板来记录当前坐标值,然后使用计算器来计算元素间的位置关系。1962 年,菲亚特汽车公司一位质量工程师在意大利都灵创建了世界上第一家专业制造坐标测量设备的公司,即现在仍然知名的 DEA(Digital Electronic Automation)公司。随后,DEA 公司先后推出了手动、机动并首先使用气浮导轨技术的测量机,也相应配备了各种测头和软件,使之成为世界上最大的测量机供应商之一。1964 年,瑞士 SIP 公司开始使用软件来计算两点间的距离,开始了利用软件进行测量数据计算的时代。随后德国 ZEISS 公司使用计算机辅助工件坐标系代替机械对准,从此测量机具备了对工件基本几何元素尺寸、几何误差进行检测的功能。随着计算机技术的飞速发展,测量机技术进入了 CNC 控制机时代,完成了复杂机械零件的测量和空间自由曲线曲面的测量,测量模式增加和完善了自学习功能,改善了人机界面,使用专门的测量语言,提高了测量程序的开发效率。从 20 世纪 90 年代开始,随着制造业向集成化、柔性化和信息化方向发展,产品的设计、制造和检测趋向一体化,这就对作为检测设备的三坐标测量机提出了更高的要求,从而提出了新一代测量机的概念。

1. 三坐标测量机的原理

三坐标测量机是基于坐标测量的通用化数字测量设备。它首先将各被测几何元素的测量转化为对这些几何元素上一些点集坐标位置的测量,在测得这些点的坐标位置后,再根据这些点的空间坐标值,经过数学运算求出其尺寸和几何误差。如图 1-26 所示,要测量工件上一圆柱孔的直径,可以在垂直于孔轴线的截面 I 内,触测内孔壁上的三个点(点 1、2、3),则根据这三点的坐标值就可计算出孔

的直径及圆心坐标 O_1；如果在该截面内触测更多的点（点 1、2、…、n，n 为测点数），则可根据最小二乘法或最小条件法计算出该截面圆的圆度误差；如果对多个垂直于孔轴线的截面圆（Ⅰ、Ⅱ、…、m，m 为测量的截面圆数）进行测量，则根据测得点的坐标值可计算出孔的圆柱度误差以及各截面圆的圆心坐标，再根据各圆心坐标值又可计算出孔轴线位置；如果再在孔端面 A 上触测三点，则可计算出孔轴线对端面的位置度误差。由此可见，CMM 的这一工作原理使得其具有很大的通用性与柔性。从原理上说，它可以测量任何工件的任何几何元素的任何参数。

2. 长度测量示值误差、空间探测误差的检测原理

长度测量示值误差和空间探测误差的组合可以作为评价三坐标测量机性能和精度的指标。长度测量示值误差是使用三坐标测量机测量长度实物标准器上两点距离的指示值与真值的差，主要反映了三坐标测量机的机构误差；空间探测误差是使用三坐标测量机测量标准球半径的示值变化范围而确定的误差，主要反映了测头的各向异性、瞄准误差和作用直径的影响，提供了三坐标测量机的方向特性参数。空间探测误差是影响测量不确定度的重要因素。对于不同的测头，空间探测误差也不同。

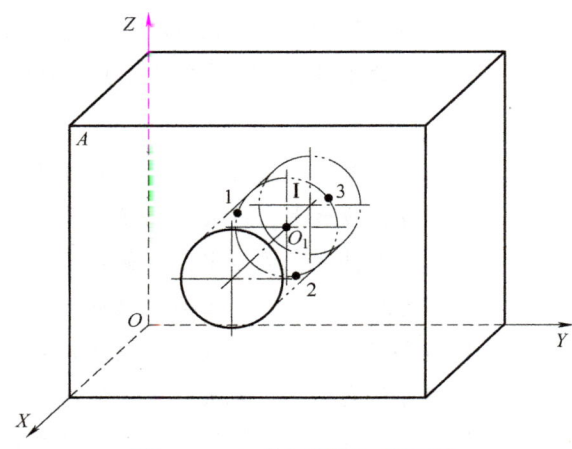

图 1-26　三坐标测量机原理图

空间探测误差的检测原理如下：选用一个球度误差很小的标准球，在不同的截面上测量标准球半球上的 25 个点，用全部 25 个点计算出最小二乘球的中心，并分别计算出 25 个点对该球心的径向距离 r，r 的最大值和最小值的差即为空间探测误差。检测时要求各个截面上的探测点彼此错开，让测头从不同方向探测。根据《三坐标测量机校准规范》，标准球必须是经校准的标准球，直径在 10~50mm 范围内，其形状误差应优于被测三坐标测量机最大允许空间探测误差的 1/5。

随着人们生活水平的提高和制造业的快速发展，特别是机械制造、汽车、航空航天和电子工业的发展，各种复杂零件的研制和生产需要先进的检测技术。同时，为应对全球竞争，生产现场非常重视提高加工效率和降低生产成本，其中，最重要的便是生产出高质量的产品。为此，必须实行严格的质量管理，只有在保证高质量生产的前提下，制造业才能生存和发展。因此，为确保零件的尺寸和技术性能符合要求，必须进行精确的测量，因而体现三维测量技术的三坐标测量机应运而生，并迅速发展和日趋完善。

【自我探索】

三坐标测量机是测量和获得尺寸数据的最佳方法之一，它能快速准确地测定数据，并把复杂的测量任务所需时间从小时减到分钟，还可以代替多种表面测量工具及昂贵的组合量规，为操作者提供关于生产过程状况的有用信息。请同学们根据后面的任务要求完成钳工作品后，利用业余时间到现代检测实训室，在指导教师安排下进行自己作品的质量检测，对比普通测量工具和三坐标测量机检测的差别。

拓展训练

指导教师分配零件,分小组进行测量。

1)组内比较读数结果,记录到表1-14中,分析测量结果读数的正确性和准确性,总结读数过程。

2)组间交流,讨论如何优化测量方法,得到准确的测量结果。

表1-14 零件测量统计表

测量件	测量记录
零件1	
零件2	
零件3	

拓展阅读

钳工、焊工国家职业技能标准简介

一、概述

1. 工种定义

钳工:从事机械设备装调、维修及相关零件加工和工、装、夹具制作的人员。

焊工:操作焊机或焊接设备,焊接金属工件的人员。

2. 职业技能等级

钳工:根据从业人员职业活动范围、工作责任和工作难度的不同,钳工职业(机修钳工、装配钳工、工具钳工)共设五个等级,分别为:五级/初级工、四级/中级工、三级/高级工、二级/技师、一级/高级技师。

焊工:根据从业人员职业活动范围、工作责任和工作难度的不同,焊工职业共分为五级,由低到高分别为:五级/初级工、四级/中级工、三级/高级工、二级/技师、一级/高级技师。《焊工国家职业技能标准》中又对气焊工、钎焊工进行了职业等级划分,其中气焊工只设五级/初级技能、四级/中级技能两个等级;钎焊工设立五级/初级技能、四级/中级技能、三级/高级技能和二级/技师四个等级。

二、工种职业鉴定

1. 职业技能鉴定申报条件

《钳工国家职业技能标准》和《焊工国家职业技能标准》对各级别的申报条件做了以下规定。

(1)具备以下条件之一者,可申报五级/初级工

1)累计从事本职业或相关职业1年(含)以上。

2）本职业或相关职业学徒期满。

(2) 具备以下条件之一者，可申报四级／中级工

1）取得本职业或相关职业五级／初级工职业资格证书（技能等级证书）后累计从事本职业或相关职业工作 4 年（含）以上。

2）累计从事本职业或相关职业工作 6 年（含）以上。

3）取得技工学校本专业或相关专业毕业证书（含尚未取得毕业证书的在校应届毕业生）；或取得经评估论证、以中级技能为培养目标的中等及以上职业学校本专业或相关专业毕业证书（含尚未取得毕业证书的在校应届毕业生）。

(3) 具备以下条件之一者，可申报三级／高级工

1）取得本职业或相关职业四级／中级工职业资格证书（技能等级证书）后累计从事本职业或相关职业工作 5 年（含）以上。

2）取得本职业或相关职业四级／中级工职业资格证书（技能等级证书），并具有高级技工学校、技师学院毕业证书（含尚未取得毕业证书的在校应届毕业生）；或取得本职业或相关职业四级／中级工职业资格证书（技能等级证书），并具有经评估论证、以高级技能为培养目标的高等职业学校本专业或相关专业毕业证书（含尚未取得毕业证书的在校应届毕业生）。

3）具有大专及以上本专业或相关专业毕业证书，并取得本职业或相关职业四级／中级工职业资格证书（技能等级证书）后，累计从事本职业或相关职业工作 2 年（含）以上。

(4) 具备以下条件之一者，可申报二级／技师

1）取得本职业或相关职业三级／高级工职业资格证书（技能等级证书）后累计从事本职业或相关职业工作 4 年（含）以上。

2）取得本职业或相关职业三级／高级工职业资格证书（技能等级证书）的高级技工学校、技师学院毕业生，累计从事本职业或相关职业工作 3 年（含）以上；或取得本职业或相关职业预备技师证书的技师学院毕业生，累计从事本职业或相关职业工作 2 年（含）以上。

(5) 具备以下条件者，可申报一级／高级技师

取得本职业或相关职业二级／技师职业资格证书（技能等级证书）后，累计从事本职业或相关职业工作 4 年（含）以上。

2. 职业技能鉴定内容及时间

分为理论知识考试、技能考核以及综合评审。理论知识考试以笔试、机考等方式为主，主要考核从业人员从事本职业应掌握的基本要求和相关知识要求；技能考核主要采用现场操作、模拟操作等方式进行，主要考核从业人员从事本职业应具备的技能水平；综合评审主要针对技师和高级技师，通常采取审阅申报材料答辩等方式进行全面评议和审查。理论知识考试、技能考核和综合评审均实行百分制，成绩皆达 60 分（含）以上者为合格。

钳工：理论知识考试时间不少于 120min；技能考核时间：五级／初级工不少于 240min，四级／中级工不少于 300min，三级／高级工不少于 330min，二级／技师、一级／高级技师不少于 360min；综合评审时间不少于 30min。

焊工：理论知识考试时间不少于 90min；技能考核时间：五级／初级工不少于 90min，四级／中级工不少于 120min，三级／高级工不少于 120min，二级／技师、一级／高级技师不少于 90min；综合评审时间不少于 30min。

职业技能鉴定基本要求可参考《钳工国家职业技能标准》和《焊工国家职业技能标准》，技能鉴定相关考核内容见表 1-15 和表 1-16。

表 1-15 钳工职业技能鉴定相关考核内容

技能级别	考核项目内容
初级	基本作业：锯削、锉削、錾削加工；孔、螺纹加工；刮削、研磨加工
	机械设备装配、设备调试
	机械设备维护与保养、设备维修
中级	基本作业：锯削、锉削、錾削加工；孔、螺纹加工；刮削、研磨加工；工具制作、刀具刃磨
	机械设备装配、设备调试
	机械设备维护与保养、设备维修
高级	基本作业：专用工具使用、切削刃具的刃磨；锉削，孔、螺纹加工；刮削、研磨加工；夹具、样板或量具制作
	机械设备装配、设备调试、设备检测
	机械设备维护与保养、设备维修

表 1-16 焊工职业技能鉴定相关焊条电弧焊考核内容

技能级别	考核项目内容
初级	低碳钢板或低合金钢角接接头和 T 形接头平焊焊条电弧焊
	低碳钢板或低合金钢板对接平焊焊条电弧焊
	低碳钢或低合金钢管对接水平转动焊条电弧焊
中级	管板插入式或骑座式全焊透角接头焊条电弧焊
	低碳钢板或低合金钢板对接立焊、横焊焊条电弧焊
	低碳钢或低合金钢管的对接水平固定、垂直固定或 45° 固定焊条电弧焊
高级	低碳钢或低合金钢板对接仰焊焊条电弧焊
	低碳钢管或低合金钢管 45° 固定加排管障碍焊条电弧焊
	不锈钢管垂直固定或 45° 固定焊条电弧焊

三、从业人员上岗基本要求

1）遵章守法，忠于祖国。
2）恪尽职守，爱岗敬业。
3）严守规程，安全操作。
4）勇于创新，精益求精。
5）爱护设备，文明生产。

【共鸣反思】

党的二十大报告指出：加快建设国家战略人才力量，努力培养造就更多大国工匠、高技能人才。通过上面的钳工、焊工国家职业技能标准介绍，同学们对本课程的学习有何计划？自己的职业生涯规划是什么？

_____
_____
_____

项目2 钳 工

认识钳工

钳工是使用台虎钳、各种手工工具或设备对工件进行加工、修理、装配的工种，是机械制造中的重要工种之一。根据工作性质，钳工可分为普通钳工、模具钳工、装配钳工和机修钳工等。钳工的基本操作有划线、锯削、锉削、钻孔、扩孔、锪孔、铰孔、攻螺纹、套螺纹、刮削、研磨、装配等。其应用范围较广，担负着零件加工前的准备工作，如清理毛坯、在工件上划线等；可完成一般零件的某些加工工序，如钻孔、攻螺纹和去除毛刺等；还可进行某些精密零件的加工，如刮削、研磨、锉制样板、制作模具以及机器设备的装配、调试和维修等。钳工大多是手工操作，劳动强度大，生产率低，对操作技能要求高，但具有所用工具简单、加工灵活、操作方便、适应性强等特点，可以完成用机械加工中不方便或不能完成的工作。目前钳工大部分仍由手工操作完成，对工人的技术要求较高。

任务1 划 线

 知识树

划线知识树如图 2-1 所示。

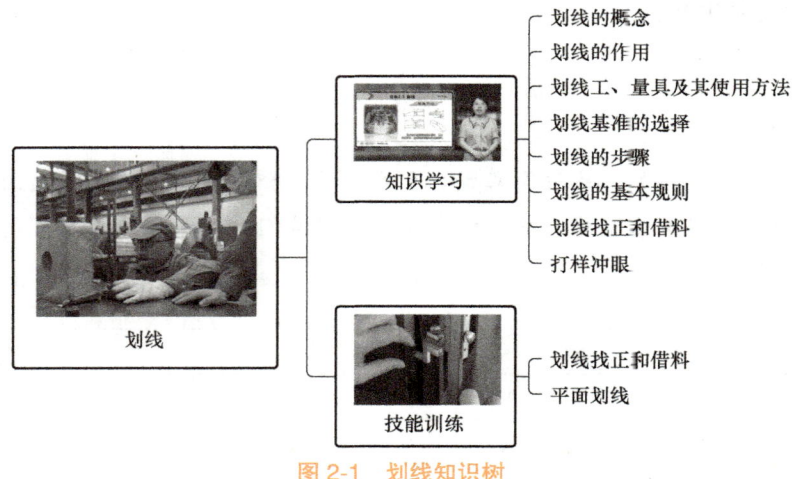

图 2-1 划线知识树

任务描述

根据图样的尺寸要求，用划线工具在毛坯或半成品工件上划出待加工部位的轮廓线或作为基准的点、线的操作，称为划线。可以借助划线检查毛坯或工件的尺寸和形状，并合理地分配各加工表面的余量，及早剔除不合格品，避免造成后续加工工时的浪费。划线是一项复杂、细致的重要工作，要求尺寸准确、位置正确、线条清晰、样冲眼均匀。划线精度一般为 0.25~0.5mm，划线精度直接关系到产品质量。

本任务通过完成鸭嘴锤锤头（图 2-2）坯料锯削前 7 个面的划线工作，熟悉划线的基本知识，掌握具体的划线操作方法。工件毛坯为 ϕ 30mm × 100mm 的棒料，材料为 Q235B。

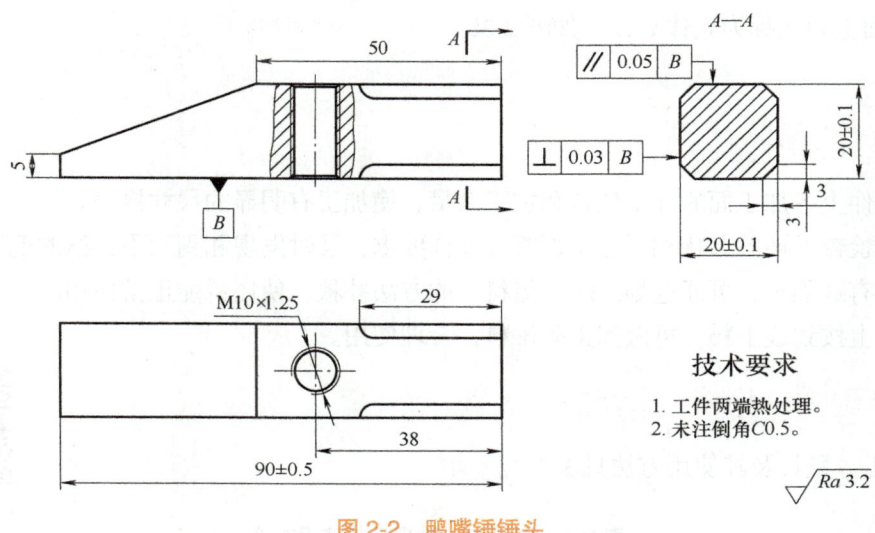

图 2-2 鸭嘴锤锤头

 任务要求

1. 认识划线工具。
2. 会选择划线基准。
3. 熟练掌握划线和打样冲眼技能。

 素养提升

培养学生爱岗敬业、勤学苦练、专心致志等品质，养成严谨的科学态度和精益求精的工作作风；激发学生的学习兴趣，使学生的认知水平和操作技能得以提高。

 工作内容

工作一　知识学习

【自主资料搜集】

完成鸭嘴锤锤头三视图的绘制，熟悉鸭嘴锤锤头的结构。

_____
_____
_____

【专业知识学习】

一、划线的概念

划线是指根据图样或实物的尺寸，在毛坯或半成品上划出加工界线的操作。

划线分为平面划线和立体划线两种。在工件的一个表面上划线称为平面划线，如图 2-3a 所示。需要在工件的几个互成不同角度（一般是互相垂直）的表面上划线称为立体划线，如图 2-3b 所示。

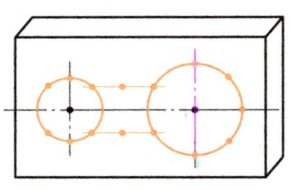
a) 平面划线

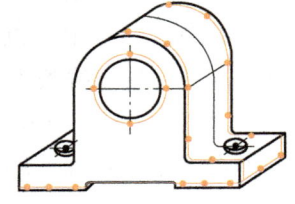
b) 立体划线

图 2-3　平面划线和立体划线

二、划线的作用

1) 确定工件上各加工面的加工位置和加工余量，使加工有明显的尺寸界线。
2) 可全面检查毛坯的形状和尺寸是否符合图样要求，及时发现和剔除不合格的毛坯。
3) 在坯料有缺陷时，可通过划线时"借料"的方法补救，使坯料能正常使用。
4) 在板料上按划线下料，可做到正确排料，合理使用。

三、划线工、量具及其使用方法

划线所用工、量具及其使用方法见表 2-1。

划线工、量具

表 2-1　划线工、量具及其使用方法

工、量具名称	图片	使用方法
划线平板		用铸铁制成，其上平面是划线的基准平面，安放时要平稳牢固且处于水平状态，以便稳定地支承工件。其工作面要保持清洁；工件和工具要轻拿轻放，不准碰撞和用锤子敲击，以免损伤工作面；长期不用时，应涂油防锈并用木板护盖
方箱		用灰铸铁制成。它的 6 个面均经过精加工，相对的平面互相平行，相邻的平面互相垂直。方箱用于支承划线的工件。夹持工件后，只要翻转方箱，便可在工件各面上划出相互垂直的直线。使用时要注意保持其各个表面的清洁；工件要夹紧；翻转要轻、稳，避免碰伤方箱和划线平板；不用时要涂油防锈
游标高度卡尺		由钢直尺和底座组成，用于给划线盘量取高度尺寸；它附有划针脚，能直接表示出高度尺寸，其读数精度一般为 0.02mm，可作为精密划线工具。使用前应用干燥、清洁的布擦拭划线盘；回零，检测游标高度卡尺精度；读刻度时，眼睛和刻度高度要保持水平

（续）

工、量具名称	图片	使用方法
钢直尺	A面 / B面	最简单的长度量具，用不锈钢片制成，可直接用来测量工件尺寸
直角尺		在划线时常用作划平行线或垂直线的导向工具，也可用来找正工件平面在划线平板上的垂直位置。使用前，应先检查各工作面和边缘是否被碰伤；将直角尺工作面和被检测工作面擦净；使用时，将直角尺靠放在被测工件的工作面上，用光隙法判别所测量是否正确
划针		用来在工件上划线，是划线的基本工具，常用弹簧钢或高速工具钢经刃磨后制成。直径一般为3～5mm，尖端磨成15°～20°的尖角，并经淬火使之硬化。使用时，划针要紧靠钢直尺或直角尺等导向工具的边缘移动，并向外倾斜15°～20°，向划线方向倾斜45°～75°。划线时，要尽可能做到一次完成，并使线条清晰、准确
划规		平面划线的主要工具，主要用来划圆、圆弧、等分线段、等分角度及量取尺寸等。划规两脚的长短要磨得稍有不同，这样才可以划出尺寸较小的圆弧。划规的脚尖要保持尖锐，保证划出的线条清晰。划圆时，作为旋转中心的一脚所受压力较大，对另一脚施加较小的压力，划出圆或圆弧
划线盘		立体划线的主要工具。将划针在游标高度卡尺上调至要求的高度，并在划线平板上移动划线盘，即可在工件上划出与划线平板平行的线。划线时划针应尽量处于水平位置，伸出部分应尽量短些，并要牢固地夹紧；划线盘在划线时，底座始终要与划线平板贴紧，无摇晃或跳动；划针与划线表面之间要保持40°～60°的夹角（沿划线方向），以减小划线阻力
样冲		尖角角度为30°～60°，一般用工具钢制成。样冲眼位置要准确，不可偏离线条。在曲线上打样冲眼距离要小些，如直径小于20mm的圆周线上应打4个样冲眼，直径大于20mm的圆周线上应打8个或8个以上样冲眼；在直线上打样冲眼距离可大些，但短直线至少应打3个样冲眼。在线条的交叉转折处必须打样冲眼。样冲眼的深浅要适当，在薄壁或光滑表面上打样冲眼要浅些，在粗糙表面上要深些
锤子		钳工常用的敲击工具，由锤头、木柄和斜楔铁组成。锤子的规格以锤头的质量来表示，有0.25kg、0.5kg、1kg等几种。使用时要注意防止砸伤手
V形铁		通常用于支承圆柱工件，以便划出中心线或找中心。V形铁通常放在划线平板上，成对使用
千斤顶		用于支承毛坯或形状复杂的大零件划线。使用时，三个千斤顶一组，顶起工件，调整顶杆的高度便能方便地找正工件

四、划线基准的选择

划线基准是在工件上划线时,选择工件上某个点、线、面作为依据,用它来确定工件的各部分尺寸、几何形状和相对位置。

1. 划线基准的选择原则

1)平面划线时一般要选择两个划线基准,立体划线时一般要选择三个划线基准。
2)一般选择图样上的设计基准作为划线基准。
3)若工件上有已经加工过的平面,则应选已加工平面作为划线基准。
4)若工件上有重要的孔或凸台,则一般以它们的中心线作为划线基准。
5)若工件上所有平面都需要加工,则应以精度高、加工余量少的表面作为划线基准,以保证主要表面的加工精度要求。
6)未加工的毛坯件,应选重要的、面积较大的未加工面作为划线基准。

2. 平面划线基准的类型

1)以两个互相垂直的平面(或线)作为划线基准(图2-4)。
2)以两条中心线作为划线基准(图2-5)。
3)以一个平面和一条中心线作为划线基准(图2-6)。

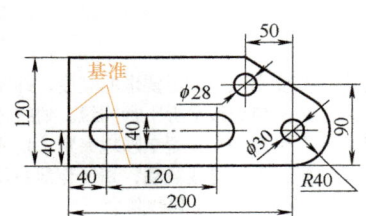
图2-4 以两个相互垂直的平面作为划线基准

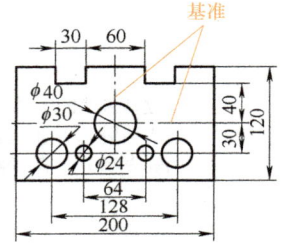
图2-5 以两条中心线作为划线基准

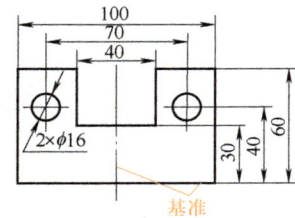
图2-6 以一个平面和一条中心线作为划线基准

五、划线的步骤

划线除了要求线条清晰外,最重要的是保证尺寸准确。划线时可按以下步骤进行。

1)仔细看图样标题栏,了解划线零件的名称、比例、材料等,同时熟悉技术要求,尤其要注意有些与划线有关的要求在图样上无法标注,而写入技术要求或附加说明的情况。
2)看懂各个视图,分析其相互间的对应关系,目的是找出关联尺寸,明确各视图表达的重点,想象出零件的空间形状,从而形成整体概念。
3)仔细分析尺寸链,找出长、宽、高3个方向的尺寸基准以及零件的定位尺寸与极限偏差。
4)确定划线基准。确定划线基准时要做到:根据划线的类型确定划线基准的个数,在保证划线工作能顺利进行的前提下尽量减少划线基准的数量;划线时所选划线基准尽量与设计基准一致,从而减少由于基准不重合产生的误差;划线时尽量选择已加工好的表面作为划线基准,对部分工件,划线前无已加工好的基准面时,要根据实际情况分析,根据工件的装配基准或安装基准去确定划线基准,应尽量选用大而平直的面作为划线基准;确定划线基准时,不仅要考虑以上几点,还要在保证划线质量的前提下,考虑划线工作的顺利和工作效率。
5)划线过程中经常要进行大量的计算,尤其是平面或复杂面上孔的位置,常常要转换成坐标尺寸然后划线，才能既方便又快，这就要求钳工熟悉三角函数等基本数学计算公式。

6）工件划线时的装夹基准应尽量与设计基准一致，同时考虑到复杂工件的特点，划线时往往需要借助某些夹具或辅助工具进行矫正或支承。

7）装夹时要合理选择支承点，防止重心偏移，划线过程中要确保安全。

六、划线的基本规则

需要强调的是，划线只是加工工件的依据和重要的基础，测量才是保证工件加工精度的手段。为了提高划线质量，必须严格遵守下列规定。

1）垂直线必须用作图法划线，不能使用量角器或直角尺，更不能用目测法划线。

2）用划规在钢板上划圆、圆弧或分量尺寸时，为防止划规脚尖滑动，必须先打样冲眼，然后再进行划线。

3）在进行划线作业前，要核对钢材牌号和规格是否与图样的要求相符，对于重要产品所用的钢材，应有合格的检验书，钢材的化学成分和力学性能应符合图样要求。

4）划线前钢材表面应该平整，表面呈波浪形或凹凸不平状时，会影响划线的准确度，所以应事先加以矫正、矫平，此外钢材的表面应干净、清洁，无夹灰、麻点、裂纹等缺陷。

5）划线用的量具（如钢直尺、卷尺、直角尺等）要定期检验、校正；尽可能采用高效率的工具、夹具、量具，以提高效率。

七、划线找正和借料

1. 找正

找正是指利用划线工具使工件上的有关表面处于合适位置的操作过程。找正方法如下：

（1）依据不加工表面找正

在进行结构件装配时，当有些零件上有不加工表面时，按不加工表面找正后，再划线确定其他零件的装配位置，可使结构件上的待加工面与其他零件的尺寸均匀，如图2-7所示。

零件1（圆盘）的外圆表面不在本工序加工，而内圆表面待加工，以外圆为基准找正内圆，然后划线确定零件2（圆钢）的装配位置，加工后可使零件2（圆钢）与零件1（圆盘）内圆尺寸均匀，而且内、外圆基本符合同轴度要求。

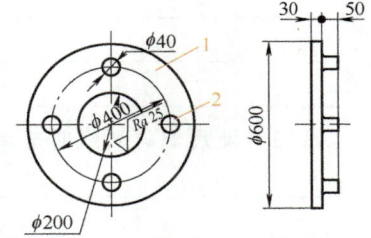

图2-7 依据不加工表面找正
1—圆盘 2—圆钢

（2）依据尺寸较大或较重要的面（边）找正

当构件尺寸大而刚性较差时，通常采用装配矫正后，再划线确定构件上的孔位（或装配其他零件等）的方法。找正时一般应选择长度尺寸较大、较重要或外观质量要求高的面（边）为主要依据，兼顾其他次要面（边），可使各个孔（或其他零件等）距构件边缘尺寸均匀。

2. 借料

当工件毛坯材料在形状、尺寸和位置上的误差缺陷用找正后划线的方法不能补救时，就要用借料的方法来解决。借料是通过若干次的试划线和调整，使各个加工面的加工余量合理分配，互相借用，从而保证各个加工表面都有足够的加工余量，而误差和缺陷可在加工后排除。

应该指出的是：划线时的找正和借料这两项工作是密切结合进行的。因此，找正和借料必须相互兼顾，使各方面都满足要求。如果只考虑一方面，忽略另一方面，是不能做好划线工作的。

如图2-8a所示的套筒，由于其内、外圆都要加工，如果材料形状比较准确，就可以按图样尺寸进行划线,此时划线工作简单。如果毛坯的内、外圆偏心量较大,划线就不是那样简单了。若按外圆找正划内孔加工线,则内孔有个别部分的加工余量不够,如图 2-8b 所示;如果按内圆找正划外圆加工线,则外圆个别部分的加工余量不够,如图 2-8c 所示。只有在内孔和外圆都兼顾的情况下,适当地将圆心选在锻造内孔和外圆圆心之间的一个适当的位置上划线,才能使内孔和外圆都有足够的加工余量。

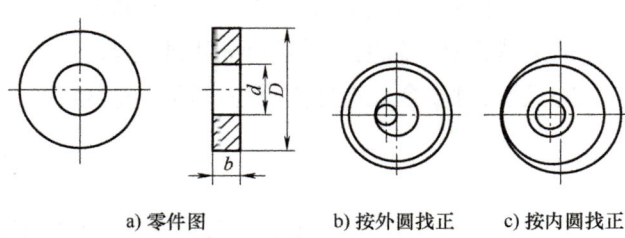

a) 零件图　　　b) 按外圆找正　　　c) 按内圆找正

图 2-8　套筒的划线

八、打样冲眼

打样冲眼是在已划好的线上,用锤子击打样冲,在工件上留下一个锥形的小凹坑,当所划的线模糊后,仍能找到原线的位置。打中心样冲眼是为了划圆或圆弧、钻孔定中心。

打样冲眼的操作步骤:先检查样冲尖部是否完好,再将样冲外倾,使尖端对准线的正中;然后立直样冲,不改变中心位置,用锤子击打样冲即可,如图 2-9 所示。

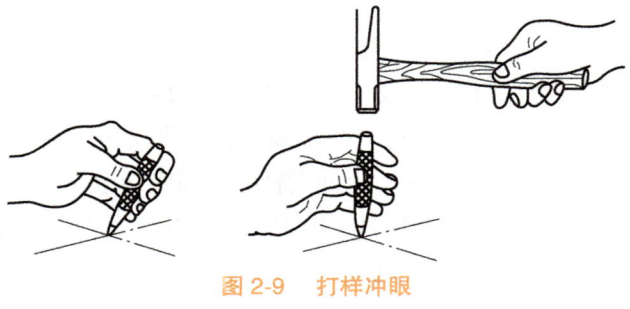

图 2-9　打样冲眼

工作二　自我检验

1) 什么是划线?划线可以分为哪些种类?

2) 使用划针划线时应该注意什么?

3) 什么是划线基准?为什么要选定划线基准?划线基准的选择原则有哪些?

4) 简述划线的操作步骤。

工作三　技能训练

1）根据表 2-2 中的操作步骤完成各项实际操作。

表 2-2　鸭嘴锤锤头划线

序号	操作步骤	操作要领	学员检查、实施并记录问题
1	识读图样	毛坯材料为 Q235B，识读图样，确定划线工艺技术要求	
2	工、量具准备	划针、V 形铁、样冲、钢直尺、游标高度卡尺	
3	划线操作	工件毛坯尺寸检查，去毛刺 划针要紧靠钢直尺或直角尺等导向工具的边缘移动，并向外倾斜 15°~20°，向划线方向倾斜 45°~75°。划线时，要尽可能做到一次完成，并使线条清晰、准确 打样冲眼	
4	工件检测	检查划线及打样冲眼效果	
5	工作时的 6S 要求	按要求摆放工具，清理工作台及周围废料，清除废屑	
6	安全要求	工件装夹要牢固，防止工件滑落伤人，当心划针针尖、划规伤人	

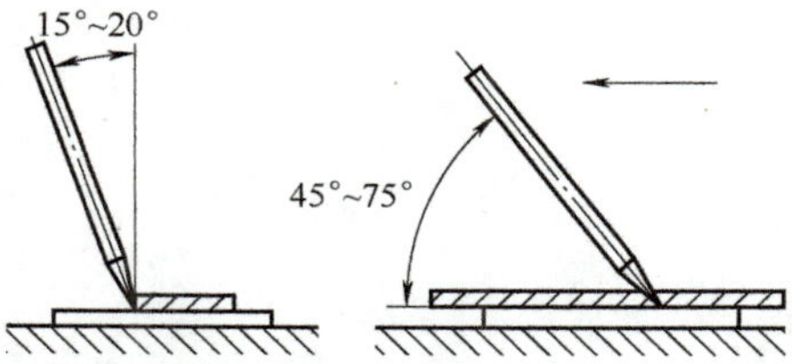

2）工艺指导。

鸭嘴锤锤头有 7 个面，加工前需要划线，整个加工工艺过程见表 2-3。

表 2-3　鸭嘴锤锤头加工工艺过程

图示	步骤	所用工、量具
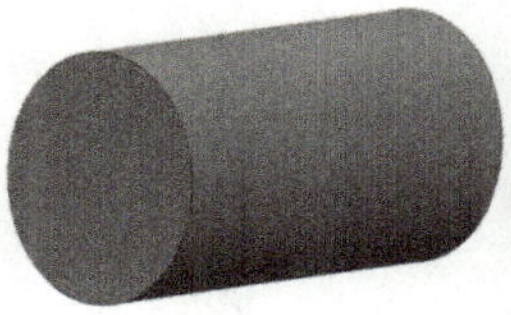	找到合适尺寸的毛坯，用游标卡尺测量	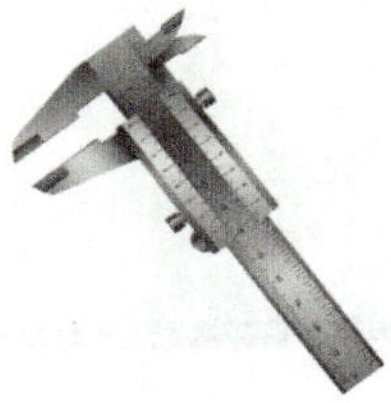
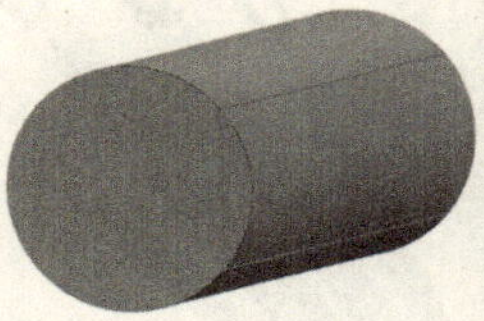	划线：用游标高度卡尺测量工件各个方位的尺寸并划线	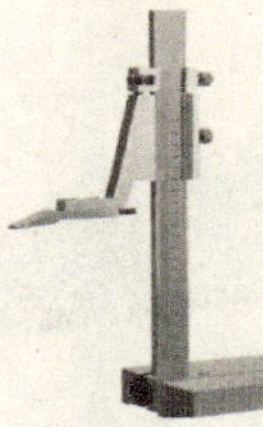

（续）

图示	步骤	所用工、量具
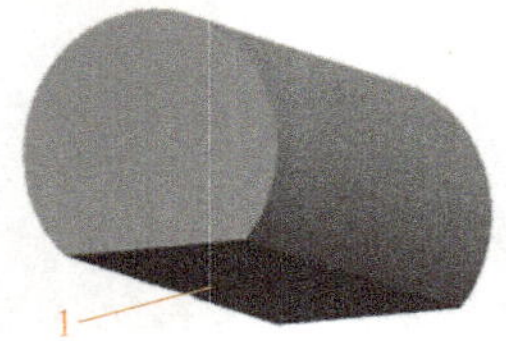	锯削平面：用台虎钳夹紧工件，使用手工锯将划线的多余部分锯掉，得到平面1，然后锉削平面1	 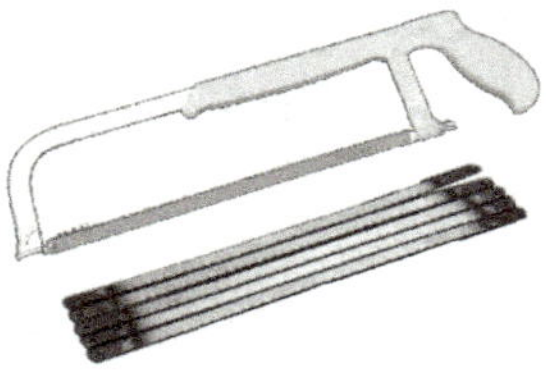 
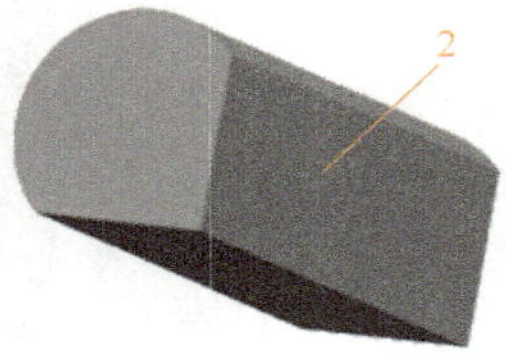	根据划线锯削平面2，然后锉削平面2，保证平面2与平面1垂直	台虎钳
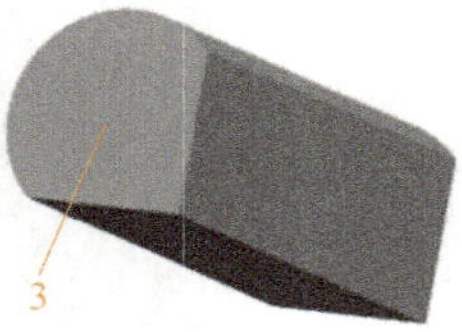	锉削平面3	手工锯
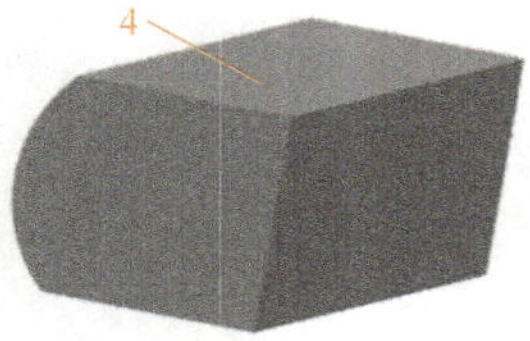	根据划线锯削平面4，然后锉削平面4，保证平面4与平面2的平行度	扁锉
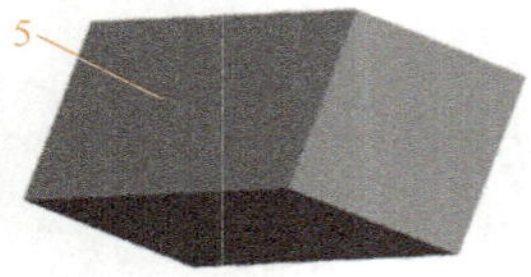	根据划线锯削平面5，然后锉削平面5，保证平面5与平面1的平行度	
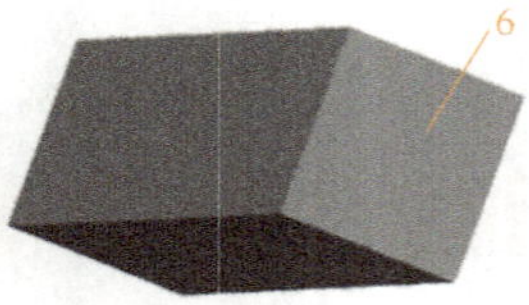	锉削6面	
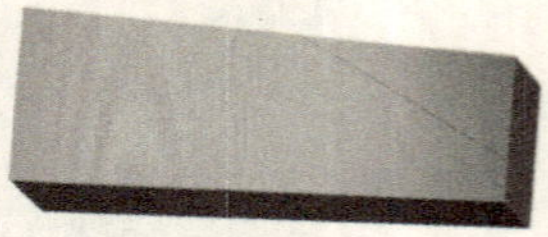	划线：用游标高度卡尺测量工件各个方位的尺寸并划线	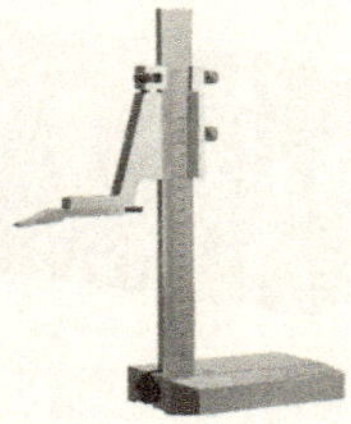 游标高度卡尺
	锯削斜面7。用台虎钳夹紧工件，用手工锯将划线的多余部分锯掉，然后锉削斜面7	扁锉 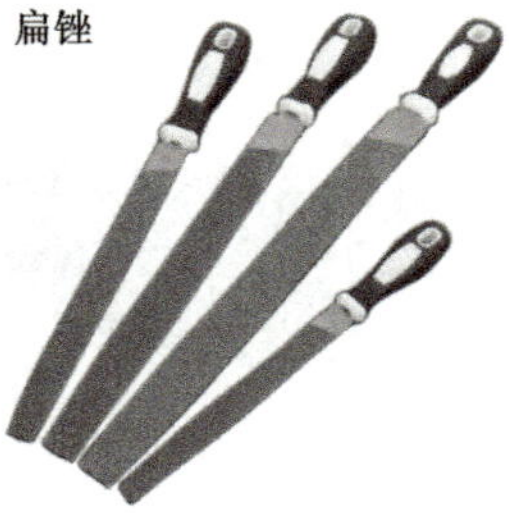

工作四 总结与反馈

1. 填写 TPM 和 6S 表格
完成表 1-8 钳工区域 6S 检查表的填写。

2. 考核评价
本任务的评分标准见表 2-4。

表 2-4 划线评分标准

评价内容	考核项目	考核要求	配分	评分标准	得分
知识评价（线上）	划线工具认知	能认知划线工具	15	不能介绍划线工具的作用，扣 2 分	
	量具使用	掌握基本的测量知识	10	1. 不认识量具，扣 1 分 / 次 2. 不能正确读取测量数值，扣 1 分 / 次	
技能评价（线下）	划线操作	1. 划线操作方法正确 2. 注意安全	50	1. 划线工具选用不当，扣 2 分 / 次 2. 划线操作不规范，扣 2 分 / 次 3. 实训报告有缺项，扣 1 分 / 处	
职业素养	学习和劳动态度	态度认真、虚心好学、埋头苦干	5	做与课堂无关的事情，扣 1 分 / 次	
	工作与职业操守	规范着装，安全文明操作，无事故隐患和事故苗头	5	1. 违反安全生产规程，视情节扣 1~5 分 2. 违反文明操作规程（工具、器材的摆放不规范；不清理现场），扣 1~5 分 3. 着装不规范，扣 1 分 / 次	
	团队合作精神	具有良好的团队合作精神，热心帮助小组其他成员	5	不团结同学，扣 1 分 / 次	
	现场 6S 管理	能够按照 6S 管理正确整理现场	5	未按照 6S 管理整理现场，扣 1 分 / 处	
	出勤	遵守实训制度，无迟到、早退、请假	5	迟到、早退、请假，扣 1 分 / 次	
合计			100		

 文明和安全操作

划线工、量具的维护与保养事项如下：

1）划针、划规、划线盘、直角尺和游标高度卡尺等划线工、量具要妥善保管、准确摆放，避免划针尖部受损，影响划线精度。

2）工件和划线工、量具在划线平板上应轻拿轻放，尽可能地减少摩擦，以免损伤划线平板，造成其精度降低。

3）划线工、量具和设备使用完后，应及时清理，擦拭干净，并涂上机油防锈。

 拓展知识

刮　　削

用刮刀在工件表面上刮去一层很薄金属的操作称为刮削。

刮削是钳工中的一种精密加工方法，刮削后的工件具有几何误差小、尺寸精度高、配合面接触精度好的特点，适用于零件上的配合滑动表面和有较高配合要求的表面加工，如机床导轨、滑动轴承、划线平板等的加工。刮削后的表面粗糙度值 Ra 在 1.6μm 以下。

一、刮削工具

1. 刮刀

刮刀用碳素工具钢 T10 A 或弹性好的 GCr15 轴承钢锻造而成，热处理后，硬度可达 60 HRC 左右。刮削淬硬件时，用硬质合金刮刀。刮刀分平面刮刀和曲面刮刀两大类，如图 2-10 和图 2-11 所示。

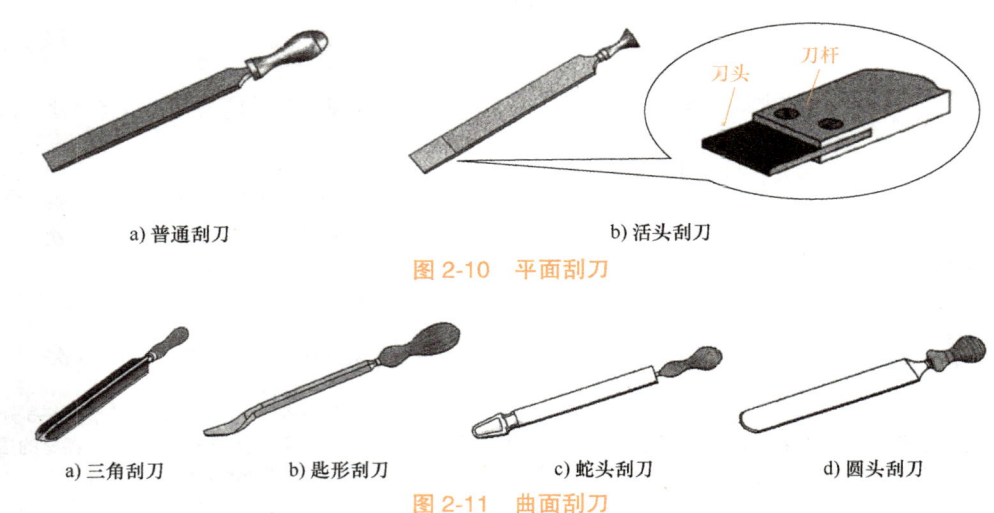

图 2-10 平面刮刀

图 2-11 曲面刮刀

2. 校准工具

校准工具也称研具，如图 2-12 所示，用于检验刮削质量，鉴定表面的接触精度。常用的校准工具有校准平板，用于校验尺寸较宽的平面；校准直尺主要用于校验狭长平面（如导轨）的直线度等，常用的有桥式直尺和工字形直尺两种，桥式直尺用于校验大导轨的直线度。标准角度直尺，用于检验工件角度。

刮削内圆弧面时，常用标准心轴作为校准工具。

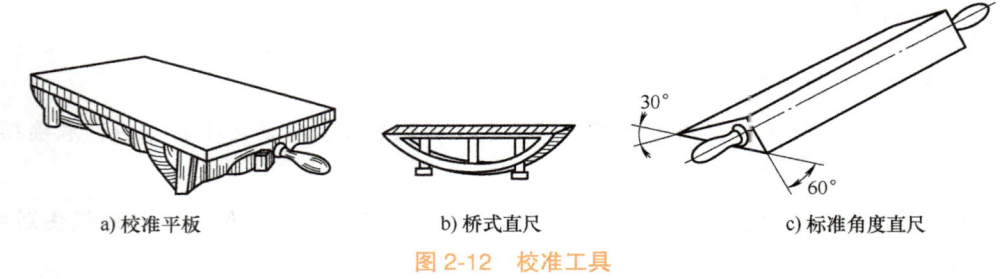

图 2-12 校准工具

3. 显示剂

常用的显示剂有：红丹粉，用机械油和牛油（润滑脂）调和，用于钢和铸铁；普鲁士蓝油，用于精密件和非铁金属材料。使用时，用纱布包裹成球涂布显示剂，便于擦拭。

二、刮削操作

1. 平面刮削

图 2-13 所示为刮削操作方法，刮削操作过程分为压、推、抬三个动作，刮削时对工件表面起挤压、熨平作用，这是刮削能改善工件表面粗糙度和提高表面层质量的原因之一。

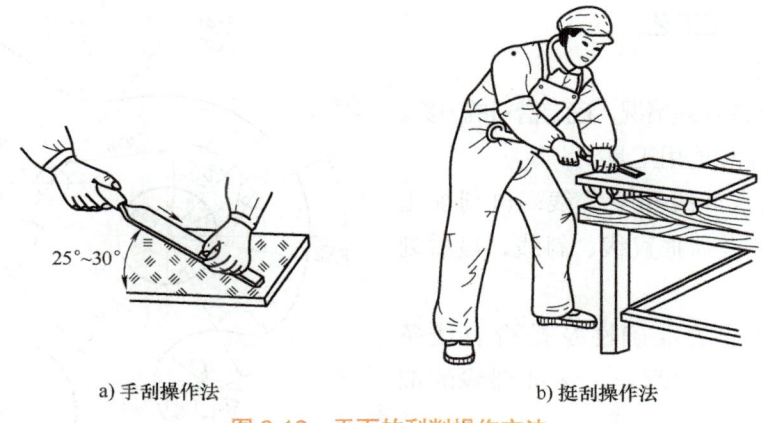

a) 手刮操作法　　　　　　　　b) 挺刮操作法

图 2-13　平面的刮削操作方法

工件表面的刮削方向，应与前道工序的刀痕交叉，如图 2-14 所示。每刮削一遍后，涂上显示剂，用校准工具配研，以显示加工面上的高低不平处，然后刮掉高点，如此反复进行。余量大的表面，应先粗刮，刮刀切削刃口宽，推刮行程长；余量小或粗刮后的表面，应进行细刮，刮刀切削刃口狭窄，推刮行程短，一般为点刮。最后，可在表面上刮出一定规律的花纹——刮花，使成品美观。

2. 曲面刮削

内圆弧面刮削如图 2-15 所示。操作时，刮刀做圆弧运动。粗刮时，使用刮刀根部，受力重，切削量大，刮削面积大；精刮时，使用刮刀端部，稍有弹性，做修整浅刮。

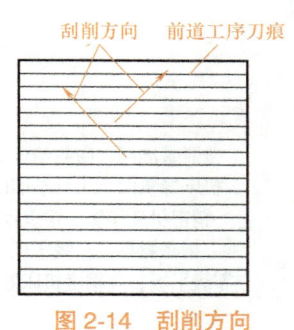

图 2-14　刮削方向　　　　　　　　图 2-15　内圆弧面刮削

【自我探索】

同学们请利用实训室的工具尝试进行刮削操作，并总结操作过程中的问题。

_____

_____

拓展训练

进行平面划线练习，工件如图 2-16 所示。

1）实训准备。

① 工具和量具：划针、划规、钢直尺等。

② 辅助工具：软钳口衬垫、V 形槽木垫、润滑油、涂料等。

2）操作要点。

① 看清图样，详细了解工件上需要划线的部位；明确工件及其划线有关部分在产品中的作用和

要求；了解有关后续加工工艺。

② 确定划线基准。

③ 初步检查毛坯的误差情况，确定借料的方案。

④ 正确安放工件和选用工具。

⑤ 划线。先划基准线和位置线；再划加工线，即先划水平线，再划垂直线、斜线，最后划圆、圆弧和曲线。

⑥ 仔细检查划线的准确性及是否有线条漏划，错划或漏划应及时改正，保证划线的准确性。

⑦ 在线条上打样冲眼。样冲眼必须打正，毛坯面上样冲眼要适当深些，已加工面或薄板件上样冲眼要浅一些、稀一些。精加工面和软材料上可不打样冲眼。

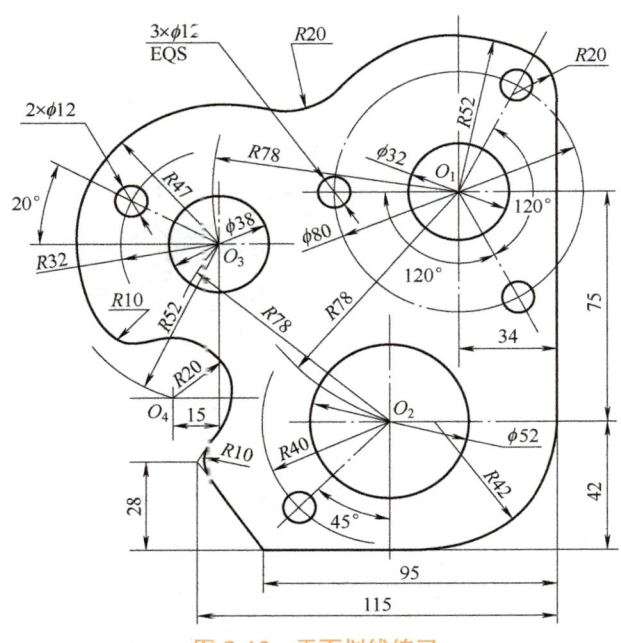

图 2-16 平面划线练习

三、刮削质量检验

1）刮削后的工件表面，按接触斑点、平面度和直线度等公差值来检验质量。

2）按接触斑点检验时，用边长为 25mm 的方框罩在与校准工具配研过的被检查表面上，检测方框内接触斑点的数目，合格件应达到表 2-5 所列的要求。

划线实例

表 2-5 接触斑点检验

平面种类	斑点数/个	应用范围
普通平面	8~12	普通基准面、密封结合面
	12~16	机床导轨面、工具基准面
精密平面	16~20	精密机床导轨、钢直尺
	20~25	精密量具、一级平板
超精密平面	>25	零级平板、高精度机床导轨

任务 2　锯　削

知识树

锯削知识树如图 2-17 所示。

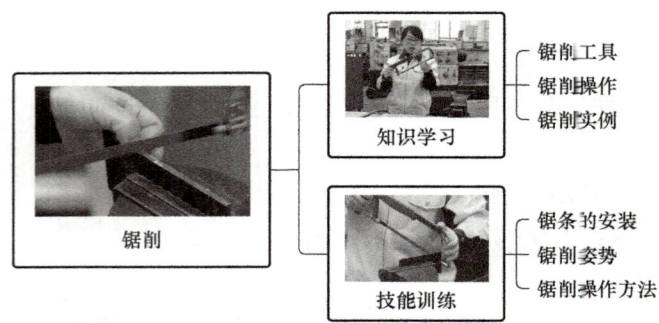

图 2-17 锯削知识树

项目 2 钳 工

 任务描述

虽然当前各种自动化的切割设备已广泛地使用，但手锯切割还是很常见的，它具有方便、简单和灵活的特点，在单件、临时工地以及切割异形工件、开槽、修整等场合应用较广。本任务为完成鸭嘴锤锤头（图 2-2）的锯削练习，学习中熟悉锯削工具，掌握锯削姿势，规范练习，才能迅速掌握锯削技能。

 任务要求

1. 认识锯削工具的结构和种类。
2. 锯削操作姿势正确，操作熟练。
3. 熟悉锯条折断的原因和防止其折断的方法。
4. 了解锯缝产生歪斜的几种因素。
5. 严格遵守锯削中的安全注意事项。

 素养提升

质量意识就是工程技术人员对质量工作的认识、理解和重视程度，拥有良好的质量意识是工程技术人员追求卓越的前提，需贯穿于工程技术人员的整个职业生涯。通过培养学生在实训过程中的质量意识，促其养成坚持准则、工作规范的职业习惯，以及爱岗敬业、忠诚奉献、一丝不苟的工作精神。

 工作内容

工作一　知识学习

【自主资料搜集】

1）公差的基本术语。
_____
_____
_____

2）认识鸭嘴锤锤头图样中几何公差符号的含义。
_____
_____
_____
_____
_____
_____

【专业知识学习】

一、锯削工具

1. 锯弓

锯弓是用来安装锯条的，有可调式和固定式两种，如图 2-18 所示。固定式锯弓的弓架是整体的，

锯削工具

只能用来安装一种长度规格的锯条；可调式锯弓由前、后两段组成，通过调整可以安装几种长度规格的锯条。可调式锯弓应用较广泛。

a) 固定式　　　　　　　　　　　b) 可调式

图 2-18　锯弓的种类

2. 锯条

锯条一般用渗碳软钢冷轧制成，经热处理淬硬，也有用工具钢或合金钢制造的。其规格以锯条两端小孔中心距的大小来表示。常用的手工锯条长 300mm、宽 12mm、厚 0.8mm。锯条按齿距的大小可分为粗齿、中齿、细齿三种。锯齿粗细的划分及用途见表 2-6。

表 2-6　锯齿粗细的划分及用途

锯齿粗细	每 25mm 长度内的齿数	用途
粗	14~18	齿距大，可容锯屑多，用于锯削低硬度的材料，如非金属材料、铝、纯铜和低硬度钢等
中	22~24	可锯削大部分材料，如中等硬度钢、黄铜、厚壁管料等
细	32	齿距小，可容锯屑少，用于锯削硬度高的材料、薄板材料、薄壁管料等

二、锯削操作

1. 工件的夹持

工件尽可能夹持在台虎钳的左面，以方便操作，工件锯缝应离开钳口侧面约 20mm，以防锯削时产生振动。锯缝线条应与钳口侧面平行，便于控制锯缝，不偏离划线线条。工件的夹紧要牢固、可靠，并且要防止夹坏已加工表面和使工件变形。

2. 锯条的安装

手锯在向前推时进行锯削，在向后返回时不起切削作用，因此安装锯条时，应使锯齿齿尖方向朝前。在调节锯条的松紧程度时，锯条的松紧程度要适当，太紧时锯条受力太大，锯削中用力稍有不当，锯条就容易崩断；太松会使锯条扭曲，锯缝歪斜，锯条也容易折断。

手锯的握法
和锯削姿势

3. 手锯的握法

握锯时，右手满握锯柄，左手轻扶锯弓前端，推力和压力的大小主要由右手掌握，左手配合右手扶正锯弓，如图 2-19 所示。

4. 锯削姿势

锯削姿势如图 2-20 所示，操作者站立在工作台前，左脚向工件跨半步，重心偏向右脚，身体稍微向前倾。

5. 起锯

起锯是锯削工作的开始，起锯的好坏直接影响锯削质量。如果起锯不正确，会使锯条跳出锯缝，将工件拉毛或者引起锯齿崩裂。起锯有远起锯和近起锯两种，如图 2-21 所示。一般采用远起锯，因其起锯方便，锯齿不易卡住。

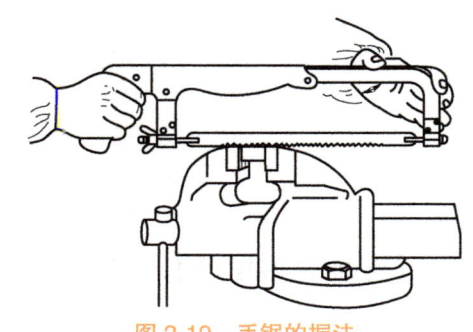

图 2-19　手锯的握法

起锯时，左手拇指靠住锯条，使锯条正确地锯在所需的位置上，行程要短、压力要小、速度要慢。起锯角约为15°。如果起锯角太大，则起锯不易平稳，会被棱边卡住，引起崩裂；起锯角也不宜太小，否则，由于与工件同时接触的锯齿齿数过多，不易切入材料，多次起锯容易发生偏离，使工件表面锯出许多锯痕，影响表面质量。

当起锯到槽深 2~3mm 时，起锯可结束，应逐渐将锯弓改至水平方向，进行正常锯削。

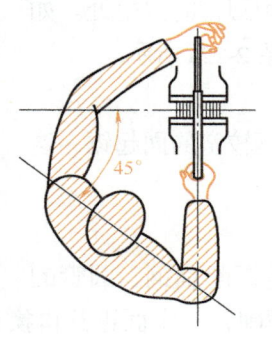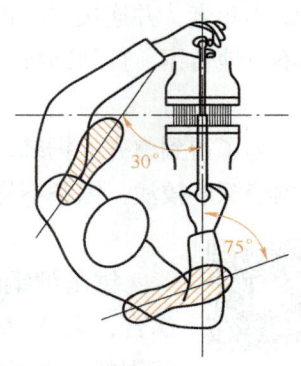

图 2-20 锯削姿势

6. 正常锯削

开始进锯时，用力要均匀，左手扶锯，右手掌推锯向前运动，身体略向前倾，跟着一起运动，右腿伸直向前倾，重心在左腿，且左膝弯曲；锯削至锯条全长 3/4 时，身体停止向前运动，但两臂继续将锯送到头，尽可能以锯条全长进行切削。回锯时左手要把锯弓略微抬起，右手向后拉锯，让锯条从工件锯缝中轻轻滑过，不加压或摆动，身体逐渐回到原来位置。锯削时，速度不宜过快，以 40 次/min 左右为宜，锯削硬材料时慢些，锯削软材料时快些。

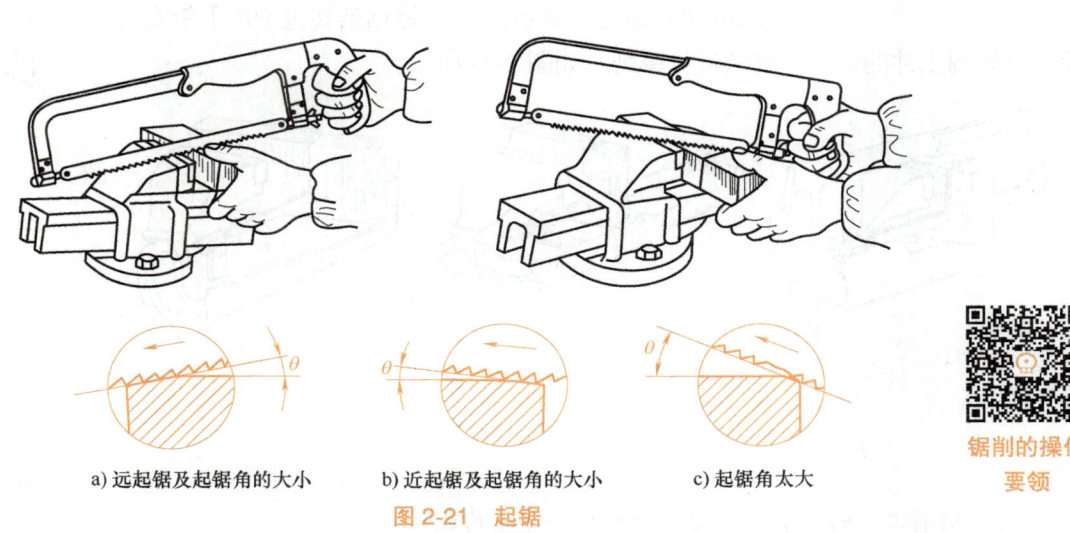

a) 远起锯及起锯角的大小　　b) 近起锯及起锯角的大小　　c) 起锯角太大

图 2-21 起锯

三、锯削实例

锯削不同的工件，需要采用不同的锯削方法。锯削前应在工件上划出锯削线。划线时应留有锯削后的加工余量。

1. 棒料的锯削

如果锯削的断面要求平整，应从开始连续锯到结束。若锯削的断面要求不高，可分几个方向锯下，这样会由于锯削面变小而容易锯入，可以提高工作效率。

棒料的锯削方法

2. 圆管的锯削

锯削圆管前，先用矩形纸条按锯削尺寸绕住工件外圆，然后用滑石画出垂直于轴线的锯削线。锯削时，必须把圆管夹正。对于薄壁圆管和精加工过的圆管，应用有 V 形槽的木衬垫夹持，以保护其表面和防止夹扁。

圆管的锯削方法

锯削薄壁圆管时，正确的方法是先在一个方向上锯到圆管内壁处，然后把圆管向推锯的方向转过一定的角度，并连接到原锯缝再锯到圆管的内壁处。如此不断地转锯，直到锯断为止，如图 2-22a 所示。

3. 扁钢的锯削

为了得到整齐的锯缝，应从扁钢较宽的面起锯，这样锯缝深度较浅，锯条不易卡住。

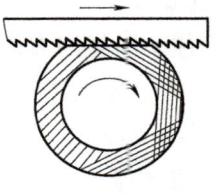
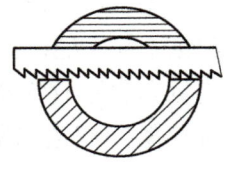

a) 转位锯　　　　b) 不正确锯

图 2-22　锯削圆管

4. 型钢的锯削

锯削型钢的方法是锯削扁钢、圆管的综合，应从宽面开始锯削，一个面锯开再换另一面，在原锯缝处继续锯削，直至锯断，如图 2-23 所示。

5. 薄材料的锯削

薄材料的锯削方法

锯削薄材料时，尽可能从宽面上起锯。当只能在板料的狭窄面起锯时，可用两块木板夹持，与木板一起锯下；也可以把薄板料夹在台虎钳上，用手锯做横向斜锯，使锯齿与薄板接触齿数增加，以避免锯齿崩裂。

6. 深缝的锯削

深缝的锯削方法

当锯缝的深度超过锯弓的高度时，应将锯条转过 90° 重新安装，使锯弓转到工件的旁边，继续进行锯削，如图 2-24 所示。

图 2-23　型钢的锯削

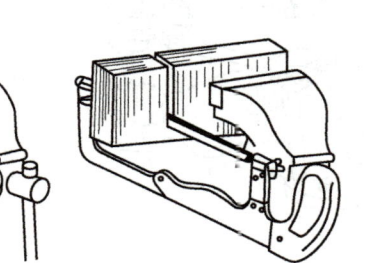

图 2-24　深缝的锯削

工作二　自我检验

1) 锯削工具的种类有哪些？由哪几个部分构成？

2) 手锯的握法和锯削姿势有哪些要点？

3) 锯削应注意哪些问题？

4）锯削 Q235 材料，选用的锯条是（　　）。

A. 粗齿锯条　　　　B. 中齿锯条　　　　C. 细齿锯条

5）锯条锯齿的安装方向是（　　）。

A. 朝向使用者的方向　　　　　　B. 朝向使用者的前方

6）锯条安装松紧度检查，用手按锯条，（　　）是合适的。

A. 变形明显　　　　B. 变形不很明显　　　　C. 一点也没有变形

7）锯削工件在台虎钳上装夹，通常情况，下面（　　）是最合适的。

A. 在台虎钳的左边　　　　　　　B. 在台虎钳的右边
C. 左手握锯弓，装夹在台虎钳右边　D. 右手握锯弓，装夹在台虎钳左边

8）工件图样中的尺寸线是不能锯削的，初学者锯削时应该（　　）。

A. 留 0.5mm 以下余量　　　　　B. 留 1.5mm 左右余量
C. 留 2.5mm 以上余量

9）锯削 Q235 材料，应该选择的锯削速度是（　　）。

A. 15~20mm/min　　　　　　　B. 20~40mm/min
C. 30~50mm/min　　　　　　　D. 40~60mm/min

工作三　技能训练

根据表 2-7 的操作步骤完成各项实际操作。鸭嘴锤锤头有 7 个面加工前需要锯削，整个加工工艺过程见表 2-3。

锯削实操微课

表 2-7　鸭嘴锤锤头锯削操作步骤

序号	操作步骤	操作要领	学员检查、实施并记录问题
1	识读图样	毛坯材料为 Q235B，识读图样，确定锯削工艺技术要求	
2	工、量具准备	手锯、划针、V 形铁、样冲、钢直尺、游标高度卡尺、台虎钳	
3	锯削操作	工件尽可能夹持在台虎钳的左面，以方便操作，工件锯缝应离开钳口侧面约 20mm，锯缝线条与钳口侧面平行，便于控制锯缝，不偏离划线线条	
		握锯时，右手满握锯柄，左手轻扶锯弓前端，推力和压力的大小主要由右手掌握，左手配合右手扶正锯弓，站立在工作台前，左脚向工件跨半步，重心偏右脚，身体稍微向前倾	
		采用远起锯，起锯角约为 15°，左手拇指靠住锯条，使锯条正确地锯在所需的位置上，行程要短、压力要小、速度要慢	
		开始进锯时，用力要均匀，左手扶锯，右手掌推锯向前运动，身体略向前倾，跟着一起运动，右腿伸直向前倾，重心在左腿，且左膝弯曲；锯削至锯条全长 3/4 时，身体停止向前运动，但两臂继续将锯送到头，尽可能以锯条全长进行切削。回锯时左手要把锯弓略微抬起，右手向后拉锯，让锯条从工件锯缝中轻轻滑过，不加压或摆动，身体逐渐回到原来位置。锯削时，速度不宜过快，以 40 次 /min 左右为宜	

(续)

序号	操作步骤	操作要领	学员检查、实施并记录问题
4	工件检测	锯削时随时检查锯缝是否发生歪斜并及时纠正	
5	工作时的 6S 要求	按要求摆放工具，清理工作台及周围废料，清除废屑	
6	安全要求	工件装夹要牢固，不要试图用手指控制锯条，快要锯断时，应轻轻用力，同时将工件抬扶一下，以防压断锯条或者工件落下伤人	

工作四　总结与反馈

1. 锯削过程中产生的问题及解决措施（表 2-8）

表 2-8　锯削过程中产生的问题及解决措施

锯削中产生的问题	原因	解决措施
锯齿崩齿	① 锯齿的粗细选择不当 ② 起锯方法不正确 ③ 突然碰到砂眼、杂质或突然加大压力	① 正确选择锯齿的粗细规格 ② 起锯角要小，远起锯时用力要小 ③ 碰到砂眼、杂质时用力要减轻，锯削时避免突然加压
锯条折断	① 锯条安装时松紧调节不当 ② 工件装夹不正确 ③ 强行矫正歪斜的锯缝 ④ 锯削用力太大或突然加压力 ⑤ 更换的新锯条在旧锯缝中受卡后被拉断	① 锯条的松紧程度适当 ② 工件装夹要牢固，伸出端尽量短 ③ 锯缝歪斜后，将工件调头再锯，不可调头时，要慢慢逐步借正 ④ 锯削用力要均匀、适当 ⑤ 更换新锯条，要较轻、较慢地过渡，待锯缝变宽后再正常锯削
锯条过早磨损	① 锯削速度太快 ② 锯削硬材料时未进行冷却、润滑	① 锯削速度要适当 ② 锯削钢件要加机油，铸件要加柴油，其他金属材料可加切削液
锯缝产生歪斜	① 安装工件时，锯缝方向未能与铅垂线方向一致 ② 锯条安装得太松或与锯弓平面扭曲 ③ 使用锯齿两面磨损不均匀的锯条 ④ 锯削压力过大，使锯条左右偏摆	① 安装工件时，锯缝方向与铅垂线方向应一致 ② 锯条松紧度要适当 ③ 不使用锯齿两面磨损不均匀的锯条 ④ 锯削用力要均匀、适当

2. 填写 TPM 和 6S 表格

完成表 1-8 钳工区域 6S 检查表的填写。

3. 考核评价

本任务的评分标准见表 2-9。

表 2-9　锯削评分标准

评价内容	考核项目	考核要求	配分	评分标准	得分
知识评价 （线上）	锯削工具认知	熟悉锯弓、锯条的结构和种类	15	不熟悉锯削工具，扣 2 分	
	量具的使用	掌握基本的测量知识	10	1. 不认识测量工具，扣 1 分 / 次 2. 不能正确读取测量数值，扣 1 分 / 次	
技能评价 （线下）	锯削操作	1. 锯削操作方法正确 2. 锯条不折断 3. 注意安全	50	1. 锯削工具选用不当，扣 2 分 / 次 2. 锯削操作姿势不规范，扣 2 分 / 次 3. 实训报告有缺项，扣 1 分 / 处	

（续）

评价内容	考核项目	考核要求	配分	评分标准	得分
职业素养	学习和劳动态度	态度认真、虚心好学、埋头苦干	5	做与课堂无关的事情，扣1分/次	
	工作与职业操守	规范着装，安全文明操作，无事故隐患和事故苗头	5	1. 违反安全生产规程，视情节，扣1~5分 2. 违反文明操作规程（工具、器材的摆放不规范；不清理现场），扣1~5分 3. 着装不规范，扣1分/次	
	团队合作精神	具有良好的团队合作精神，热心帮助小组其他成员	5	不团结同学，扣1分/次	
	现场6S管理	能够按照6S管理正确整理现场	5	未按照6S管理整理现场，扣1分/次	
	出勤	遵守实训制度，无迟到、早退、请假	5	迟到、早退、请假，扣1分/次	
	合计		100		

 文明和安全操作

1）锯削前要检查锯条的装夹方向，松紧程度要适当。

2）锯削时压力不可过大，速度不宜过快，也不要突然用力过猛，以免锯条折断而伤人。

3）锯削快要完成时，用力不可太大，并需用左手扶住工件将要被锯下的部分，以免该部分落下时砸伤脚。

 拓展知识

数控机床（CNC）简介

一、数控机床的发展历程

自美国在20世纪50年代研制出世界上第一台数控车床后，机床制造业就进入了数控时代。美国、德国、日本在数控机床科研、设计、制造和使用方面技术先进、经验较多，且各有特点。

1. 美国的数控机床发展史

美国政府重视机床工业，美国国防部等部门因其军事方面的需求而不断提出机床的发展方向、科研任务，并提供充足的经费，且网罗世界人才，特别讲究"效率"和"创新"，注重基础科研，因而在机床技术上不断创新：1952年研制出世界上第一台数控机床；1958年创制出加工中心；20世纪70年代初研制成柔性制造系统；1987年首创开放式数控系统。

20世纪80年代，美国政府一度放松了引导，致使数控机床产量增加缓慢，于1982年被后进的日本超过，并大量进口。从20世纪90年代起，美国纠正过去偏向，数控机床在技术上转向实用，产量又逐渐上升。

2. 德国的数控机床发展史

德国政府一贯重视机床工业的重要战略地位，并在多方面大力扶植。自1956年研制出其第一台数控机床后，德国特别注重科学试验，理论与实际相结合，基础科研与应用技术科研并重。德国还特别重视数控机床主机及配套件的先进实用性，其机、电、液、气、光、刀具、测量、数控系统、各种功能部件，在质量、性能上居世界前列。如西门子公司的数控系统世界闻名，各国竞相采用。

3. 日本的数控机床发展史

日本政府对机床工业的发展异常重视，通过规划、法规（如"机振法""机电法""机信法"等）引导发展。在重视人才及机床配套功能部件上学习德国，在质量管理及数控机床技术上学习美国，甚至青出于蓝而胜于蓝。

自1958年研制出其第一台数控机床后，1978年其产量超过美国，至今产量、出口量一直居世界首位。

4. 我国数控机床的现状

我国数控技术的发展起步于20世纪50年代，通过"六五"期间引进数控技术，"七五"期间组织消化吸收"科技攻关"，我国数控技术和数控产业取得了相当大的成绩。从2002年开始，中国连续三年成为世界机床消费第一大国、机床进口第一大国。我国数控机床产业发展迅速，近年来我国数控机床行业的旺盛需求仍保持高速增长，年均复合增长率达到37.4%。

二、数控机床的工作原理

数控机床是按照事先编制好的加工程序，自动地对被加工零件进行加工的机床。它将零件的加工工艺路线、工艺参数、刀具的运动轨迹、位移量、切削参数以及辅助功能，按照数控机床规定的指令代码及程序格式编写成加工程序单，再把程序单中的内容记录在控制介质上，然后输入到数控机床的数控装置中，从而指挥机床加工零件。

数控机床是数字控制机床的简称，是一种装有程序控制系统的自动化机床。该控制系统能够处理具有控制编码或其他符号指令规定的程序，并将其译码，从而使机床动作并加工零件。

数控机床与普通机床相比，有如下特点。

1）加工精度高，具有稳定的加工质量。
2）可进行多坐标的联动，能加工形状复杂的零件。
3）加工零件改变时，一般只需要更改数控程序，可节省生产准备时间。
4）机床本身的精度高、刚性好，可选择有利的加工用量，生产率高（一般为普通机床的3~5倍）。
5）机床自动化程度高，可以减轻劳动强度。
6）对操作人员的素质要求较高，对维修人员的技术要求更高。

三、数控机床的发展趋势

高速、精密、复合、智能和绿色是数控技术及其装备发展的趋势，在实用化和产业化等方面取得可喜成绩。主要表现在以下方面。

1）数控机床复合技术进一步扩展。随着数控技术及其装备进步，复合加工技术日趋成熟，包括铣-车复合加工、车-铣复合加工、车-镗-钻-齿轮加工等复合加工、车磨复合加工、成形复合加工、特种复合加工等，复合加工的精度和效率大大提高。"一台机床就是一个加工厂""一次装夹，完全加工"等理念正在被更多人接受，复合加工机床发展正呈现多样化的态势。

2）数控机床的智能化关键技术有新的突破，在数控系统的性能上得到了较多体现。如自动调整干涉防碰撞功能、断电后工件自动退出安全区断电保护功能、加工零件检测和自动补偿学习功能、高精度加工零件智能化参数选用功能、加工过程中自动消除机床振动等功能进入了实用化阶段，提升了机床的功能和品质。

3）机器人使柔性化组合效率更高。机器人与主机的柔性化组合得到广泛应用，使得柔性线更加灵活、功能进一步扩展，柔性线进一步缩短、效率更高。机器人与加工中心、车铣复合机床、磨床、齿轮加工机床、工具磨床、电加工机床、锯床、压力机、激光加工机床、水切割机床等组成多种形式的柔性单元和柔性生产线，已经开始应用。

4）精密加工技术有了新进展。金属切削机床与数控机床的加工精度已从原来的丝级（0.01mm）提高到微米级（0.001mm），有些品种的加工精度已达到 0.05μm 左右。超精密数控机床的微细切削和磨削加工，精度可稳定达到 0.05μm 左右，形状精度可达 0.01μm 左右。采用光、电、化学等能源的特种加工，精度可达到纳米级（0.001μm）。可通过机床结构设计优化、机床零部件的超精加工和精密装配，采用高精度的全闭环控制及温度、振动等动态误差补偿技术，提高机床加工的几何精度，降低几何误差、表面粗糙度值等，从而进入亚微米、纳米级超精加工时代。

5）机床配套功能部件性能不断提高。机床配套功能部件不断向高速度、高精度、大功率和智能化方向发展，并取得成熟的应用。全数字交流伺服电动机和驱动装置，高技术含量的电主轴、力矩电动机、直线电动机，高性能的直线滚动组件，高精度主轴单元等机床配套功能部件的推广应用，极大地提高了数控机床的技术水平。

【自我探索】

同学们请利用业余时间到数控加工车间认识各种数控机床，并记录机床种类和加工范围。

_____
_____
_____
_____
_____

 拓展训练

进行工件锯削练习，如图 2-25 所示。

1）实训准备。

① 工具和量具：锯弓、细齿锯条、钢直尺、划针等。

② 辅助工具：软钳口衬垫、润滑油、涂料等。

③ 备料：坯料尺寸 80mm×44mm×54mm。

2）操作要点。

① 夹持工件，夹紧力适中，以防工件被夹变形或表面出现凹痕。

② 锯削时，应从宽面进行锯削，锯好工件的一面后，将其转过一个方向再锯，这样才能得到较平整的断面，锯齿也不易被勾住。切忌沿一个方向将工件锯断，否则锯缝深而不平整，锯齿也容易在工件上勾住而崩断。

③ 锯削时，应适当加注润滑油进行润滑，以减小锯条因过热而产生的磨损。

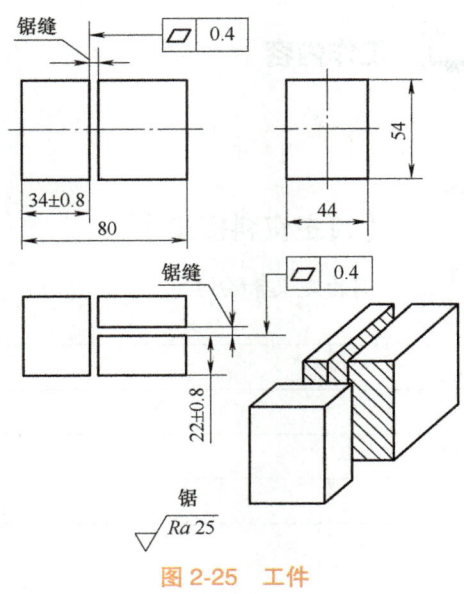

图 2-25 工件

任务 3 锉　　削

知识树

锉削知识树如图 2-26 所示。

任务描述

用锉刀对工件表面进行切削加工，使工件达到图样所要求的尺寸、形状和表面粗糙度的操作，称为锉削。锉削精度可达 0.01mm，表面粗糙度值可达 Ra0.8μm。锉

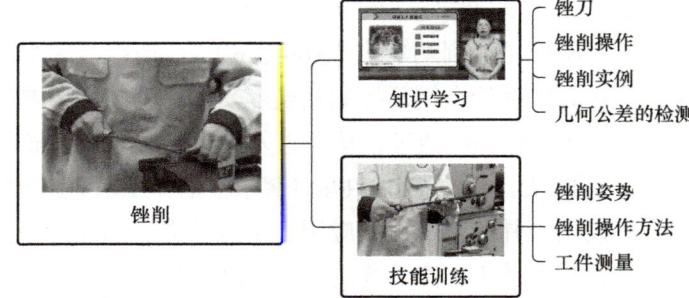

图 2-26　锉削知识树

削的应用范围很广，可以锉削平面、曲面、外表面、内孔、沟槽和各种形状复杂的表面，还可以配键、做样板、修整个别零件的几何形状等。锉削是钳工的一项基本操作技能。通过本任务了解锉削常识，掌握锉削技能，与本项目任务 2 配合，完成鸭嘴锤锤头的加工制作，达到图样技术要求。

任务要求

1. 熟悉锉刀的基本知识，会选用锉刀。
2. 注意锉削姿势，掌握动作要领。
3. 练习不同表面的锉削方法。
4. 勤加练习，培养规范的操作习惯和工匠精神。

素养提升

通过实践训练，引导学生树立正确的职业观，立足岗位，敬业奉献，为实现中国梦贡献自己的力量。

工作内容

工作一　知识学习

【自主资料搜集】

钢的定义和分类。

【专业知识学习】

锉削是用锉刀从工件表面锉掉多余的金属，使工件达到图样上所需要的尺寸、形状和表面粗糙度。它可以加工工件的内外平面、内外曲面、内外角、沟槽和各种复杂形状的表面。

一、锉刀

1. 锉刀的构造和种类

锉刀的结构如图 2-27 所示，由锉刀面、锉刀边和锉刀柄等组成。锉刀常用 T12、T12A 和 T13A 高碳工具钢制造，热处理后的硬度值可达 62HRC，耐磨性好，但冲击韧性和热硬性差，性脆易折，锉削速度过快时易钝化。锉刀齿纹有单、双纹之分，一般多制成交错排列的双纹，便于断屑和排屑，也使锉削省力。单纹锉刀一般用于锉削铝等软材料。

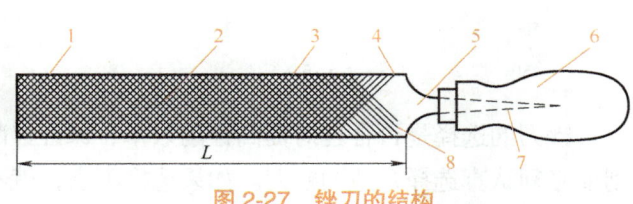

图 2-27 锉刀的结构

1—锉齿 2—锉刀面 3—锉刀边 4—底齿 5—锉刀尾
6—锉刀柄 7—锉刀舌 8—面齿 L—长度

锉刀按用途分为钳工锉、整形锉和特种锉。

钳工锉适用于一般工件表面的锉削，通常按其截面形状的不同分为扁锉、方锉、圆锉、半圆锉和三角锉等，如图 2-28 所示。整形锉适用于精加工和修整工件上细小部位及精密工件的加工，特种锉适用于工件的各种特殊表面的加工。

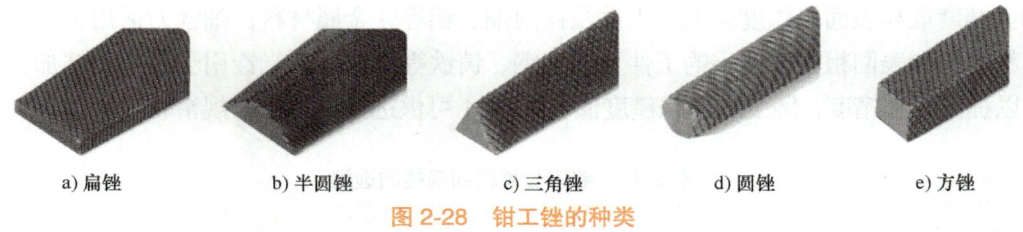

a) 扁锉　　b) 半圆锉　　c) 三角锉　　d) 圆锉　　e) 方锉

图 2-28 钳工锉的种类

2. 锉刀的规格与选择

锉刀的规格一般以截面形状、锉刀长度和齿纹粗细来表示。钳工锉中的扁锉用得最多，工作长度有 100mm、125mm、150mm、200mm、250mm、300mm、350mm、400mm 和 450mm；按其齿纹可分为单齿纹锉刀和双齿纹锉刀。锉刀按每 10mm 轴向长度内的锉纹条数多少，共分为 1~5 五个锉纹号，锉纹号越小，锉齿越粗，具体见表 2-10。其中 1 号为粗锉刀，2 号为中锉刀，3 号为细锉刀，4 号为双细齿锉刀，5 号为油光锉。

表 2-10 锉刀齿纹粗细规格

规格 /mm	主锉纹条数（10mm 内）				
	锉纹号				
	1	2	3	4	5
100	14	20	28	40	56
125	12	18	25	36	50
150	11	16	22	32	45
200	10	14	20	28	40

（续）

规格/mm	主锉纹条数（10mm 内）				
	锉纹号				
	1	2	3	4	5
250	9	12	18	25	36
300	8	11	16	22	32
350	7	10	14	20	—
400	6	9	12	—	—
450	5.5	8	11	—	—

锉刀的选择是否合理对提高锉削效率、保证锉削质量、延长锉刀的使用寿命都有一定的影响。锉削前必须认真选择合适的锉刀。如果选择不当，就不能充分发挥锉刀的效能或使锉刀过早丧失切削能力，不能保证锉削质量。

锉刀的选择要根据加工对象的具体情况来考虑。

1）锉刀的横截面形状要与工件形状相适应。

2）粗加工选用粗锉刀，精加工选用细锉刀。粗锉刀适用于锉削加工余量大、加工精度低和表面粗糙度值大的工件；细锉刀适用于锉削加工余量小、加工精度高和表面粗糙度值小的工件；单齿纹锉刀适用于加工软材料。

锉刀粗细的选择取决于工件材料的性质、加工余量大小、加工精度和表面粗糙度值的大小、工件材料的软硬等。粗锉刀（或单齿纹锉刀）由于齿距较大，容屑空间大，不易堵塞，适用于锉削加工余量大、加工精度低和表面粗糙度值大的工件及锉削铜、铝等软金属材料；细锉刀适用于锉削加工余量小、加工精度高和表面粗糙度值小的工件及锉削钢、铸铁等材料；油光锉用于最后的精加工，修光工件表面，以提高尺寸精度，降低表面粗糙度值。表 2-11 可供选择锉刀粗细规格时参考。

表 2-11 锉刀齿纹粗细规格的选用

锉齿粗细	尺寸精度/mm	锉削余量/mm	表面粗糙度值 Ra/μm
1号（粗锉刀）	0.2~0.5	0.5~1	25~100
2号（中锉刀）	0.05~0.2	0.2~0.5	6.3~25
3号（细锉刀）	0.02~0.05	0.1~0.3	3.2~12.5
4号（双细齿锉刀）	0.01~0.02	0.1~0.2	1.6~6.3
5号（油光锉）	0.01	0.1 以下	0.8~1.6

3）锉刀的长度一般应比锉削面长 150~200mm。选用锉刀的尺寸规格取决于工件加工面的尺寸和加工余量。加工面尺寸较大、加工余量也较大时，宜选用较长的锉刀；反之，则选用较短的锉刀。

二、锉削操作

1. 工件的装夹

工件应夹紧在台虎钳钳口的中部，并略高于钳口。对已加工表面或易变形和不便直接装夹的工件，可在钳口垫以铜片或铝片。

2. 锉刀的握法

大锉刀的握法：右手心抵着锉刀柄的端头，拇指放在锉刀柄的上面，其余四指弯在下面，配合拇指捏住锉刀柄。左手则根据锉刀大小和用力的轻重，有多种姿势，如图 2-29a 所示。

锉削的基本操作要领

中锉刀的握法：右手握法与大锉刀握法相同，左手用拇指、食指捏住锉刀前端，如图 2-29b 所示。

小锉刀的握法：右手食指伸直，拇指放在锉刀柄上，食指靠在锉刀边，如图 2-29c 所示。

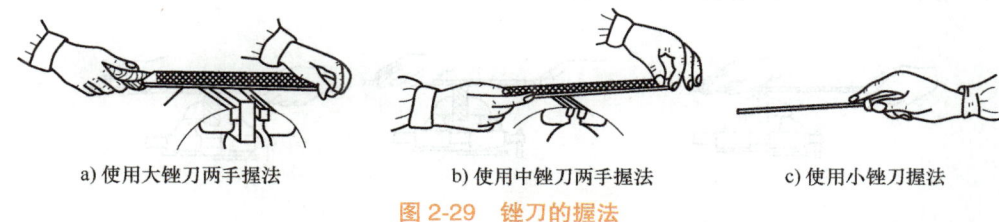

a) 使用大锉刀两手握法　　b) 使用中锉刀两手握法　　c) 使用小锉刀握法

图 2-29　锉刀的握法

3. 锉削姿势

正确的锉削姿势能减轻疲劳，提高锉削质量和效率。

锉削时两脚站立的位置如图 2-30 所示，操作时，两手握住锉刀放在工件上面，左臂弯曲，右小臂要与锉削方向保持基本平行，左腿弯曲，右腿伸直，重心落在左腿上。双脚始终站稳不移动，靠左膝的屈伸而做往复运动。

锉削开始时，身体向前倾斜 10° 左右，右肘尽可能向后收缩。在最初 1/3 行程时，身体逐渐前倾至 15° 左右，左膝稍弯曲；中间 1/3 行程，右肘向前推进，同时身体也逐渐前倾到 18° 左右；最后 1/3 行程，用右手腕将锉刀推

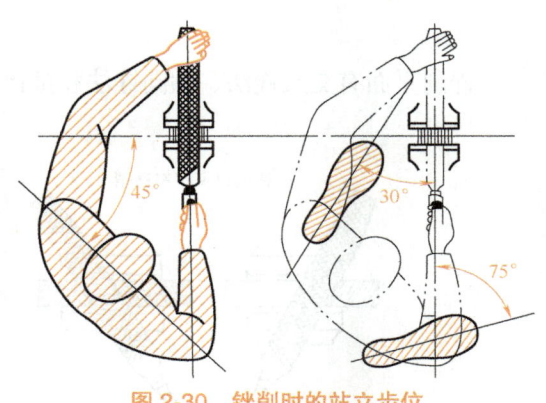

图 2-30　锉削时的站立步位

进到头，同时，左腿自然伸直并随着锉削时的反作用力，将身体重心后移，使身体恢复原位，并顺势将锉刀收回；当锉刀收回将近结束，身体又开始先于锉刀前倾，做第二次锉削的向前运动，如图 2-31 所示。

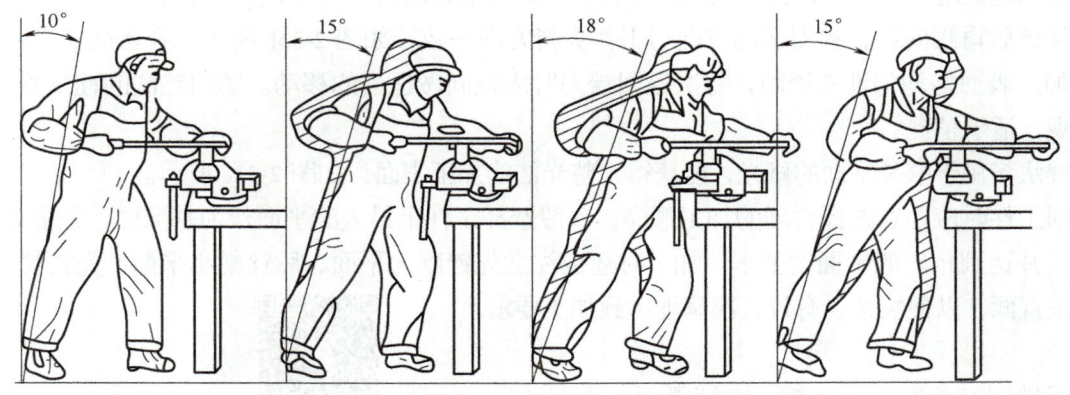

图 2-31　锉削的过程

4. 锉削时用力方法

为了得到平直的锉削表面，必须正确掌握锉削力的平衡。保持锉刀水平是关键，否则工件就会两边低、中间高。锉削过程中锉刀相当于杠杆，工件相当于支点，为保持水平，应使两手施加的压力对工件中心的力矩相等。因此，锉削过程中两手施加的压力应逐渐变化，右手施加的压力要随锉刀推动而逐渐增加，左手施加的压力逐渐减小；当工件处于锉刀中间位置时，两手施加的压力基本相等；回

程时不加压力，以减少锉齿磨损，如图2-32所示。锉削速度一般为30~40次/min，推出时稍慢，回程时可稍快些。

锉削时，不能用锉刀锉毛坯硬皮、氧化皮、硬度高的工件，毛坯表面要用侧刃锉削。锉刀齿面堆积锉屑后，应用钢丝刷顺着锉纹方向刷去锉屑。

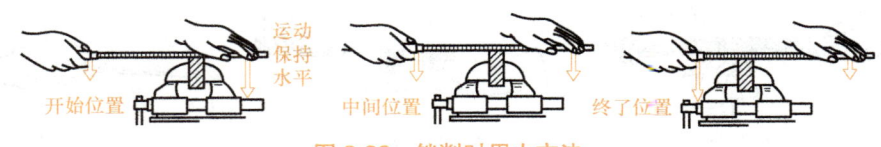

图2-32 锉削时用力方法

三、锉削实例

1. 平面锉削

锉削平面有交叉锉法、顺向锉法和推锉法三种，如图2-33所示。

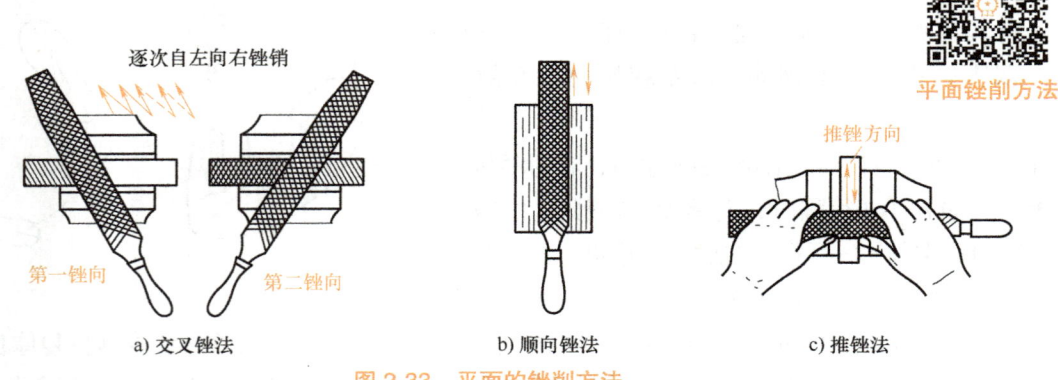

图2-33 平面的锉削方法

粗锉时采用交叉锉法，即锉刀运动方向与工件夹持方向成50°~60°角，如图2-33a所示，第一遍锉削和第二遍锉削交叉进行，去屑较快，并容易判断锉削表面的不平度，有利于把表面锉平。

交叉锉后再顺向锉，锉刀运动方向与工件夹持方向一致，如图2-33b所示。在锉削宽平面时，为使整个加工表面能均匀地被锉削，每次退回锉刀时应横向做适当的移动。顺向锉法的锉纹整齐一致，比较美观，适于精锉。

推锉法多用于窄长平面的修光，能获得平整光洁的加工表面，如图2-33c所示。

锉削工件时应注意选择合理的加工顺序，一般选择工件上最大的平面作为基准面，先把该平面加工完毕，并达到相应的平面度要求。加工时还应注意先锉削大平面、后锉削小平面，先锉削平行面、再锉削垂直面，以便快速、有效、准确地达到加工要求。

2. 弧面锉削

弧面锉削有外圆弧面锉削、内圆弧面锉削两种情况，如图2-34和图2-35所示。

1）外圆弧面的锉削方法。外圆弧面一般可采用扁锉进行锉削，常用的锉削方法有两种：横锉法，对着圆弧面锉，可锉成接近圆弧的多棱形，效率高，适用于曲面的粗加工；滚锉法，锉刀向前锉削时右手

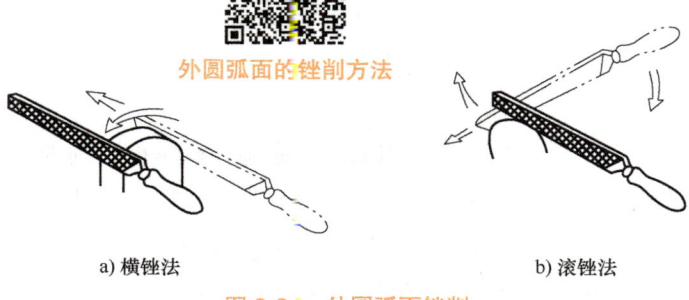

图2-34 外圆弧面锉削

下压，左手随着上提，使锉刀在工件圆弧面上做转动，能使圆弧面锉削得光整且圆滑，但锉削位置不易掌握，且效率不高，故适用于精锉圆弧面。

2）内圆弧面的锉削方法。用圆锉或半圆锉沿着圆弧母线前推锉削，同时绕圆弧中心和锉刀自身轴线旋转，三个运动正确组合才能锉出所需表面。

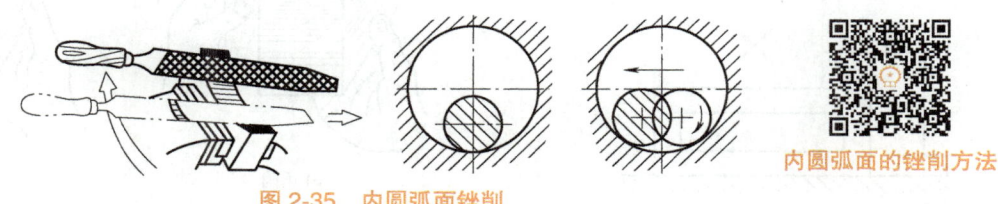

图 2-35　内圆弧面锉削

内圆弧面的锉削方法

四、几何公差的检测

几何公差的检测工具有刀口形直尺、直角尺、游标卡尺等。刀口形直尺、直角尺可检测零件的直线度、平面度和垂直度。

1）平面度。它是表示零件的平面要素实际形状保持理想平面的状况，也就是通常所说的平整度。平面度公差是实际表面对理想平面所允许的最大变动量。下面介绍用刀口形直尺检测零件平面度的方法，如图 2-36 所示。

将刀口形直尺垂直紧靠在零件表面上，并在纵向、横向和对角线方向逐次检测。检测时，如果刀口形直尺与零件平面透光微弱而均匀，则该零件平面度合格；如果透光强弱不一，则说明该零件平面凹凸不平。可在刀口形直尺与零件紧靠处用塞尺插入，根据塞尺的厚度即可确定平面度误差。

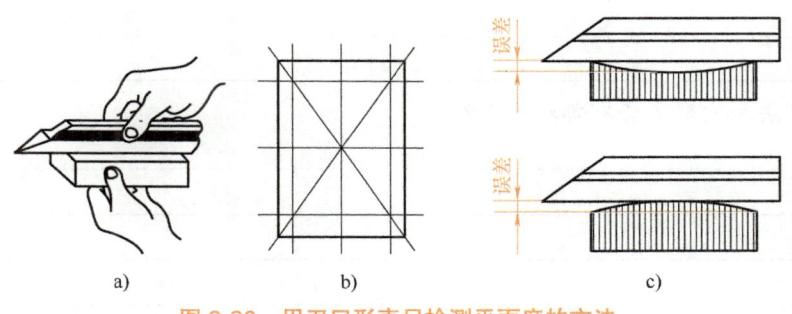

图 2-36　用刀口形直尺检测平面度的方法

2）平行度。它是表示零件上被测实际要素相对于基准保持等距离的状况，也就是通常所说的保持平行的程度。平行度公差是被测要素的实际方向与基准相平行的理想方向之间所允许的最大变动量。平行度可用百分表或游标卡尺检测。

用百分表检测平行度如图 2-37 所示，将被测零件放置在平板上，双手推拉表架在平板上缓慢地前后滑动，百分表在被测平面上滑过，找到百分表最大与最小读数之差值，即平行度误差。

用游标卡尺检测平行度时，要测量各实际尺寸，在工件一个测量方向应测量至少三个尺寸，比较尺寸的大小，其最大差值即平行度误差。

3）垂直度。它是表示零件上被测要素相对于基准要素保持正确的 90° 夹角的状况，也就是通常所说的两要素之间保持正交的程度。

垂直度的检测方法如图 2-38 所示，先选择好基准面，每次测量均以此面作为基准，将直角尺宽边贴紧基准，再向下移动至被测平面，测量下一点时重复动作。观察测量面与直角尺窄边之间的光隙，方法同平面度误差的检测,其最大光隙即垂直度误差。

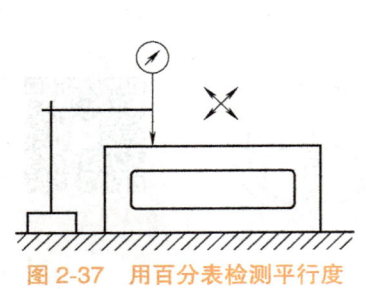

图 2-37　用百分表检测平行度

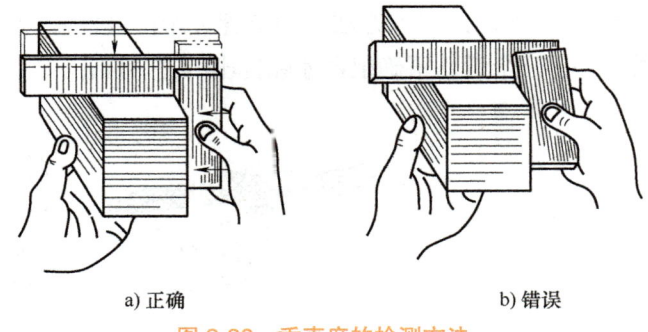

图 2-38　垂直度的检测方法

工作二　自我检验

1) 锉刀的种类有哪些?
_____
_____

2) 锉刀的选用依据是什么?
_____
_____
_____
_____

3) 锉刀的握法和锉削姿势有哪些要点?
_____
_____
_____
_____

4) 锉削应注意哪些事项?
_____
_____
_____
_____
_____

工作三　技能训练

根据表 2-12 的操作步骤完成各项实际操作,鸭嘴锤锤头有 7 个面加工前需要锉削,整个加工工艺过程见表 2-3。

表 2-12　锯削操作步骤

序号	操作步骤	操作要领	学员检查、实施并记录问题
1	识读图样	毛坯材料为 Q235B，识读图样，确定锉削工艺技术要求	
2	工、量具准备	锉刀、直角尺、刀口形直尺、游标卡尺、粗糙度样块	
3	锉削操作	工件装夹：工件应夹紧在台虎钳钳口的中部，并略高于钳口 锉削姿势 站在台虎钳中心线左侧，左脚与右脚距离为 250~300mm，左脚与台虎钳中心线成 30° 角，右脚与台虎钳中心线约成 75° 角 开始时，身体向前倾斜 10° 左右，右肘尽可能向后收缩。在最初 1/3 行程时，身体逐渐前倾至 15° 左右，左膝稍弯曲；中间 1/3 行程，右肘向前推进，同时身体也逐渐前倾到 18° 左右；最后 1/3 行程，用右手腕将锉刀推进到头，同时左腿自然伸直并随着锉削时的反作用力，将身体重心后移，使身体恢复原位，并顺势将锉刀收回；当锉刀收回将近结束，身体又开始先于锉刀前倾，做第二次锉削的向前运动 锉削方法 顺向锉：最基本的常用方法 交叉锉：加工余量大、端面大时采用，效率高 推锉：狭长平面和最后修光时用，效率低	锉削实操微课
4	工件检测	检测工件的几何公差、表面粗糙度	
5	工作时的 6S 要求	按要求摆放工具，清理工作台及周围废料，清除废屑	
6	安全要求	工件装夹要牢固，锉刀应放在台虎钳的右面，锉刀柄不可露在钳台外面，锉刀不可作为撬棒或锤子用	

工作四　总结与反馈

1. 锉削过程中工件产生的问题及解决措施（表 2-13）

表 2-13　锉削过程中工件产生的问题及解决措施

锉削中产生的问题	原因	解决措施
表面夹伤或变形	① 台虎钳未装软钳口 ② 夹紧力过大	① 装夹精加工工件时应用铜钳口 ② 对薄而大的工件要用辅助工具夹持
尺寸超差	划线不准确，未及时测量尺寸或者测量不准确	准确划线及测量，锉削过程中及时测量尺寸，进而调整锉削加工余量
平面度超差	① 选用锉刀不当或锉刀面中凹 ② 锉削时双手推力、压力应用不协调 ③ 未及时检测平面度就改变锉削方法	① 选择合适的锉刀 ② 规范姿势，锉削时右手施加的压力要随锉刀推动而逐渐增加，左手施加的压力逐渐减小；当工件处于锉刀中间位置时，两手压力基本相等；回程时不加压力 ③ 锉削过程中及时测量平面度
表面粗糙度超差	① 锉刀齿纹选用不当 ② 锉刀纹中间嵌有锉屑未及时清除 ③ 粗、精锉削加工余量选用不当	① 合理选用锉刀 ② 经常清除锉屑 ③ 合理分配粗、精加工余量

2. 填写 TPM 和 6S 表格

完成表 1-8 钳工区域 6S 检查表的填写。

3. 考核评价

本任务的评分标准见表 2-14。

表 2-14 锯削评分标准

评价内容	考核项目	考核要求	配分	评分标准	得分
知识评价（线上）	锉刀的认知	能认知锉刀的结构，分清种类，合理选用	15	1. 不能介绍锉刀的结构，扣 2 分 2. 不熟悉锉刀的选用方法，扣 2 分	
	测量工具使用	掌握基本的测量知识	10	1. 不认识测量工具，扣 1 分 / 次 2. 不能正确读取测量数值，扣 1 分 / 次	
技能评价（线下）	锉削操作	1. 锉刀的握法 2. 锉削的姿势 3. 锉削过程	50	1. 锉刀握法不当，扣 2 分 / 次 2. 锉削姿势不规范，扣 2 分 / 次 3. 锉削用力方式不当，扣 2 分 / 次 4. 锉削方法不规范，扣 2 分 / 次 5. 实训报告有缺项，扣 1 分 / 处	
职业素养	学习和劳动态度	态度认真、虚心好学、埋头苦干	5	做与课堂无关的事情，扣 1 分 / 次	
	工作与职业操守	规范着装，安全文明操作，无事故隐患和事故苗头	5	1. 违反安全生产规程，视情节扣 1~5 分 2. 违反文明操作规程（工具、器材的摆放不规范；不清理现场），扣 1~5 分 3. 着装不规范，扣 1 分 / 次	
	团队合作精神	具有良好的团队合作精神，热心帮助小组其他成员	5	不团结同学，扣 1 分 / 次	
	现场 6S 管理	能够按照 6S 管理正确整理现场	5	未按照 6S 管理正确整理现场，扣 1 分 / 处	
	出勤	遵守实训制度，无迟到、早退、请假	5	迟到、早退、请假，扣 1 分 / 次	
		合计	100		

💡 文明和安全操作

1. 锉刀的维护和保养

1）新锉刀要先使用一面，用钝后再使用另一面；应充分使用锉刀的有效全长，避免锉齿局部磨损；不可锉毛坯件的硬皮及经过淬硬的工件。

2）锉刀上不可沾油和沾水。沾水后锉刀易生锈，沾油后用锉刀锉削时易打滑。锉屑嵌入齿缝内必须及时用钢丝刷沿着锉齿的纹路方向进行清除，以免锉屑刮伤已加工面。锉刀使用完毕必须清刷干净，以免生锈。

3）放置锉刀时要避免锉刀与硬物接触，严禁锉刀与锉刀重叠堆放。

2. 安全注意事项

1）操作时应保持工具、锉刀、量具摆放有序、取用方便。

2）没有装锉刀柄的锉刀、锉刀柄已裂开或没有锉刀柄箍的锉刀，不可使用。

3）锉刀不可作为撬棒或锤子用。

4）锉刀应放在台虎钳的右面，锉刀柄不可露在钳台外面。

5）不能用嘴吹锉屑，也不能用手触摸锉削表面。如锉屑嵌入锉刀齿纹内，应及时用钢丝刷或用薄铁片剔除。

6）测量工件时应先去除毛刺，锐边倒钝。

拓展知识

研　磨

一、研磨的应用

研磨是用研磨工具和极细的研磨剂对工件做最终精加工，从工件表面上磨去极薄的一层金属。研磨可达到很高的几何精度和很小的表面粗糙度值，尺寸公差等级可达 IT01~IT1，表面粗糙度值 Ra 可达 0.08~0.8μm，最高可达 0.01μm，常用于配合要求高、气密性好（如活塞、缸套）的配合面，以及精密量具（如量块）的工作面。

二、研磨的工艺特点

研磨时，在研磨压力作用下，研具与工件表面间做相对切向运动，嵌入在研具工作面上的磨粒棱边犹如切削刃，起着微切削作用，介于研具和加工表面间的自由磨粒起着磨粒磨削作用，而研磨介质、磨削热和机械作用起着氧化磨削作用，上述三者的协同效应是研磨操作的基本工艺原理。研磨余量很小，仅有 0.005~0.03mm，或包括在零件尺寸公差范围内，因此研磨后的零件表面变质层极薄，表面层存在压应力，大大提高了工件的疲劳强度和耐蚀性。

三、研磨工具与研磨剂

1. 研磨工具（研具）

研磨工具是保证工件研磨几何精度的重要因素。因此，研具材料须组织均匀，耐磨性和尺寸稳定性好，硬度略低于加工表面，具有嵌入磨粒的能力，常用的有灰铸铁、球墨铸铁、低碳钢和铜等。研磨工具的形状随研磨表面的形状而定，有研磨平板、研磨棒等，如图 2-39 和图 2-40 所示。

图 2-39　研磨平板

图 2-40　研磨棒

2. 研磨剂

研磨剂由磨料微粉与润滑剂调配而成。磨料微粉在研磨时起微切削作用，研磨加工效率、加工精度和表面粗糙度均与磨料微粉密切相关。表 2-15 为磨料微粉的选用。

表 2-15　磨料微粉的选用

磨料微粉号	加工类别	表面粗糙度 Ra 值 / μm
W20~W40	粗研磨	0.2~0.4
W7~W14	半精研磨	0.1~0.2
W5 以下	精研磨	0.1 以下

常用磨料微粉有氧化物陶瓷粉、碳化物陶瓷粉和金刚石粉。使用时用矿物油等研磨液调和。为方便起见，常用成品研磨膏，按加工类别，分为粗研、半精研、精研三种研磨膏，供选择使用。

四、平面研磨与检测

1. 平面研磨

粗研时用有刻槽的研磨平板，精研时用光滑的研磨平板。先在研磨平板上涂上煤油、擦净，然后涂上适当的研磨剂，手持工件，以一定的压力和速度做不规则的"8"字形曲线滑移，如图 2-41 和图 2-42 所示。研磨一定时间后，调转 180°（调头，不翻转）再研磨，以免工件平面因受力不匀而倾斜。研磨时应尽可能在整个研磨平板表面上加工，以使研磨平板工作面磨损均匀。

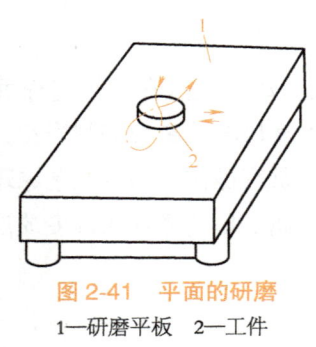

图 2-41　平面的研磨
1—研磨平板　2—工件

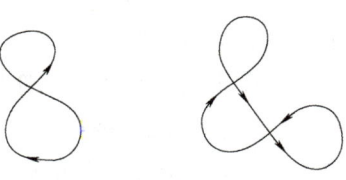

图 2-42　研磨运动轨迹

2. 研磨质量的检测

加工过程中，应逐步研磨，逐次检测。尺寸精度可用游标卡尺、百分尺等检测；直线度可用刀口形直尺、直角尺按光隙法检测；平面度除一般可用百分表、测量平板定量检测外，对于较小的精密平面，如常用的量块（块规）的工作面，因要求较高，可用光学量法检测，用平镜检测其研磨面的平面度，直至干涉带条纹（七色光带）平直、均匀分布为止。

【自我探索】

同学们请利用业余时间到实训室进行研磨练习，记录研磨过程心得。

拓展训练

完成图 2-43 所示配合件的锉削加工。

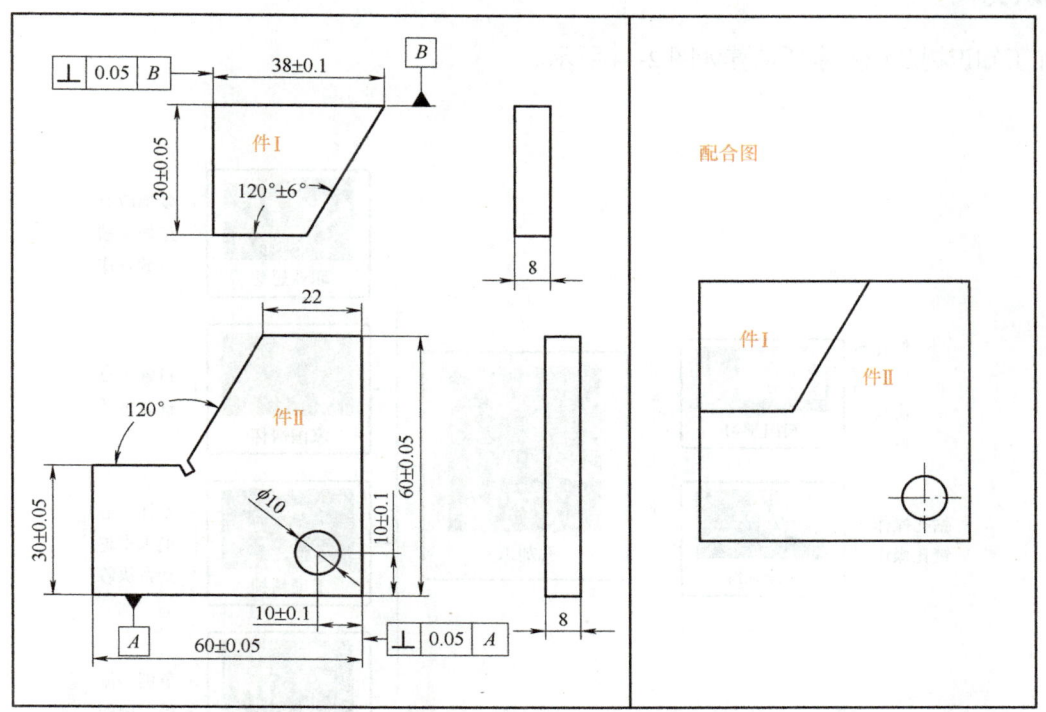

图 2-43　配合件图样

1）技术要求。

① 各锉削表面的平面度及其与大平面的垂直度均不大于 0.05mm。

② 锉削纹路应整齐、美观，锉削表面无碰伤、夹伤。

③ 去毛刺。

2）实训准备。

① 工具和量具：划针、划规、钢直尺、锉刀等。

② 辅助工具：软钳口衬垫、涂料等。

③ 毛坯：Q235 钢，尺寸为 61mm×61mm。

3）操作要点。

① 看清图样，详细了解工件上需要锉削的位置。

② 选择合适的锉刀。

③ 工件夹持在台虎钳钳口中间部位，伸出不能太高，以防振动。

④ 锉削姿势要正确。

⑤ 选择合适的锉削方法。

任务4 孔 加 工

知识树

孔加工知识树及职业素质培养如图 2-44 所示。

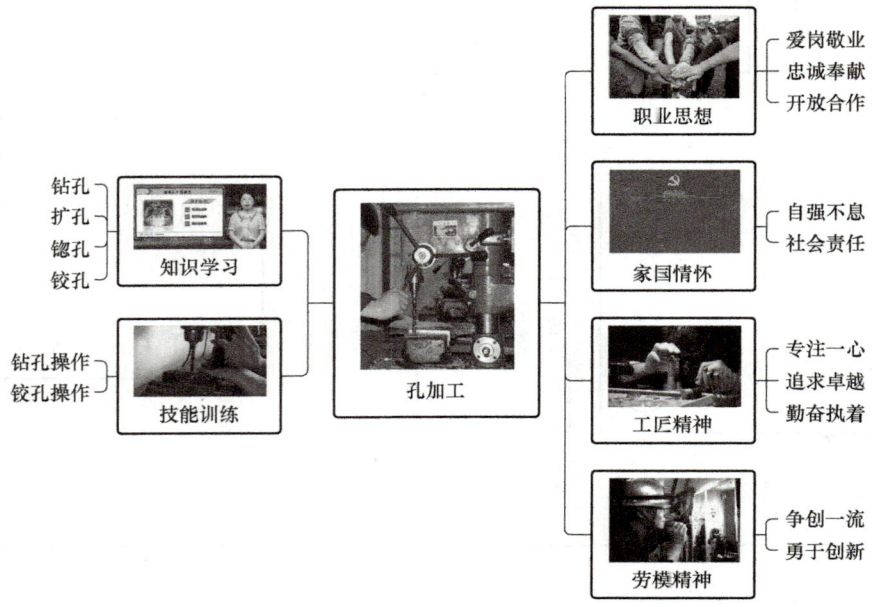

图 2-44 孔加工知识树及职业素质培养

任务描述

钻孔是用麻花钻在实体材料上加工出孔的方法。本任务通过对鸭嘴锤锤头（图 2-2）钻孔，熟悉孔加工的基本知识，掌握具体的孔加工操作方法。孔加工工具比较多，要学会正确使用的方法，掌握钻孔加工方法，规范练习，才能迅速掌握孔加工技能。

任务要求

1. 了解台式钻床的结构、性能，学会操作方法。
2. 认识标准麻花钻的结构。
3. 选择合适的钻孔切削用量进行钻孔加工。
4. 练习手工铰孔加工操作。

素养提升

通过实践训练，激发学生的家国情怀，增强其社会责任感；培养学生持之以恒认真学习、追求卓越的品质；培养争创一流、无私奉献、自主创新、开放合作的精神。

项目 2 钳 工

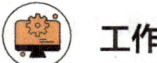 **工作内容**

工作一 知识学习

【自主资料搜集】

金属材料的使用性能包括工艺性能和力学性能,请说明材料的工艺性能和力学性能主要包含哪些指标?

_____
_____
_____
_____
_____

【专业知识学习】

孔加工可分为钻孔、扩孔、铰孔等,都是采用多刃刀具进行加工的。

钻孔是用麻花钻在实体材料上加工出孔的方法。钻出的孔精度较低,尺寸公差等级一般为 IT10~IT14,表面粗糙度值为 Ra12.5~50μm。钻孔属于孔的粗加工。孔的精加工可以采用铰孔或镗孔。在钻床上钻孔时,工件固定不动,麻花钻装夹在钻床的主轴上,要同时完成两个动作:一是旋转运动(切削运动),二是沿麻花钻轴线向下做直线运动(进给运动)。

一、钻孔

1. 钻床

(1) 台式钻床

台式钻床简称台钻,其结构如图 2-45 所示。它是一种放在工作台上使用的小型钻床。台钻小巧灵活、结构简单、操作方便,主要用来加工小型工件上直径在 12mm 以下的孔。

操纵控制开关,可实现电动机的正、反转起动或停止。钻孔时,电动机通过带轮带动主轴和麻花钻转动,实现主运动;主轴沿轴线向下移动,完成进给运动。台钻的进给运动为手动。变速是调整连接电动机和主轴两个塔轮的传动带的位置,可实现钻床主轴的变速。变速时必须先断电。对于有自锁功能的主轴架,应先松开锁紧手柄,摇动升降手柄进行传动带位置的调整;没有自锁功能的主轴架,应先做必要的支承,再松开锁紧手柄进行调整,避免主轴架突然落下而造成事故。

(2) 立式钻床

立式钻床是一种中型钻床,适用于单件、小批量生产中加工中小型工件。立式钻床的外观如图 2-46 所示。按最大钻孔直径区分,有 25mm、35mm、40mm 和 50mm 等规格的立式钻床。与台钻不同的是,立式钻床的主轴转速和进给量变化范围大,又可自动进给,且适用于钻孔、扩孔、锪孔、铰孔和攻螺纹等加工操作。

(3) 摇臂钻床

摇臂钻床如图 2-47 所示,有一个能绕立柱旋转的摇臂。底座用来安装工件或工作台;摇臂可以绕立柱进行回转、定位;主轴箱可以沿摇臂的水平导轨往复移动,主轴可以通过主轴箱的移动和摇臂的回转运动，调整到机床加工范围的任何位置上。此外，摇臂还可以沿立柱上下移动，使主轴箱处于合适的加工高度。摇臂钻床加工范围广，可用来钻削大型工件上的各种螺钉孔、螺纹底孔和油孔。

图 2-45 台式钻床

图 2-46 立式钻床

图 2-47 摇臂钻床

麻花钻的结构

2. 麻花钻

麻花钻一般用高速工具钢和硬质合金制造，由工作部分、颈部和柄部三部分构成，如图 2-48 所示。

工作部分包括切削部分和导向部分。切削部分的结构如图 2-49 所示，包括两条主切削刃、两条副切削刃、一条横刃、两个前刀面、两个后刀面、两个副后刀面（即棱边）和两个刀尖。标准麻花钻的顶角一般为 118°±2°。

导向部分由两条对称螺旋槽组成，用于形成切削刃和前角，起排屑和通过切削液的作用；导向部分还有两条细长的棱边，略带倒锥，用于形成副偏角和起导向的作用，还可减少与孔壁的摩擦。

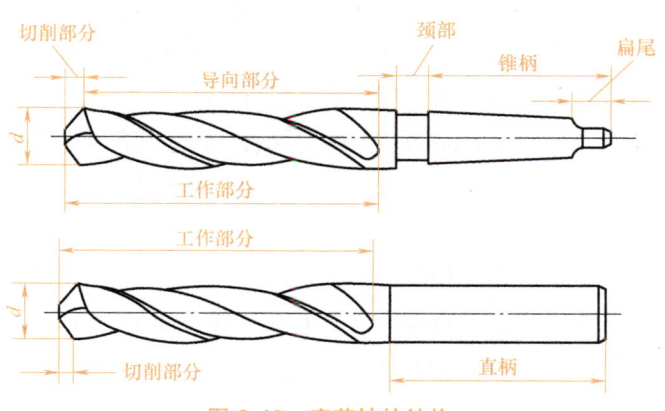

图 2-48 麻花钻的结构

颈部是磨削柄部时的退刀槽，其上一般刻印有厂家的有关标记。

柄部用于装夹，起传递动力的作用，分直柄和锥柄两种类型。直柄用于直径小于12mm的麻花钻，直径大于12mm的麻花钻多用锥柄。

3. 钻孔的方法

（1）工件的划线

按钻孔的位置尺寸要求，划出十字中心线，并打上中心样冲眼，按孔的大小划出圆周线。

（2）工件的装夹

钻孔常用的基本装夹方法如下：

1）小型工件或薄板的钻孔，可用手虎钳夹持，如图2-50a所示。

2）平正的工件可用机用平口钳进行装夹。装夹时，应使工件表面与麻花钻垂直，如图2-50b所示。

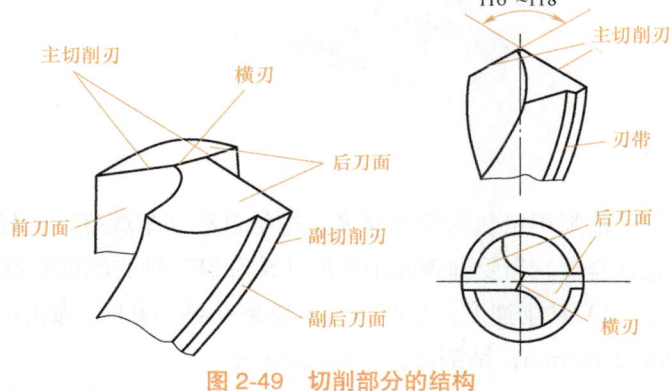

图2-49 切削部分的结构

3）圆柱形工件可用V形块来装夹。装夹时，应使麻花钻轴线与V形块两斜面的对称平面重合，保证钻出孔的中心线通过工件轴线，如图2-50c所示。

4）对钻孔直径在10mm以上的，可用压板螺钉装夹的方法进行钻孔，如图2-50d所示。

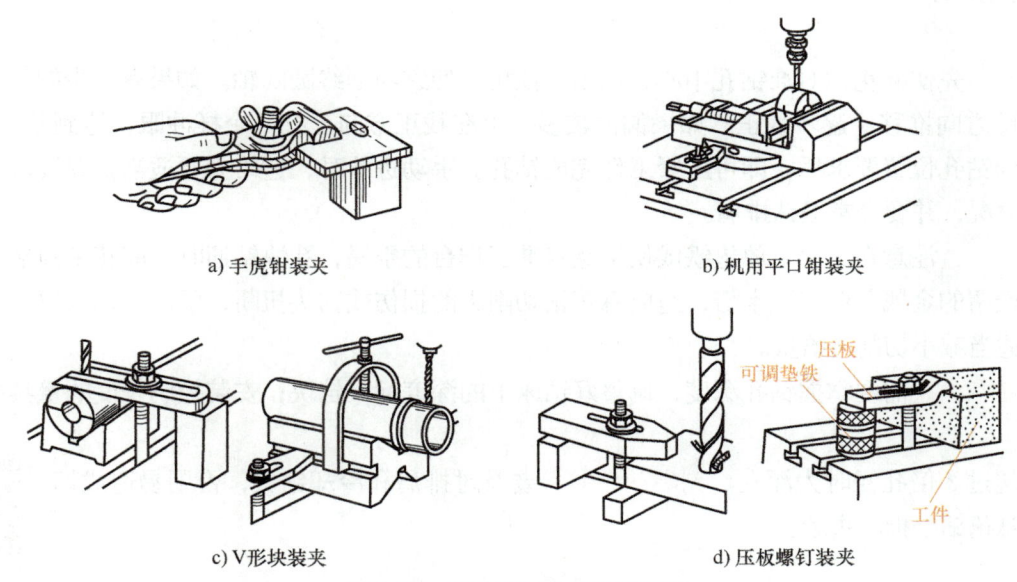

a) 手虎钳装夹　　　b) 机用平口钳装夹

c) V形块装夹　　　d) 压板螺钉装夹

图2-50 钻孔时工件的装夹方法

（3）麻花钻的装夹

1）直柄麻花钻的装夹。直柄麻花钻用钻夹头装夹。先将麻花钻柄部装入钻夹头中，夹持长度不小于15mm，然后用钻钥匙做夹紧或放松动作，如图2-51所示。钻夹头的锥柄安装在钻床主轴锥孔中。

2）锥柄麻花钻的装夹。锥柄麻花钻用柄部的莫氏锥体直接与钻床主轴连接。当麻花钻锥柄小于主轴锥孔时，可加过渡套来连接。拆卸时，要用斜铁敲入钻床主轴的腰形孔内使其分离，如图2-52所示。

麻花钻安装在钻床主轴上，应保证连接牢固，旋转时径向跳动现象最小。

图 2-51 钻夹头

图 2-52 过渡套及斜铁

（4）钻削用量及其选择

钻削用量包括切削速度、进给量和切削深度。选择的基本原则是：在允许范围内，尽量先选择大的进给量。当受到表面粗糙度要求和麻花钻的刚度限制时，再考虑较大的切削速度。

1）钻削速度。用高速工具钢麻花钻钻孔时，钻削速度的选择：钻铸铁件，14~22m/min；钻钢件，16~24m/min；钻铜件，30~60m/min。

2）进给量。进给量的选择：用高速工具钢麻花钻钻孔时，孔直径 <3mm，进给量为 0.025~0.05mm/r；孔直径为 3~6mm，进给量为 0.05~0.1mm/r；孔直径为 6~12mm，进给量为 0.1~0.18mm/r；孔直径为 12~25mm，进给量为 0.18~0.38mm/r；孔直径 >25mm，进给量为 0.38~0.62mm/r。

3）切削深度。直径小于 30mm 的孔，一次钻出；直径大于 30mm 的孔，可分两次钻削，先用（0.5~0.7）倍孔径的麻花钻钻底孔，再用正常孔径的麻花钻将孔扩大。这样既可以保护机床，同时又可提高钻孔质量。

（5）钻孔操作

钻孔时，先使麻花钻对准钻孔中心起钻出一浅坑，使之与划线圆同轴。如果有较少的偏位，可向偏位的相反方向推移，逐步找正。如果偏位较多，可在找正方向上打几个样冲眼，达到找正的目的。当起钻达到钻孔位置要求后，即可压紧工件完成钻孔。手动进给时，进给力要适当，保证麻花钻无弯曲、扭断情况，并要经常退钻排屑。

钻通孔时，注意在工件下放垫铁或使钻头对准工作台的空槽；孔快钻通时，麻花钻前端的切削刃会和工件残留的金属薄壁出现卡滞，造成麻花钻切削刃的损伤或钻头扭断，所以当钻头快要钻穿工件时，应当适当减小切削进给量。

钻不通孔时，需要掌握钻孔深度，调整好钻床上的深度标尺挡块，安装控制长度的量具或划线做记号。

孔深超过 3 倍孔径时为深孔。钻削深孔时，要及时排屑和冷却钻头，否则易造成切屑堵塞或麻花钻磨损、折断。

二、扩孔

用扩孔刀具对工件上已有的孔进行扩大孔径的操作称为扩孔。扩孔属于半精加工，能找正孔的轴线偏差，尺寸精度可达 IT9~IT10，表面粗糙度 Ra 值可达 3.2μm。扩孔加工余量为 0.5~4mm。

一般用麻花钻作为扩孔刀具。但在扩孔精度要求高或大批量生产时，应采用专用的扩孔钻。扩孔钻（图 2-53）的形状与麻花钻相似，

扩孔介绍

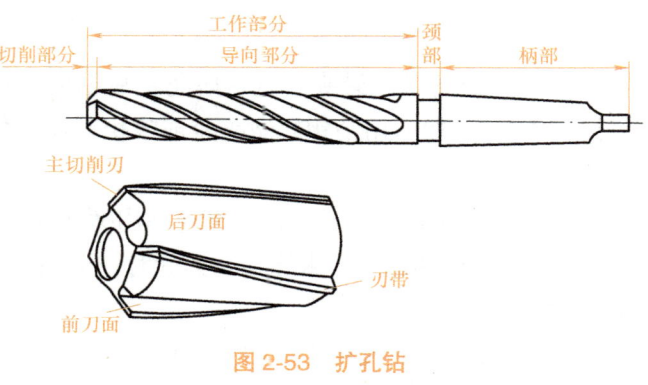

图 2-53 扩孔钻

不同的是扩孔钻有 3~4 个切削刃，螺旋槽较浅，没有横刃，因此钻心粗实、刚性好、导向性好、切削平稳，能提高孔的加工质量。

三、锪孔

1. 锪钻

在孔口表面用锪钻加工出一定形状的孔或凸台的平面称为锪孔。例如锪柱形埋头孔，锪锥形埋头孔，锪用于安放垫圈的凸台等，如图 2-54 所示。

2. 锪孔的注意事项

1）尽量选用较短的麻花钻改磨锪钻，以减少振动，并适当减小锪钻的后角和外缘处的前角，以防产生扎刀和振动现象。

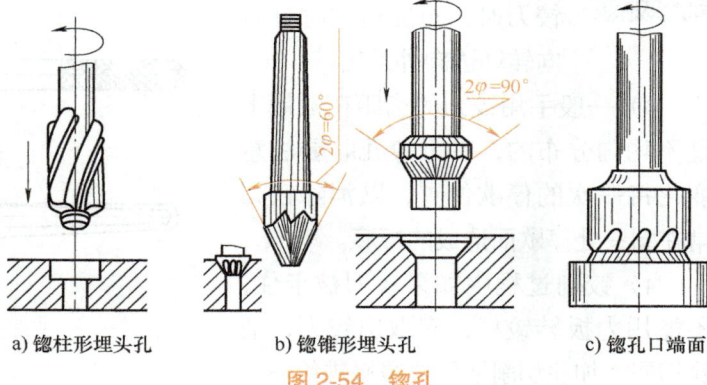

a) 锪柱形埋头孔　　b) 锪锥形埋头孔　　c) 锪孔口端面

图 2-54　锪孔

2）锪孔时，进给量为钻孔的 2~3 倍，切削速度为钻孔的 1/3~1/2。精锪时，可利用钻床停车后主轴的惯性来锪孔，以减少振动，从而获得光滑的表面。

3）锪钢件时，要在导柱和切削表面上加机油或牛油润滑。

四、铰孔

用铰刀对已经粗加工或半精加工的孔进行精加工的操作称为铰孔。其尺寸精度可达 IT7，表面粗糙度 Ra 值为 $0.8\mu m$。

1. 铰刀

铰刀是铰孔的刀具。如图 2-55 所示，铰刀分为手用铰刀和机用铰刀两种。手用铰刀为直柄，柄尾有方头，工作部分较长，刀齿数较多；机用铰刀多为锥柄、刀体较短，装夹在钻床、镗床主轴上或车床尾座轴上进行铰孔。铰刀是多刃刀具，有 6~12 个切削刃，多为偶数，且切削刃前角为零，并有较长的修光部分，因此加工精度高，表面粗糙度值小。铰刀一般制成两支一套，一支为粗铰刀，一支为精铰刀。

认识铰刀

铰孔的加工余量很小，粗铰时为 0.15~0.25mm，精铰时为 0.05~0.15mm。

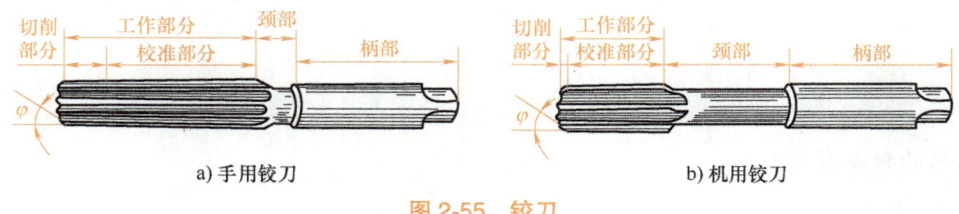

a) 手用铰刀　　　　　　　　b) 机用铰刀

图 2-55　铰刀

2. 铰杠

铰杠是手铰时用来夹持铰刀柄部的方榫，以带动铰刀旋转的工具。常用的普通铰杠分为固定式和可调式两种，如图 2-56 所示。

3. 手铰的注意事项

1）工件要夹正，对薄壁工件的夹紧力不要过大。在手铰过程中，两手用力要均衡，旋转速度要均匀，铰刀不得摇晃，以免在孔口处出现喇叭口状或将孔径扩大。

2）手铰孔时，将铰刀插入孔内，两手握铰杠手柄，顺时针方向转动并稍加压力，使铰刀慢慢向孔内进给，注意两手用力要平衡，使铰刀铰削时始终保持与工件垂直。退出铰刀时，也应边顺时针方向转动边向外退出。

铰孔操作

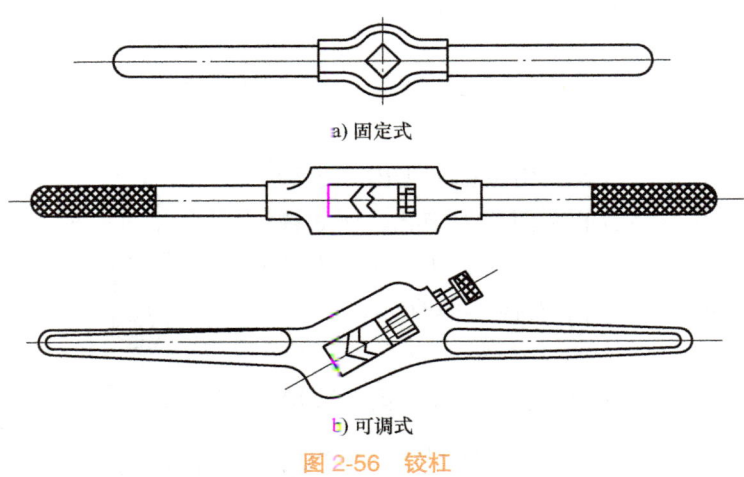
图 2-56 铰杠

3）一般手用铰刀的齿距在圆周上是不均匀分布的，手工铰孔时要注意变化每一次的停歇位置，以消除铰刀常在同一处停歇而造成的振痕。

4）铰削过程中如果铰刀被卡住，不能用力扳转铰杠，应取出铰刀，清除切屑，加注切削液后再缓慢进给。

5）铰削钢料时，要注意清除粘在刀齿上的切屑，并可用油石修光切削刃，以避免孔壁被拉毛。

4. 机铰的注意事项

1）机铰孔时，不论进、退刀都不能反转，防止刃口磨钝及切屑轧在孔壁与刀齿后刀面形成的楔形腔内将孔壁划伤，甚至挤崩切削刃。

2）机铰时要注意检查机床主轴、铰刀和被加工孔之间的同轴度是否符合要求，机铰完成后，要在铰刀退出后再停车，以避免在孔壁上留下刀痕。

3）铰削尺寸较小的圆锥孔时，可先以小端直径按圆柱孔精铰余量钻出底孔，然后用锥铰刀铰削。对孔径尺寸和深度较大的圆锥孔，为减小切削余量，铰孔前可先钻出阶梯孔，然后用锥铰刀铰削。铰削过程中要经常用相配的锥销检查铰孔尺寸。

4）切削速度和进给量要适当。用高速工具钢铰刀铰削钢件时，切削速度取 4~8m/min，进给量取 0.5~1mm/r；铰削铸铁件时，切削速度取 6~8m/min，进给量取 0.5~1mm/r；铰削铜件时，切削速度取 8~12m/min，进给量取 1~1.2mm/r。

5）铰削通孔时，铰刀的校准部分不能全部超过工件的下边，否则容易将孔出口处划伤，划坏孔壁。

6）机铰过程中必须选择适当的切削液，以减少摩擦、冲掉切屑和散热，防止产生积屑瘤或孔径扩大的现象。

工作二　自我检验

1）钻床的种类有哪些？
_____
_____

2）钻孔时工件的装夹方法有哪些？
_____
_____

3）钻孔的操作方法是什么？
_____
_____
_____

4）铰孔的操作方法是什么？
_____
_____
_____
_____

工作三 技能训练

根据表 2-16 的孔加工操作步骤完成各项实际操作。

孔加工实操微课

表 2-16 孔加工操作步骤

序号	操作步骤	操作要领	学员检查、实施并记录问题
1	识读图样	确定孔加工位置	
2	工具准备	钻床、划针、样冲、锤子、麻花钻、游标卡尺	
3	钻孔操作	按钻孔的位置尺寸要求，划出十字中心线，并打中心样冲眼，按孔的大小划出圆周线 用台虎钳装夹工件 用钻夹头夹持直柄麻花钻，钻夹头的锥柄安装在钻床主轴锥孔中 钻孔时，先使麻花钻对准钻孔中心起钻出一浅坑，使之与划线圆同轴。如果有较少的偏位，可向偏位的相反方向推移，逐步找正。如果偏位较多，可在找正方向上打几个样冲眼，达到找正的目的。当起钻达到钻孔位置要求后，即可压紧工件完成钻孔。手动进给时，进给力要适当，使麻花钻无弯曲、扭断情况，并要经常退钻排屑 钻通孔时，注意在工件下放垫铁或使钻头对准工作台的空槽；孔快钻通时，麻花钻前端的切削刃会和工件残留的金属薄壁出现卡滞，造成麻花钻切削刃的损伤或钻头扭断，所以当钻头快要钻穿工件时，应当适当减小切削进给量	
4	工件检测	测量孔直径	
5	工作时的 6S 要求	按要求摆放工具，清理机床及周围废料，清除废屑	
6	安全要求	机床开动后，不准接触运动着的工件、刀具和传动部分，禁止隔着机床转动部分传递或拿取工具等物品	

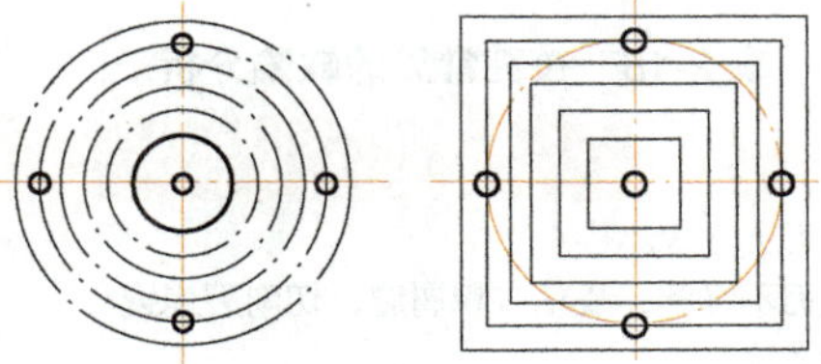

工作四　总结与反馈

1. 钻孔常见的缺陷分析（表2-17）

表2-17　钻孔常见的缺陷分析

出现的问题	产生的原因
孔径大于规定尺寸	1. 钻头两切削刃长度不等，高低不一致 2. 钻床主轴径向偏摆或工作台未锁紧，有松动 3. 钻头本身弯曲或装夹不好，使钻头有过大的径向圆跳动
孔壁表面粗糙	1. 钻头两切削刃不锋利 2. 进给量太大 3. 切屑堵塞在螺旋槽内，擦伤孔壁；切削液供应量不足或选用不当
孔位超差	1. 工件划线不正确 2. 钻头横刃太长，定心不准 3. 起钻过偏，没有找正
孔的轴线歪斜	1. 钻孔平面与钻床主轴不垂直 2. 工件装夹不牢，钻孔时产生歪斜 3. 工件表面有气孔、砂眼缺陷 4. 进给量过大，使钻头产生变形
孔不圆	1. 钻头两切削刃不对称 2. 钻头后角过大
钻头寿命缩短或折断	1. 钻头磨损后还继续使用 2. 切削用量选择过大 3. 钻孔时没有及时退屑，使切屑阻塞在钻头螺旋槽内 4. 工件未夹紧，钻孔时产生松动 5. 孔将钻通时没有减小进给量 6. 切削液供给不足

2. 铰孔常见的缺陷分析（表2-18）

表2-18　铰孔常见的缺陷分析

出现的问题	产生的原因
孔壁表面粗糙度值超差	1. 铰削余量太大或太小 2. 铰刀切削刃不锋利，或粘有积屑瘤，切削刃崩裂 3. 切削速度太快 4. 铰削过程中或退刀时反转 5. 没有合理选用切削液 6. 铰孔时排屑不及时
孔呈多棱形	1. 铰削余量太大 2. 工件前道工序加工孔的圆度超差 3. 铰孔时，工件夹持太紧，造成变形
孔径扩大	1. 机铰时铰刀与孔轴线不重合，铰刀偏摆过大 2. 手铰时两手用力不均，使铰刀晃动 3. 切削速度太快，冷却不充分，铰刀温度上升，使孔径增大 4. 进给量不当或加工余量过大 5. 切削液选择不合适
孔径缩小	1. 铰刀磨钝或磨损 2. 切削速度过慢 3. 进给量过大 4. 铰削铸铁时加煤油，造成孔径收缩 5. 铰削钢件时余量太大或铰刀不锋利，产生弹性恢复，使孔径缩小

（续）

出现的问题	产生的原因
铰刀刀齿崩刃	1. 铰孔余量过大 2. 工件材料硬度过高 3. 切削时用力不均匀 4. 铰削深孔或不通孔时，切屑太多，未能及时清除 5. 刃磨时刀齿已磨裂
铰刀柄部折断	1. 铰孔余量过大 2. 铰削锥孔时，粗、精铰削余量分配及切削用量选择不合适

3. 填写 TPM 和 6S 表格

完成表 1-7 钻床 TPM 每日点检表和表 1-8 钳工区域 6S 检查表的填写。

4. 考核评价

本任务的评分标准见表 2-19。

表 2-19　孔加工评分标准

评价内容	考核项目	考核要求	配分	评分标准	得分
知识评价 （线上）	钻孔工具的认知	1. 熟悉台钻和麻花钻的结构和种类 2. 熟悉钻孔方法和注意事项	25	1. 不能介绍钻孔工具的结构，扣 2 分 2. 不熟悉钻孔工具的使用方法，扣 2 分	
技能评价 （线下）	钻孔操作	1. 钻孔操作方法 2. 注意安全	50	1. 麻花钻选用不当，扣 2 分 / 次 2. 钻孔操作不规范，扣 2 分 / 次 3. 实训报告有缺项，扣 1 分 / 处	
职业素养	学习和劳动态度	态度认真、虚心好学、埋头苦干	5	做与课堂无关的事情，扣 1 分 / 次	
	工作与职业操守	规范着装，安全文明操作，无事故隐患和事故苗头	5	1. 违反安全生产规程，视情节扣 1~5 分 2. 违反文明操作规程（工具、器材的摆放不规范；不清理现场），扣 1~5 分 3. 着装不规范，扣 1 分 / 次	
	团队合作精神	具有良好的团队合作精神，热心帮助小组其他成员	5	不团结同学，扣 1 分 / 次	
	现场 6S 管理	能够按照 6S 管理正确整理现场	5	未按照 6S 管理整理现场，扣 1 分 / 处	
	出勤	遵守实训制度，无迟到、早退、请假	5	迟到、早退、请假，扣 1 分 / 次	
	合计		100		

💡 文明和安全操作

1）工作前必须穿好工作服，扎好袖口，不准戴围巾，严禁戴手套，女生的发辫应系扎在帽子里。

2）检查钻床设备上的防护、保险、信号装置。机械传动部分、电气部分要有可靠的防护装置。检查工具、夹具应完好，否则不准使用。

3）钻床的平台要锁紧，工件要夹紧。钻小件时，应用专用工具夹持，防止工件被带起旋转，不准用手拿着工件钻孔。

4）自动进给，要选好进给速度，调好行程限位块。手动进给一般按逐渐增压和减压的原则进行，以免用力过猛造成事故。

5）调整钻床速度、行程，装夹工具和工件以及擦拭机床，都要先停车。

6）钻床开动后，不准接触运动着的工件、刀具和传动部分。禁止隔着钻床转动部分传递或拿取工具等物品。

7）麻花钻上绕有长的切屑时，要停车清除，禁止用口吹、手拉，应使用刷子或铁钩清除。

8）发现异常情况应立即停车，请有关人员进行检查。

9）钻床运转时，不准离开工作岗位，因故要离开时必须停车并切断电源。

10）工作完成后，关闭机床总电源开关，擦净钻床，清扫工作地点。

 拓展知识

科技前沿——复合加工技术

复合加工技术主要解决两个方面的问题：特殊结构与复杂结构的加工、难加工材料及脆硬材料的加工。目前，复合加工技术已经在航空、航天、兵器和原子能等工业领域中针对难加工材料的高效加工逐步进入广泛应用阶段。近代迅猛发展的精密机械和电子工业中大量使用硬脆材料（如硬质合金、陶瓷、光学玻璃和宝石等）和晶体材料（如半导体晶片、单晶体和蓝宝石晶体），使复合加工技术有了新的用武之地。它可以对陶瓷、玻璃和半导体晶片等硬脆性材料以经济、可靠的方法实现高的成形精度和极小的表面粗糙度值，并可使表面及亚表面层晶体结构组织的损伤减少至最低程度。

复合加工技术可以划分为机械复合加工、电化学复合加工、电火花复合加工、超生复合加工、磨料水射流加工、化学机械抛光。在普通精度机械制造领域，以常规机械加工、电化学加工、电火花加工为主的复合加工方法最为常用。近年来随着数控技术的发展和产品零件整体化设计方法的广泛应用，机械加工领域的车-铣复合、铣-车复合、切削-电加工复合加工方法得以快速发展，成为支持现代航空产品加工的重要手段。新型复合加工设备的不断推出，有力地支持了复合加工技术的发展和应用。

1. 以工序集中为基础的复合加工

以工序集中为基础的复合加工是机械加工领域采用的典型复合加工方法，通常是通过一次定位装夹、在一台设备上完成车、铣、钻、镗、攻螺纹、铰孔、扩孔等多种切削加工要求。这种复合加工方法的最突出特点是工件加工工序集中、一次装夹可实现多种结构要素的加工，减少了工件定位装夹次数，消除了工件周转等待时间，可以消除工件多次装夹定位造成的累积误差，有利于保证工件上关键要素的位置精度要求，同时缩短了工件的生产周期。

以工序集中为基础的复合加工技术一直与机床结构发展密切相关。从 19 世纪 40 年代转塔车床、20 世纪初期组合机床的广泛应用，到 20 世纪 50 年代出现的三轴数控铣床、带有刀具自动交换装置的加工中心的出现，有力地推动了工序集中的复合加工方法的发展。20 世纪 80 年代中后期，随着加工中心功能和结构的完善，显示了以工序集中原则为基础的数控机床的优越性，开始出现车削加工中心、铣削加工中心、磨削加工中心等，但这些加工方式仍然限定在同一种加工方式上，尚不能称为真正意义上的复合加工。20 世纪 90 年代后期开始出现车铣复合加工中心、铣车复合加工中心、车铣磨复合加工中心等以及配有夹持工件机械手的多动力头加工单元（如瑞典的 Transflex 型机床，加工过程中以工件送进方式到达配有不同刀具的动力头处进行加工，实现多工序"复合"），这种不同切削加工方法的复合才真正成为复合加工技术发展的一个新热点。

车铣复合加工中心以车削功能为主，并集成了铣削和镗削等功能，具有 3~4 个直线进给轴（包含车削原有的 2 个直线轴、铣头增加的 1~2 个直线轴）和 2~3 个回转轴（包含车削回转轴、铣削回转轴及铣头摆动轴），且配有自动换刀系统。这种车铣复合加工中心是在三轴车削加工中心基础上发展起来的，相当于一台车削加工中心和一台铣削加工中心的复合（车削为主功能，铣削属于辅助功能），可以在一台车铣复合加工中心上，经过一次装夹，完成工件的车、铣、钻、镗、攻螺纹等加工，扩大了车削加工工艺范围。这类复合加工机床可以满足以回转结构要素加工为主的异形回转体零件的高精度加工要求，是目前世界范围内最先进的机械加工设备之一。

铣车复合加工中心以铣削功能为主，增加了工作台的回转功能以满足车削加工的需要，在保留原有 3~5 轴运动方式的基础上，将回转工作台作为车削回转轴，且配有自动换刀系统。这种复合加工设备是在铣削加工中心的基础上发展起来的，相当于一台铣削加工中心和一台车削加工中心的复合（铣削为主功能，车削属于辅助功能），可以在一台铣车复合加工中心上，经过一次装夹，完成工件上槽、型面、开口、孔、外圆等结构的铣、车、钻、攻螺纹等加工，扩大了铣削加工工艺范围。这类复合加工机床可以满足以复杂型面及结构加工为主的回转体结构零件的加工要求，是近年来为满足燃气轮机、航空发动机、电站发电设备等动力机械零部件制造需求而逐步发展起来的先进机械加工设备。

2. 以能量复合为基础的复合加工方法

以能量复合为基础的复合加工是为了满足精密、超精密加工，难加工材料加工，特殊材料加工而采用的加工方法，通常是两种或两种以上工艺方法的组合，在一台设备上完成同一结构的加工。这种复合加工方法的突出特点是两种或两种以上能量复合，其主要特征是在加工过程中刀具与工件之间没有显著的切削力，加工用的刀具材料硬度可以低于被加工材料的硬度，能用简单的运动加工出复杂的型面。

以能量复合为基础的复合加工技术具有较长时间的发展历史，重点是电解、超声、电火花、热能等与机械加工的复合，可满足精密加工、特种材料加工、难加工材料加工的加工需求。其典型的加工方法有电解在线修整磨削、超声振动切削、电解磨削、电火花超声加工、化学机械抛光等。

【自我探索】

请同学们了解我国制造业目前发展的状况，了解自己所在地区制造业的情况。为服务区域企业发展，我们要做哪些方面的努力？

_____
_____
_____
_____

 拓展训练

根据图 2-57 中的要求，在长方体工件上用钻孔、扩孔、锪孔和铰孔的方法加工出符合直径尺寸和表面粗糙度要求的孔。

1）实训准备。

① 工具和量具：游标卡尺、塞规、游标高度卡尺、麻花钻、铰刀、锪钻、圆锉等。

② 辅助工具：样冲、铰杠等。

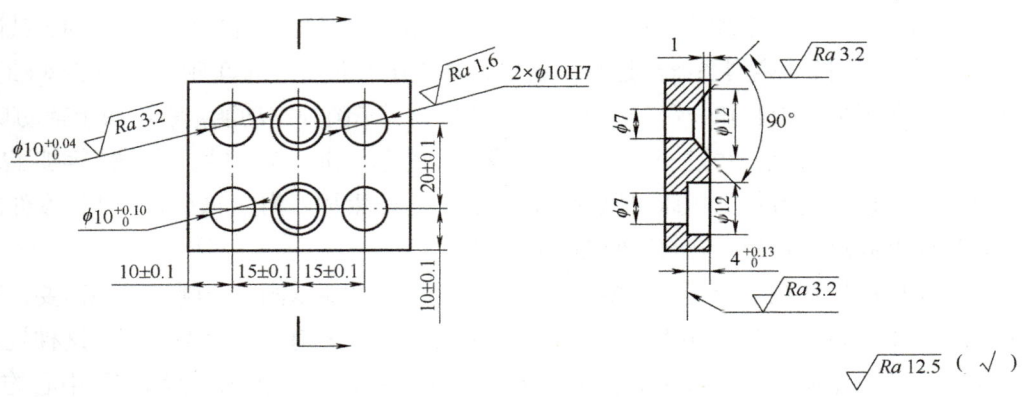

图 2-57　工件图

2) 操作要点。

① 划线：按照图样要求划出各孔位置线，要求划线基准与设计基准重合，并一次完成划线，且线条细而清晰，位置准确，样冲眼大小适当、不偏斜。

② 工件装夹：用台虎钳装夹，要求工件上平面与钻床主轴轴线垂直。

③ 钻工件左下孔。

④ 钻、扩工件左上孔。

⑤ 钻、锪工件中、下平底孔。

⑥ 钻、锪工件中上锥形孔。

⑦ 钻、扩、铰 ϕ10H7 两孔。

⑧ 总体检查，上交工件。

任务 5　螺纹加工

知识树

螺纹加工知识树及职业素质培养如图 2-58 所示。

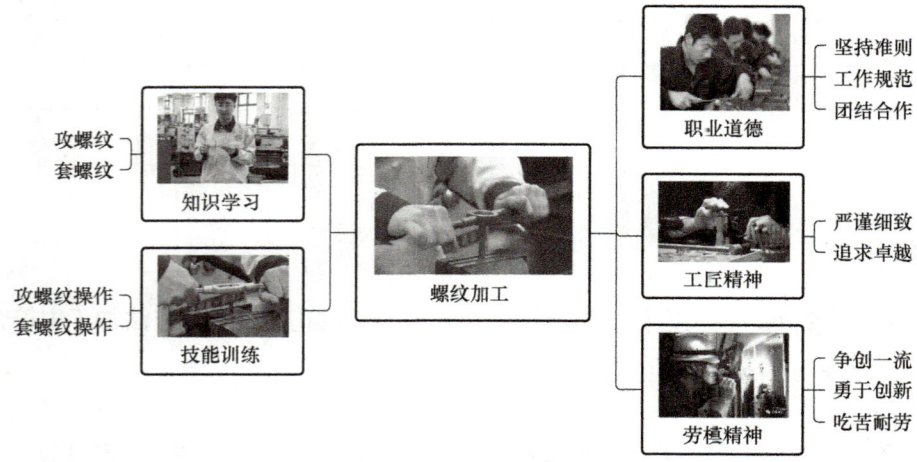

图 2-58　螺纹加工知识树及职业素质培养

任务描述

手动加工螺纹是用螺纹加工工具（丝锥或板牙）在工件上进行螺纹加工。本任务通过对鸭嘴锤锤头（图 2-2）攻螺纹，熟悉螺纹加工的基本知识，掌握螺纹加工姿势，规范练习，才能迅速掌握螺纹加工技能。

 任务要求

1. 掌握攻螺纹底孔直径和套螺纹圆杆直径的确定方法。
2. 掌握攻螺纹和套螺纹的方法。
3. 了解丝锥折断的原因和防止折断的方法。

 素养提升

在实践过程中培养学生一丝不苟、仔细观察、吃苦耐劳的工作精神；养成严谨的工作作风、敬业的工作态度；具有较强的分析问题和解决问题的能力；培养创新意识和合作意识。

 工作内容

工作一　知识学习

【自主资料搜集】

螺纹的分类和表示方法。

_____
_____
_____
_____
_____

【专业知识学习】

攻螺纹和套螺纹是钳工加工螺纹的两种方法。用丝锥加工工件内螺纹的操作称为攻螺纹；用板牙加工工件外螺纹的操作称为套螺纹。

丝锥介绍

一、攻螺纹

1. 攻螺纹工具

攻螺纹的主要工具是丝锥和铰杠（扳手）。

（1）丝锥

丝锥是加工小直径内螺纹的常用成形刀具，手用丝锥材料一般为合金工具钢或碳素工具钢。丝锥由工作部分和柄部组成，其中工作部分由切削部分与校准部分组成，如图 2-59 所示。

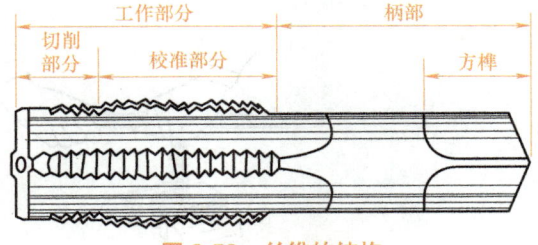

图 2-59　丝锥的结构

切削部分常制成圆锥形，作用是切去孔内螺纹牙间的金属。校准部分的作用是修光螺纹和引导丝锥的轴向移动。丝锥上有 3~4 条容屑槽，便于容屑和排屑。柄部为方头，其作用是与铰杠相配合并传递转矩。

攻螺纹时，为了减少切削力，延长丝锥寿命，将攻螺纹的整个切削量分配给几支丝锥来担负。这种配合完成攻螺纹工作的几支丝锥称为一套。先用来攻螺纹的丝锥称为头锥，其次为二锥，再次为三锥。一般攻螺纹 M6~M24 以内的丝锥，每套有两支；攻螺纹 M6 以下或 M24 以上的丝锥，每套为三支。

普通内螺纹有 5 个公差等级（4、5、6、7、8 级），其中 4 级公差值最小，精度最高。

（2）铰杠

固定式铰杠常用于 M5 以下的丝锥；可调式铰杠因其方孔尺寸可以调节，能与多种丝锥配合使用，故应用广泛。

铰杠长度的选择：丝锥直径 <6mm，铰杠长度为 150~200mm；丝锥直径为 8~10mm，铰杠长度为 200~250mm；丝锥直径为 12~14mm，铰杠长度为 250~300mm；丝锥直径 >16mm，铰杠长度为 400~450mm。

2. 攻螺纹方法

1）划线、打底孔。攻螺纹前底孔直径的确定：攻螺纹时，丝锥的主要作用是切削金属，但也伴随严重的挤压作用，塑性材料的挤压作用更加明显。因此，攻螺纹前底孔直径要大于螺纹小径、小于螺纹大径，具体操作时可以查表，也可以用下列经验公式计算。

对钢料及塑性材料

$$D_{底}=D-P$$

对铸铁及脆性材料

$$D_{底}=D-(1.05\sim1.11)P$$

式中　$D_{底}$——螺纹底孔直径（mm）；

　　　D——螺纹大径（mm）；

　　　P——螺距（mm）。

攻不通孔螺纹时，由于丝锥不能攻到底，所以底孔深度要大于螺纹部分的长度，其钻孔深度由下式确定。

$$钻孔深度 = 螺纹有效深度 + 0.7D$$

2）用稍大于底孔直径的钻头或锪钻将孔口两端倒角，倒角直径可以略大于螺纹大径，以利于丝锥切入，并可防止孔口出现挤压出的凸边。

3）开始时，选用头锥起攻，用一只手的手掌按住铰杠中部，沿丝锥中心线加压，另一手配合做顺时针方向旋进，如图 2-60a 所示；或双手握住铰杠两端均匀施加压力，并将丝锥顺时针方向旋进，如图 2-60b 所示。在丝锥攻入 1~2 圈后，从前后、左右两个方向检查丝锥与工件端面的垂直度，如图 2-61 所示，不断找正至要求。

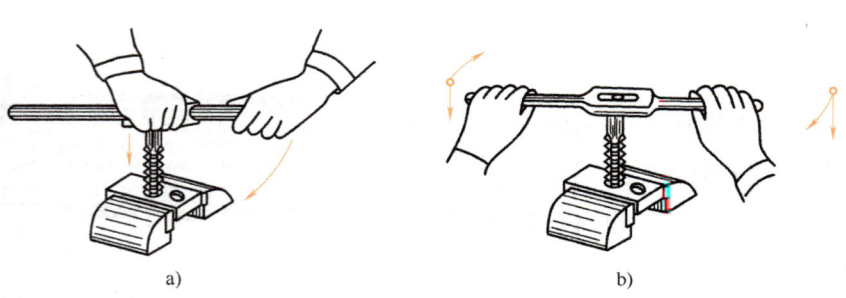

图 2-60　起攻螺纹

4）当丝锥切削部分全部进入工件时，就不需要再施加压力，用双手握铰杠两端，平稳地顺时针方向转动铰杠，双手用力要均匀，要经常倒转1/4~1/2圈，如图2-62所示，以利于断屑和排屑。

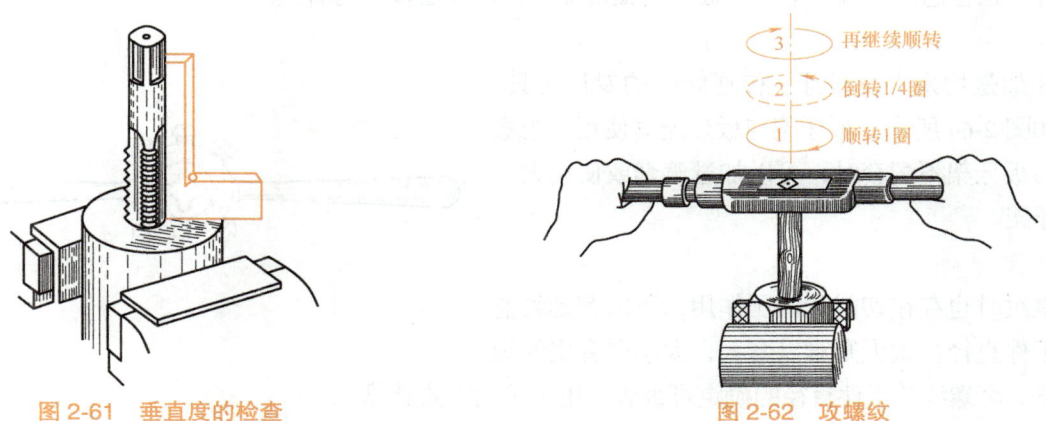

图2-61　垂直度的检查　　　　　　　　　图2-62　攻螺纹

5）头锥结束后反向退出，再用二锥、三锥攻一遍，丝锥使用顺序不能改变。每换一次丝锥，要先将丝锥旋入1~2圈扶正、定位，再使用铰杠攻入螺纹，以防乱牙。

3. 攻螺纹的注意事项

1）双手用力要平衡，感到转矩很大时不可强行转动，应将丝锥反转退出。

2）攻塑性材料或精度要求较高的螺纹孔时，应选用合适的切削液，使螺纹表面光洁，同时延长丝锥寿命。

3）攻不通孔螺纹时，可在丝锥上做好深度标记，并经常退出丝锥，清除留在孔内的切屑。否则会因切屑堵塞使丝锥折断或攻螺纹达不到深度要求。当工件不便退出进行清屑时，可用弯曲的小管子吹出切屑，或用磁性针棒吸出切屑。

二、套螺纹

用板牙在圆柱的表面上加工外螺纹的操作称为套螺纹。

1. 套螺纹工具

套螺纹的主要工具是板牙和板牙架。

板牙介绍

（1）板牙

板牙是加工小直径外螺纹的成形刀具，板牙的形状与圆螺母相似，如图2-63所示，板牙两端的切削部分做成2φ的锥角，中间部分是校准部分，主要起修光螺纹和导向作用。

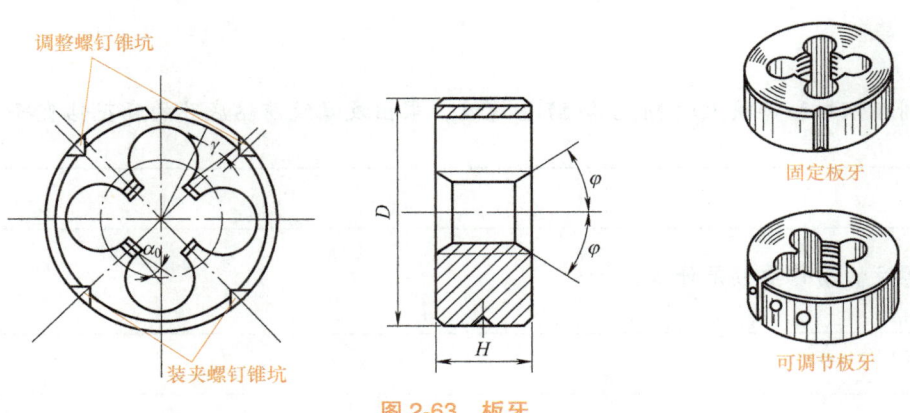

图2-63　板牙

板牙的外圆柱面上有四个锥坑和一个V形槽。其中两个锥坑与板牙架上的紧固螺钉配合，将板牙紧固在板牙架内，另外两个偏心锥坑是当板牙磨损后，将板牙沿V形槽锯开，拧紧板牙架上的调整螺钉，螺钉将顶在这两个锥坑上，使板牙孔微量缩小，以补偿板牙的磨损。

（2）板牙架

板牙架是用来夹持板牙、传递转矩的专用工具，其结构如图2-64所示。板牙架与板牙配套使用，当板牙外径与板牙架不配套时，可以加过渡套或使用大一号的板牙架。

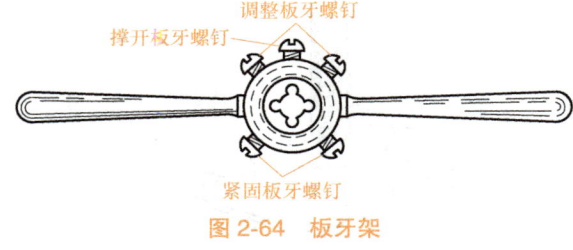

图2-64 板牙架

2. 套螺纹前工件直径的确定

套螺纹时也存在切削和挤压作用，所以套螺纹前应检查工件直径，太大则难以套入，太小则套出的螺纹不完整。套螺纹前工件直径的确定可查表，也可采用下式计算。

$$d_0 = d - 0.13P$$

式中　d_0——套螺纹前圆杆的直径（mm）；
　　　d——螺纹大径（mm）；
　　　P——螺距（mm）。

3. 套螺纹方法

套螺纹的操作方法如下：

套螺纹的操作方法

1）套螺纹前将工件端面倒成圆锥斜角为15°~20°的锥体，锥体的最小直径可以略小于螺纹小径，以利板牙顺利套入。

2）装夹工件时，工件伸出钳口的长度应稍大于螺纹长度，要用V形块做衬垫。

3）开始工作时，用一只手的手掌按住铰杠中部，沿圆杆的轴线施加压力，另一手配合做顺时针方向旋进，动作要慢，压力要大，并保证板牙端面与圆杆轴线垂直。在板牙切入圆杆2~3牙时，应检查其垂直度并及时找正。套螺纹过程与攻螺纹相似，如图2-65所示。

图2-65 套螺纹操作

4）正常套螺纹时，不要施加压力，让板牙自然旋进，以免损伤螺纹和板牙；也要经常倒转以便断屑。

5）套螺纹时，要加切削液，以降低加工螺纹的表面粗糙度值和延长板牙寿命。

工作二　自我检验

1）分别在钢材和铸铁上攻M16和M12螺纹，求出攻螺纹前钻底孔的麻花钻直径。

2）攻螺纹的动作要领是什么？

3）套螺纹的动作要领是什么？

工作三　技能训练

根据表 2-20 螺纹加工操作步骤完成各项实际操作。

螺纹加工实操微课

表 2-20　螺纹加工操作步骤

序号	操作步骤	操作要领	学员检查、实施并记录问题
1	识读图样	确定螺纹加工位置、加工方法和加工尺寸	
2	工具准备	丝锥、铰杠、螺纹塞规	
3	攻螺纹操作	测量底孔尺寸是否正确，装夹工件	
		用稍大于底孔直径的钻头或锪钻将孔口两端倒角，倒角直径可以略大于螺纹大径，以利于丝锥切入，并可防止孔口出现挤压出的凸边	
		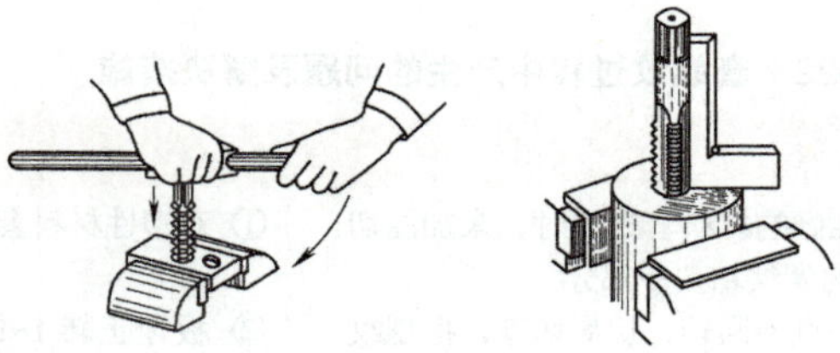 开始时，先用头锥起攻，用一只手的手掌按住铰杠中部，沿丝锥中心线加压，另一手配合做顺时针方向旋进。在丝锥攻入 1~2 圈后，从前后、左右两个方向检查丝锥与工件端面的垂直度，不断找正至要求	
		当丝锥切削部分全部进入工件时，就不需要再施加压力，用双手握铰杠两端，平稳地顺时针方向转动铰杠，双手用力要均匀，要经常倒转 1/4~1/2 圈，以利于断屑和排屑 头锥结束后反向退出，再用二锥、三锥攻一遍，丝锥使用顺序不能改变。每换一次丝锥，要先将丝锥旋入 1~2 圈扶正、定位，再使用铰杠攻螺纹，以防乱牙	
4	工件检测	用螺纹塞规检测螺纹	
5	工作时的 6S 要求	按要求摆放工具，清理工作台及周围废料，清除废屑	
6	安全要求	工件装夹要牢固，加工中经常冷却，注意排屑	

工作四　总结与反馈

1. 攻螺纹过程中产生的问题及解决措施（表2-21）

表 2-21　攻螺纹过程中产生的问题及解决措施

产生的问题	原因	解决措施
丝锥崩刃、折断	① 底孔直径小或深度不够 ② 攻螺纹时没有经常倒转断屑 ③ 用力过猛或两手用力不均匀 ④ 丝锥与底孔端面不垂直	① 正确计算与选择底孔直径 ② 按要求反转断屑，及时排屑，或把丝锥退出清理切屑 ③ 用力要合适，两手用力应均匀 ④ 使丝锥与工件平面垂直，要注意检查与找正
螺纹乱牙、断裂、撕破	① 底孔直径太小，丝锥攻不进，使孔口乱扣 ② 头锥攻过后，攻二锥时，放置不正，头锥、二锥中心线不重合 ③ 螺纹孔歪斜很多，而用丝锥强行"找正"仍找不过来 ④ 低碳钢及塑性好的材料，攻螺纹时没用切削液 ⑤ 丝锥切削部分磨钝	① 认真查底孔，选择合适的底孔钻头，将孔扩大再攻螺纹 ② 先用手将二锥旋入螺纹孔内，使头锥、二锥中心线重合 ③ 保持丝锥与底孔中心一致，操作中两手用力要均衡，偏斜太多不要强行找正 ④ 应选用切削液 ⑤ 将丝锥后角修磨锋利
螺纹孔偏斜	① 丝锥与工件端平面不垂直 ② 铸件内有较大砂眼 ③ 攻螺纹时两手用力不均衡，倾向于一侧	① 起攻时要使丝锥与工件端平面垂直，要注意检查与找正 ② 攻螺纹前注意检查底孔，如砂眼太大，不宜攻螺纹 ③ 要始终保持两手用力均衡，不要摆动
螺纹高度不够	攻螺纹底孔直径太大	正确计算和选择攻螺纹底孔直径与钻头直径

2. 套螺纹过程中产生的问题及解决措施（表2-22）

表 2-22　套螺纹过程中产生的问题及解决措施

产生的问题	原因	解决措施
乱牙	① 对低碳钢等塑性好的材料套螺纹时，未加注切削液，板牙把工件上的螺纹粘去一部分 ② 套螺纹时板牙一直不回转，切屑堵塞，把螺纹啃坏 ③ 被加工的圆杆直径太大 ④ 板牙歪斜太多，在找正时造成乱牙	① 对塑性材料套螺纹时一定要加适合的切削液 ② 板牙正转 1~1.5 圈后，要反转 0.25~0.5 圈，使切屑断裂 ③ 把圆杆加工到合适的尺寸 ④ 套螺纹时板牙端面要与圆杆轴线垂直，并经常检查。发现略有歪斜，就要及时找正
螺纹对圆杆歪斜，螺纹一边深一边浅	① 圆杆端头倒角没倒好，使板牙端面与圆杆不垂直 ② 套螺纹时两手用力不均匀，使板牙端面与圆杆不垂直	① 圆杆端头要倒角规范，四周斜角要大小一样 ② 套螺纹时两手用力要均匀，要经常检查板牙端面与圆杆是否垂直，并及时纠正
螺纹中径太小（齿牙太瘦）	① 套螺纹时板牙架摆动，不得不多次找正，造成螺纹中径变小 ② 板牙切入圆杆后，还用力压板牙架 ③ 活动板牙、开口后的圆板牙尺寸调节得太小	① 套螺纹时，板牙架要握稳 ② 板牙切入后，只要均匀使板牙旋转即可，不能再加力下压 ③ 准确调整板牙的标准尺
螺纹太浅	圆杆直径太小	圆杆直径要在规定的范围内

3. 填写 TPM 和 6S 表格

完成表 1-8 钳工区域 6S 检查表的填写。

4. 考核评价

本任务的评分标准见表 2-23。

表 2-23 螺纹加工评分标准

评价内容	考核项目	考核要求	配分	评分标准	得分
知识评价（线上）	螺纹加工工具的使用	掌握丝锥和板牙的结构	25	1. 不认识螺纹加工工具，扣 1 分 / 次 2. 不能正确使用螺纹加工工具，扣 1 分 / 次	
技能评价（线下）	螺纹加工操作	1. 螺纹加工操作方法 2. 注意安全	50	1. 螺纹加工工具选用不当，扣 2 分 / 次 2. 螺纹加工操作姿势不规范，扣 2 分 / 次 3. 实训报告有缺项，扣 1 分 / 处	
职业素养	学习和劳动态度	态度认真、虚心好学、埋头苦干	5	做与课堂无关的事情，扣 1 分 / 次	
	工作与职业操守	规范着装，安全文明操作，无事故隐患和事故苗头	5	1. 违反安全生产规程，视情节扣 1~5 分 2. 违反文明操作规程（工具、器材的摆放不规范；不清理现场），扣 1~5 分 3. 着装不规范，扣 1 分 / 次	
	团队合作精神	具有良好的团队合作精神，热心帮助小组其他成员	5	不团结同学，扣 1 分 / 次	
	现场 6S 管理	能够按照 6S 管理正确整理现场	5	未按照 6S 管理整理现场，扣 1 分 / 处	
	出勤	遵守实训制度，无迟到、早退、请假	5	迟到、早退、请假，扣 1 分 / 次	
		合计	100		

文明和安全操作

1）攻螺纹前螺纹底孔孔口要倒角，通孔螺纹两端孔口都要倒角，使丝锥容易切入，防止攻螺纹后孔口螺纹崩裂。

2）为了避免切屑过长咬住丝锥，攻螺纹时应经常将丝锥反向转动 1/2 圈左右，使切屑断后容易排出。

3）攻不通孔螺纹时，要经常退出丝锥，排除孔中的切屑。当将要攻到孔底时，更应及时排出孔底积屑，以免攻到孔底丝锥被轧住。

4）攻通孔螺纹时，丝锥校准部分不应全部攻出头，否则会扩大或损坏孔口最后几道螺纹。

5）丝锥退出时，应先用铰杠带动丝锥平稳地反向转动，当能用手直接旋动丝锥时，应停止使用铰杠，以防铰杠带动丝锥退出时产生摇摆和振动，破坏螺纹表面质量。

拓展知识

电动攻丝机

电动攻丝机是一种可对各种小型及大型钢件的粗牙、细牙、非标螺距的正、反扣连接螺纹、传动螺纹及管螺纹进行内螺纹加工的机床。该类机床属柔性加工机床，其显著特点是可折臂操作，适应 M42 以下螺纹加工要求。

电动攻丝机一次性进给可完成丝锥直径 5 倍以上超深孔螺纹的加工，最大可攻 M42 螺纹，高效而省力。电动攻丝机工作半径可达 2500mm，能满足绝大多数螺纹加工要求。它具有先进的柔性攻螺纹系统，使攻不通孔螺纹时不易损坏丝锥，保障了优质螺纹孔的加工。攻螺纹过程智能保护系统可对设备进行实时监控及保护，提醒用户对攻螺纹工艺进行优化及改进。电动攻丝机配有深度控制系统，其通过攻螺纹→到达预置深度→停止→反转流程，可轻松解决不通孔的攻螺纹及深度控制难题。

1. 产品特点

1）转矩稳定，设备使用寿命长。
2）重复定位迅速，切削速度快，生产率高。
3）丝锥安全扭力筒夹可保证丝锥损伤小；攻通孔、不通孔螺纹时丝锥不断，攻螺纹精度高。
4）工作活动范围大，较重的工件无需移动。
5）操作简单，重量轻、效率高、工作强度低，适合各种作业情况。
6）万向定位，可实现水平攻螺纹。
7）带自动润滑功能，攻螺纹的切削液自动喷出，自动润滑丝锥，实现丝丝入扣，效率更高。
8）机身垂直度误差小于 0.05mm。

2. 电动攻丝机的构成

1）伺服电动机：通过将电压信号转化为转矩和转速来驱动控制对象。
2）电源控制器：提供电源控制及转距过载保护功能。
3）显示屏：显示进、退丝锥转速控制调节情况。
4）过载保护丝锥夹头：调节夹头转距大小，攻到不通孔底部，如超过其转距，可打滑保护。
5）支架：高度可调节，可在操作半径范围内任意位置攻螺纹。
6）机身设有提升机构，可使 Z 轴提高 120mm。

3. 电动攻丝机操作

接通电源后，打开电源控制器，设置好攻螺纹转速，按正转按钮，伺服电动机将电压信号转化为转矩和转速输出，进行攻螺纹操作，攻到螺纹底部按住反转按钮，退出丝锥。攻螺纹精度高，可用螺纹量规检测。

【自我探索】

你见过电动攻丝机吗？请搜集一下目前市面上出现的手工小电动工具并了解其功能。

拓展训练

训练1：完成图 2-66 所示平板工件内螺纹的加工。

1）实训准备。工具和量具：游标卡尺、钢直尺、塞规、麻花钻、铰杠、丝锥等。
2）操作要点。

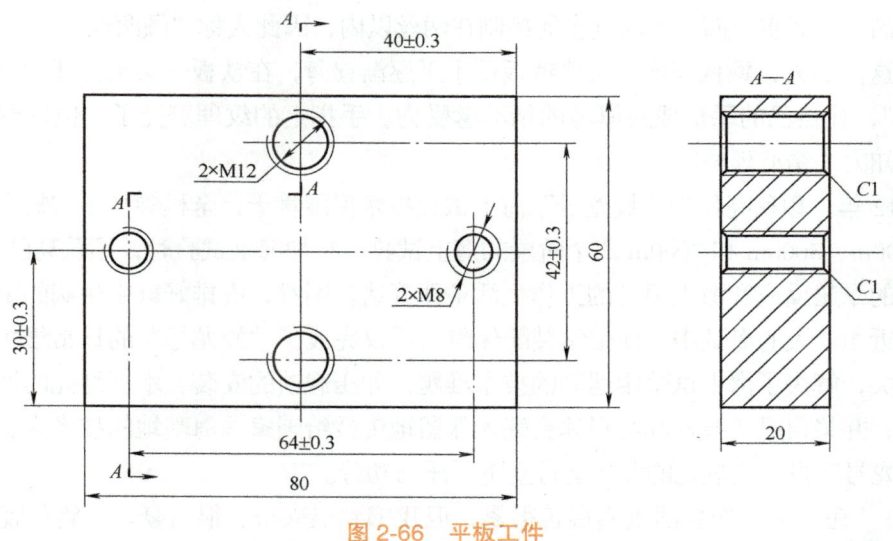

图 2-66 平板工件

① 修整工件的基准面，去除毛刺。

② 按图 2-66 所示孔距要求，在工件上划出各孔的中心线，用游标卡尺复检。

③ 用样冲在孔的中心线上打样冲眼，用划规按各个孔的要求划圆。钻大孔时，为使孔不易偏斜，应划几个检查的圆线，并将中心样冲眼打大一些，以便准确地落钻。

④ 根据工件的定位要求正确装夹工件。

⑤ 按照攻螺纹底孔要求钻孔。

⑥ 按照图样要求攻螺纹。

⑦ 总体检查，上交工件。

训练 2：完成图 2-67 所示短轴工件上外螺纹的加工。

1）实训准备。工具和量具：游标卡尺、板牙、板牙架等。

2）操作要点。

① 工件端面倒角。

② 按图样要求套螺纹。

③ 总体检查，上交工件。

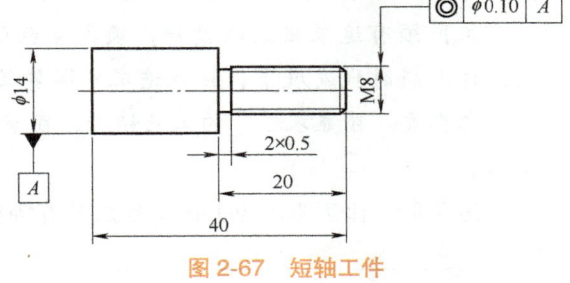

图 2-67 短轴工件

 拓展阅读

"蛟龙号"上的"两丝"钳工顾秋亮

"蛟龙号"是中国首个大深度载人潜水器，有十几万个零部件，组装起来最大的难度就是密封性，精密度要求达到了"丝"级。"蛟龙号"的载人球的安装难度在球体与玻璃的接触面，间隙要控制在0.2丝以下。0.2丝，只有一根头发丝的1/50。用精密仪器来控制这么小的间隙或许不算难，可难就难在载人舱观察窗的玻璃异常娇气，不能与任何金属仪器接触。因为一旦摩擦出一个小小的划痕，在深海几百个大气压的水压下，玻璃窗就可能漏水，甚至破碎，危及下潜人员的生命。因此，安装载人舱玻璃是组装载人潜水器中最精细的活儿。除了依靠精密仪器，更重要的是依靠顾秋亮自己的判断。"用眼睛看，用手摸，就能做出精密仪器干的活儿"，顾秋亮并不是在吹牛。他即便是在摇晃的海上，纯手工打磨维修的潜水器密封面，平面度也能控制在两丝以内，因此人称"顾两丝"。

为了练成这门功夫，顾秋亮把一块块铁板用手工逐渐锉薄，在铁板一层层变薄的过程中，用手不断"捏捻搓摸"，让自己的手形成对厚薄的精准感受力。手指上的纹理磨光了，但这双失去纹理的手却成了心灵感知力的精准延伸器。

2009—2012年，顾秋亮作为"蛟龙号"海上试验技术保障骨干，全程参与了"蛟龙号"载人潜水器1000m、3000m、5000m和7000m四个阶段的海上试验。参加海上试验时，顾秋亮已是50多岁，但他克服了严重的晕船反应和海上艰苦的工作生活条件等诸多困难，安排好家中生病的妻子，义无反顾地投入到每年近100天的海试中。他带领装配保障组不仅完成了"蛟龙号"的日常维护保养，还和科技人员一道攻关，解决了海上试验中遇到的技术难题，如压载铁的安装、水下灯光的调整、布放回收接口的设置等，并将自己的技术和心得体会毫无保留地传授给国家深海基地的技术人员，为海试的顺利进行和"蛟龙号"投入正规化的业务运行立下了汗马功劳。

顾秋亮说："在海上工作生活确实很苦很累，但我感到很兴奋、很自豪。不管是晚上加班到半夜还是早上五点半起床保养潜水器，不管日晒还是雨淋，我感到很光荣，能为海试出一份力，我很骄傲，因为在祖国的深潜纪录中有我的汗水，光荣！"

怀揣崇高的使命感和荣誉感，他又肩负起了新的挑战——组装4500m载人潜水器。已近花甲的顾秋亮仍坚守在科研生产第一线，为载人深潜事业不断书写我国深蓝乃至世界深蓝的奇迹默默奉献……

【共鸣反思】

近年来，我国制造技术和工艺水平大幅提升，先进制造业发展取得明显成效，从"制造"到"创造"，"中国智造"正实现历史性跨越，向制造强国迈进。在我区从工业大国向工业强国迈进的关键时期，培育和弘扬大国工匠精神，对于建设制造强国意义重大。

工匠须有追求极致的精神，须具备敬业、精益、专注、创新等方面不断突破自我的优良品质，也是新时代发展下，百姓追求中国梦必须具备的素质。工匠精神是一种修行，社会、企业、个人都需要"精益求精"的工匠精神，在不久的将来，这种精神将戒为深植中国人民心中的内在素养。

同学们，你认为成为大国工匠应具有哪些品质？

项目 3 　焊 　　 接

焊接是指通过加热或加压，或两者并用，并且用或不用填充材料，使工件达到结合的一种方法。在现代生产中，焊接已经逐步取代铆接，因为与铆接相比，焊接具有省工、省料、接头致密和容易实现机械化、自动化等特点。焊接在修复铸件、锻件的缺陷，修复磨损零件方面也发挥着其他加工方法不可代替的作用。

目前在工业生产中应用的焊接方法已达百余种，根据焊接过程和特点，分为熔焊、压焊和钎焊三大类，每大类又分为若干小类，如图3-1所示。

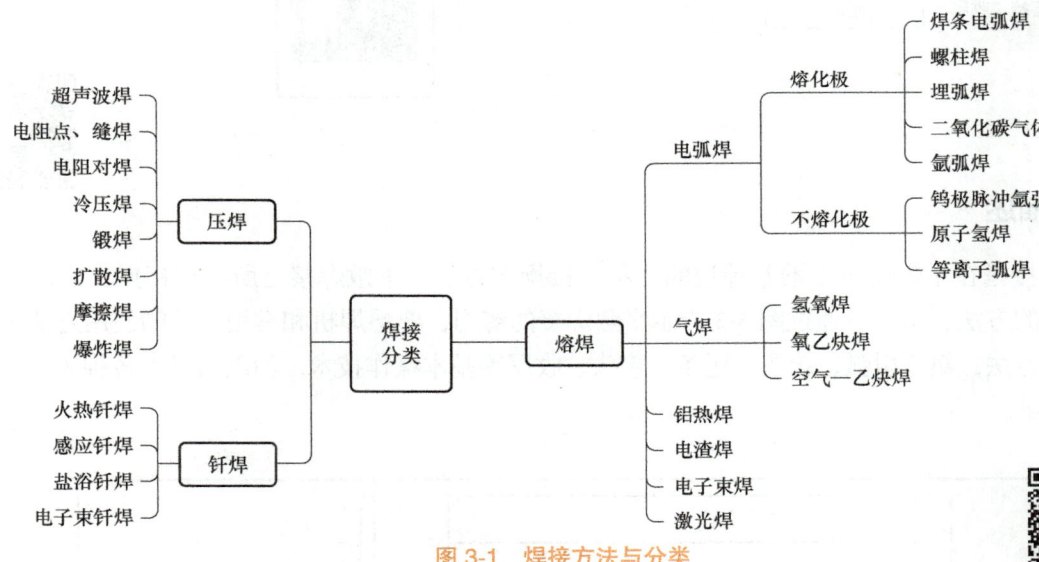

图 3-1 　焊接方法与分类

1）熔焊是将待焊处的母材金属熔化以形成焊缝的焊接方法。

2）压焊是在焊接过程中，必须对焊件施加压力（加热或不加热）以完成焊接的方法。

3）钎焊是采用比母材熔点低的金属材料作钎料，将焊件和钎料加热到高于钎料熔点，低于母材熔化温度，利用液态钎料润湿母材，填充接头间隙并与母材相互扩散实现连接焊件的方法。

本项目重点介绍焊条电弧焊。焊条电弧焊是以焊条与焊件为电极，利用电弧放电产生的热量熔化焊条与焊件，用手工操纵焊条进行焊接的电弧焊方法。焊条电弧焊所需的设备简单、操作方便、灵活，适应各种条件下的焊接，特别适用于结构形状复杂、焊缝短小、弯曲或各种空间位置的焊接，广泛用于焊接各种金属材料，如低碳钢、低合金结构钢、铸铁、不锈钢、铜合金，以及要求耐腐蚀、耐磨损等的特殊构件。

焊条电弧焊由于设备简单、操作方便、实用性强,在工业生产中应用十分广泛,如机械制造、建筑结构、造船、锅炉、压力容器等都大量使用焊条电弧焊。

任务 1　平敷焊接

知识树

平敷焊接知识树及职业素质培养如图 3-2 所示。

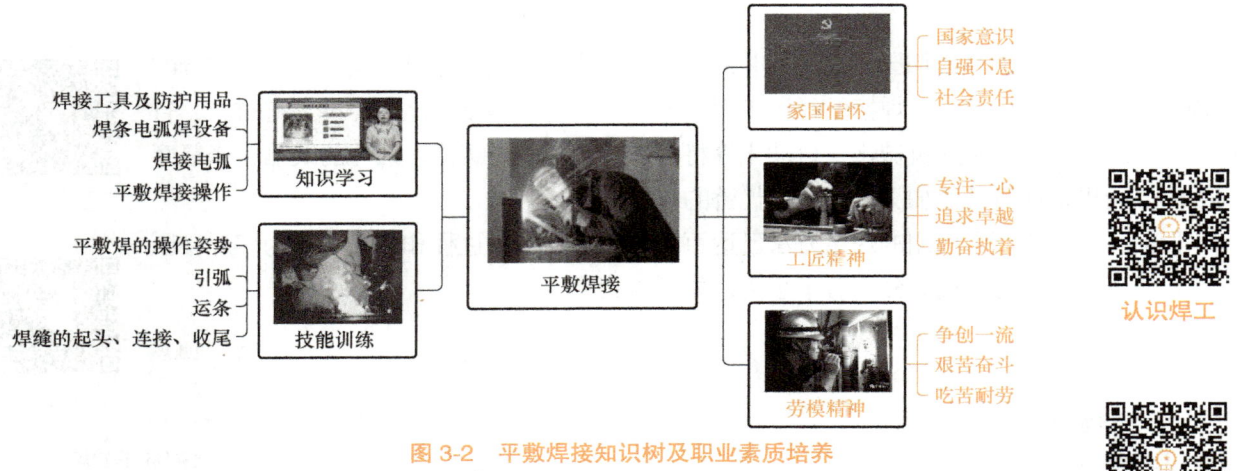

图 3-2　平敷焊接知识树及职业素质培养

任务描述

平敷焊接是在平焊位置上堆敷焊道的一种焊接操作方法。平敷焊接是所有焊接操作方法中最简单、最基础的方法。本任务通过图 3-3 所示平敷焊接的练习,熟悉焊机和常用工具的使用方法及焊接参数的选择方法,熟练引弧、起头、运条、接头、收尾等基本操作技术,为以后学习各种操作技能打下坚实的基础。

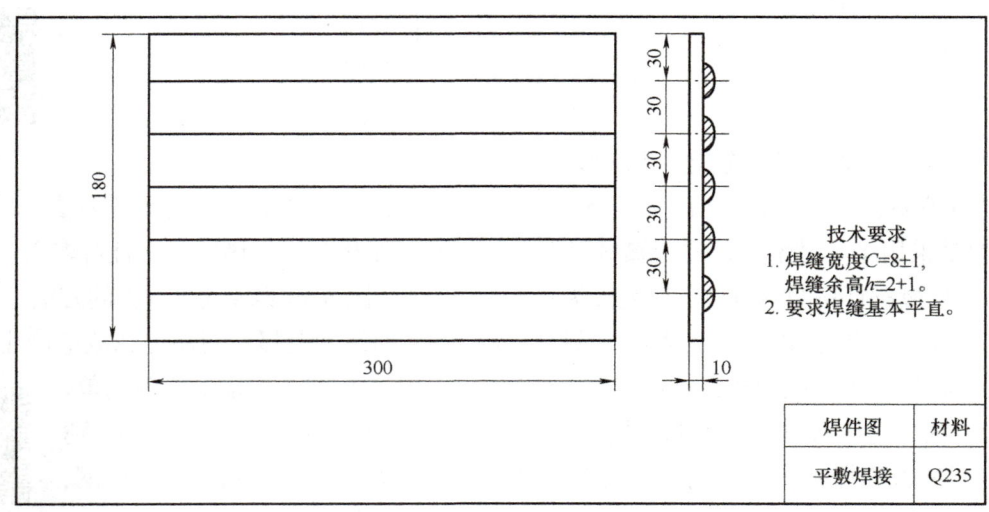

图 3-3　平敷焊接技能训练图

项目 3　焊　接

 任务要求

1. 学会选用焊条，正确使用焊接设备，会调节焊接电流。
2. 掌握焊条引弧与运条等基本技能。
3. 掌握平敷焊接的技术要求及操作要领。
4. 能按焊接安全、清洁和环境要求以及焊接工艺完成焊接操作，制作出合格的平敷焊接焊件。
5. 能对平敷焊接焊件进行质量检测。

 素养提升

通过实践训练，增强学生勇于担当的社会责任感，养成锲而不舍、迎难而上的工作精神，锻炼吃苦耐劳、勇攀技术高峰的品质。

 工作内容

工作一　知识学习

【自主资料搜集】

1. 焊接技术的发展

_____

_____

_____

2. 焊工职业守则

_____

_____

_____

_____

【专业知识学习】

一、焊接工具及防护用品

1. 焊条

（1）焊条的组成

焊条是焊条电弧焊用的焊接材料。施焊时，焊条既作为电极传导电流而产生电弧，为焊接提供所需热量；又在熔化后作为填充金属过渡到熔池，与熔化的焊件金属熔合，凝固后形成焊缝。焊条是决定焊条电弧焊焊缝质量的主要因素之一。焊条不仅影响电弧的稳定性，而且直接影响焊缝的化学成分和力学性能。

焊条由药皮和金属焊芯组成，其结构如图 3-4 所示。焊条引弧端药皮有 45° 左右的倒角，以便于引弧；

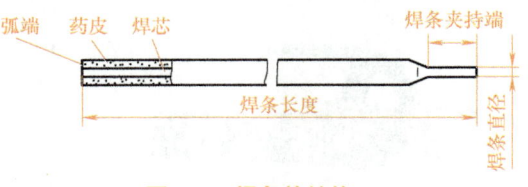

图 3-4　焊条的结构

尾部有 15~25mm 长度的裸焊芯，称为焊条夹持端，用于焊钳夹持并利于导电。焊条直径是指焊芯直径，一般有 ϕ1.6mm、ϕ2.0mm、ϕ2.5mm、ϕ3.2mm、ϕ4.0mm、ϕ5.0mm、ϕ6.0mm、ϕ8.0mm 八种规格。焊条的长度由焊条直径而定，在 200~650mm 范围内。

1) 焊芯。焊条中被药皮包覆的金属芯称为焊芯，它是具有一定长度和直径的金属丝。焊芯在焊接过程中有两个作用：一是传导焊接电流，维持电弧，把电能转化为热能；二是熔化后作为填充金属进入焊缝。

2) 药皮。药皮是指压涂在焊芯表面上的涂料层。药皮在焊接过程中起到如下作用。

① 机械保护。利用药皮熔化放出的气体和形成的熔渣，起机械隔离空气作用，防止有害气体侵入熔化的金属中。

② 冶金处理。熔焊的过程就是一个小的冶炼过程。焊条电弧焊时，药皮中的合金元素能起到脱氧、脱硫、脱磷、退氮等精炼作用，从而改善焊缝金属的性能；药反中添加的合金元素能补充一部分被烧损的合金元素；药皮中合金元素的过渡，能满足焊缝金属成分的要求，提高焊缝性能。

③ 改善焊接工艺性，使电弧稳定、飞溅小、焊缝成形好、易脱渣，熔敷效率高等。

(2) 焊条的分类

1) 按焊条的用途分类。根据有关国家标准，焊条可分为碳钢焊条、低合金钢焊条、耐热钢焊条、不锈钢焊条、堆焊焊条、铸铁焊条、铜及铜合金焊条、铝及铝合金焊条、镍及镍合金焊条等。

2) 按熔渣性质分类。根据药皮熔化后的熔渣特性，可将焊条分成酸性焊条和碱性焊条两类。

酸性焊条的药皮中含有较多的酸性氧化物，如二氧化钛、二氧化硅等。酸性焊条突出的优点是价格较低、焊接工艺性好、容易引弧、电弧稳定、飞溅小、对弧长不敏感、对油和铁锈等不敏感、焊前准备要求低、焊缝成形好等。但焊缝金属的力学性能（主要指塑性和冲击韧性）和抗裂性能较差。它可用于交、直流焊接，多用于低碳钢和低合金钢的焊接。酸性焊条的典型型号有 E4303、E5003。

碱性焊条的药皮中含有较多的碱性氧化物（如氧化钙、氧化镁等）或氟化物。碱性焊条焊接所得的焊缝冲击韧度高，力学性能好，但焊接工艺性差，引弧困难、电弧稳定性差、飞溅大，对油、水和铁锈等敏感，如果焊接前焊接区域没有清理干净，或者焊条未进行烘干，在焊接时就会产生气孔。它一般采用直流电源焊接，多用于重要的结构钢、合金钢的焊接。碱性焊条的典型型号有 E5016、E5015。

2. 其他焊接工、量具及防护用品

1) 电焊钳：用于夹持焊条并把焊接电流传输至焊条进行电弧焊的工具，如图 3-5 所示。

2) 焊接电缆：用于传导电焊机和电焊钳、焊条与焊件之间电流的导线。

3) 面罩：用于防止焊接时的飞溅、弧光及熔池和焊件的高温灼伤焊工面部及颈部的一种遮蔽工具，有手持式和头戴式两种，如图 3-6 和图 3-7 所示。其正面开有长方形孔，内嵌白色玻璃和黑色滤光玻璃。

焊接劳动保护

图 3-5　电焊钳

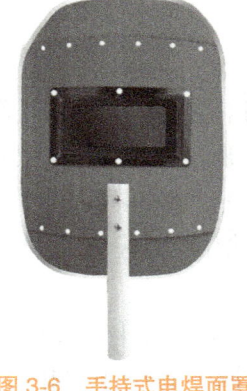
图 3-6　手持式电焊面罩

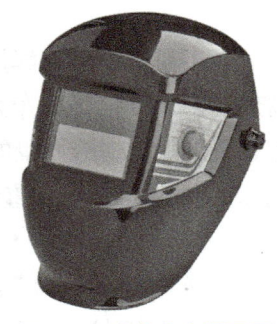
图 3-7　头戴式电焊面罩

4）焊工手套：使焊工手臂不被灼伤、防止触电的专用护具，不要戴着焊工手套直接拿灼热的焊件和焊条头。

5）工作服：防止弧光及火花灼伤人体的防护用品，一般由较坚固且不易着火的白色帆布制成，袖口要小，开口不要过多。

6）平光眼镜：清渣时佩戴，防止焊渣崩射眼睛。

7）清渣锤：两端制成尖铲或扁铲的清渣工具。

8）錾子：用于清除熔渣、飞溅物和焊瘤的工具。

9）锉刀：用于修整焊件坡口钝边、毛刺和焊接接头的工具。

10）钢丝刷：用于清除焊件表面铁锈、污物和焊渣的工具。

11）焊条烘干箱：用于烘干电焊条，去除电焊条药皮中渗入的水分。

12）焊缝检验尺：用以测量焊件的坡口角度、装配间隙、错位及焊后焊缝的余高、焊缝宽度和角焊缝焊脚尺寸等，其测量示意图如图3-8所示。

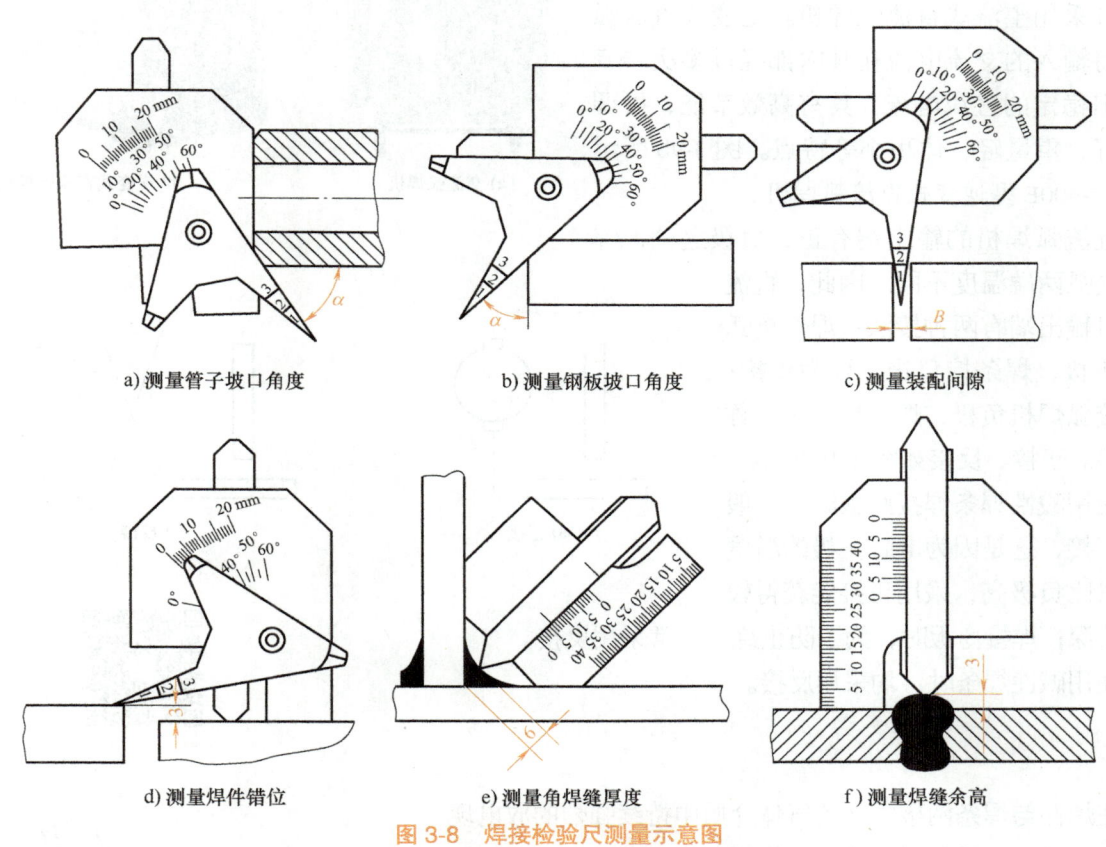

a) 测量管子坡口角度　　b) 测量钢板坡口角度　　c) 测量装配间隙

d) 测量焊件错位　　e) 测量角焊缝厚度　　f) 测量焊缝余高

图 3-8　焊接检验尺测量示意图

二、焊条电弧焊设备

焊条电弧焊的主要设备是电弧焊机，简称弧焊机或电焊机。常用的弧焊机分为交流弧焊机和直流弧焊机两大类。在焊接时，为了顺利地引燃电弧并始终保持稳定燃烧，弧焊机在性能上应具有陡降的外特性、适当的空载电压和短路电流，同时还应有良好的动特性和调节特性。

焊接设备及使用

1. 交流弧焊机

交流弧焊机是一种具有下降外特性的降压变压器，它把220V或380V的电源电压降至60~80V（即空载电压），以满足电弧引燃和电弧稳定燃烧的要求。焊接时，电压会自动下降到电弧的正常工作电压（20~40V）。它能自动限制短路电流，因而不怕引弧时焊条与焊件的接触短路，还能供给焊接时所需的电流，一般从几十安到几百安，并可根据焊件的厚度和所用焊条直径调节电流值。交流弧焊机的结构简单，制造和维修方便，价格低廉，工作时噪声小，应用比较广泛；主要缺点是焊接电弧不够稳定。图3-9a所示为BX1-315-2型交流弧焊机。

2. 直流弧焊机

直流弧焊机为焊接电弧提供直流电流，电弧燃烧稳定，焊接质量好，适用于重要零部件的焊接。直流弧焊机有整流式直流弧焊机和逆变式直流弧焊机两种。整流式直流弧焊机（又称弧焊整流器）噪声小、耗电少、维修容易。它将交流电经过变压整流后获得直流电，弥补了交流弧焊机电弧不稳定的缺点。在焊接质量要求高或焊接2mm以下薄板钢件、非铁金属、铸铁和特殊钢件时，电源宜采用整流式直流弧焊机。逆变式直流弧焊机将输入的交流电流在其内部经过多次转变并输出稳定的直流电流，具有高效节能、可调节性好、重量轻、体积小等特点。图3-9b所示为ZX7-400E型逆变式直流弧焊机。

a) 交流弧焊机　　　　b) 逆变式直流弧焊机

图3-9　弧焊机

直流弧焊机的输出端有正、负极之分，焊接时电弧两端温度不同。因此，直流弧焊机输出端有两种接法：焊件接弧焊机正极，焊条接负极，称为正接；焊件接弧焊机负极，焊条接正极，称为反接。正接、反接如图3-10所示。

使用酸性焊条焊接厚板时，一般采用正接，这是因为电弧正极的温度和热量比负极高，采用正接能获得较大的熔深；焊接薄板时，为了防止烧穿，常采用反接。

使用碱性焊条时，均采用反接。

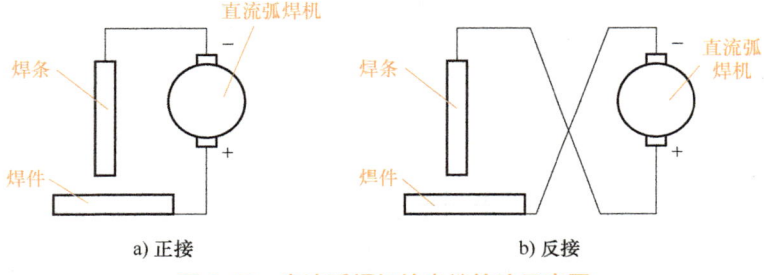

a) 正接　　　　b) 反接

图3-10　直流弧焊机输出端接法示意图

焊条电弧焊介绍

三、焊接电弧

在焊件与焊条两极之间的气体介质中持续强烈的放电现象称为电弧，电弧是焊接过程的热源。焊条电弧焊示意图如图3-11所示。焊接前，将焊钳和焊件分别连接在弧焊机输出端的两极，并用焊钳夹持焊条。焊接时，让焊条和焊件进行接触，之后迅速将焊条提高一定距离，在焊条与焊件之间即可形成电弧，这个过程称为引弧。电弧在燃烧时产生较高的温度，最高可达6000~8000℃。电能以电弧的形式转化成热能，并利用转化的热能使焊条末端和焊件表面熔化，形成熔池。药皮在电弧高温作用下燃烧，产生保护气体，同时形成熔渣，保护焊接熔池和凝固的焊缝金属不受大气的污染，

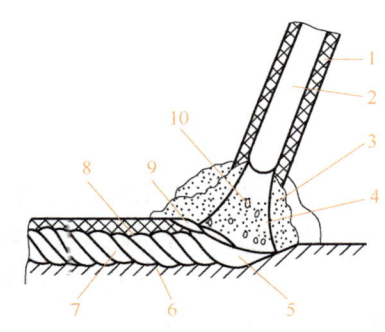

图3-11　焊条电弧焊示意图

1—药皮　2—焊芯　3—保护气　4—电弧　5—熔池
6—母材　7—焊缝　8—焊渣　9—熔渣　10—熔滴

所形成的焊渣壳有助于改善焊缝成形，使其形成光滑平整的焊缝表面。药皮在熔化过程中对熔化金属产生脱氧还原作用，使其形成致密的焊缝金属。随着焊条的移动，新的熔池不断产生，原有的熔池不断冷却、凝固，形成焊缝，使分离的两个焊件连接在一起。焊后使用清渣锤把覆盖在焊缝上的焊渣清理干净，并检查焊接质量。

四、平敷焊接操作

1. 平敷焊接的操作姿势

平敷焊接一般采取蹲式操作，如图 3-12 所示。蹲姿自然，两脚夹角为 70°~85°，两脚与肩同宽，距离 240~260mm，持焊钳的胳膊半伸开，并抬起一定的高度，以保持焊条与焊件间的正确角度，悬空无依托地操作。一般右手正握焊钳，保持焊条与焊钳垂直，钳口平行于焊件，手腕向右倾斜，焊钳位于视线右侧，便于观察熔池。

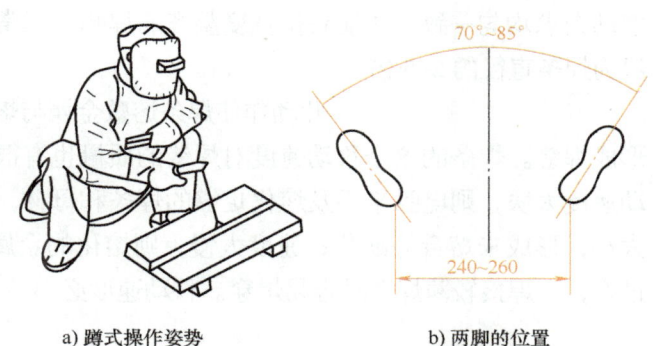

a) 蹲式操作姿势　　b) 两脚的位置

图 3-12　平敷焊接操作姿势

2. 引弧

引弧是指在电弧焊开始时，引燃焊接电弧的过程。引弧的好坏对接头质量以及产品质量都有重要影响。根据操作手法，将引弧的方法分为以下两类。

1）直击法。使焊条与焊件表面垂直地接触，当焊条的端部与焊件表面接触，即形成短路时，便迅速将焊条提起 2~4mm。即引燃电弧，如图 3-13a 所示。直击法的优点是可用于难焊位置的焊接，焊件污染少。其缺点是受焊条端部状况限制：用力过猛时，药皮会大量脱落，产生暂时性偏吹，操作不熟练时易粘于焊接表面。操作时必须掌握好手腕上下动作的时间和距离。

引弧、运条、收弧

2）划擦法。动作似擦火柴，将焊条在焊件表面划擦一下，当电弧引燃后趁金属还没有开始大量熔化的瞬间，立即使焊条末端与被焊表面的距离维持在 2~4mm，电弧就能稳定地燃烧，如图 3-13b 所示。

以上两种引弧方法相比，划擦法比较容易掌握，但在狭小工作面上不允许烧伤焊件表面时，应采用直击法。直击法对初学者来说较难掌握，一般容易发生电弧熄灭或造成电弧短路现象。

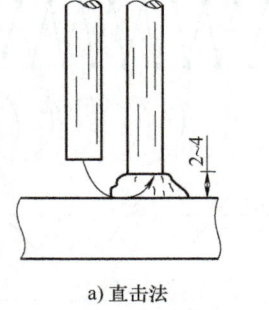
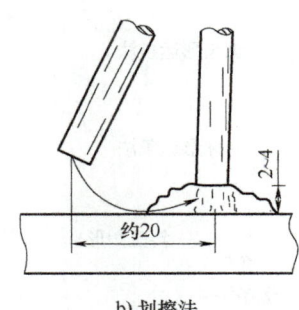

a) 直击法　　b) 划擦法

图 3-13　引弧

如果操作时焊条上拉太快或提得太高，都不能引燃电弧或电弧只是燃烧一瞬间就熄灭。相反，动作太慢可能使焊条与焊件粘连在一起，造成焊接回路短路。

为了便于引弧，焊条末端应裸露焊芯，若焊条端部有药皮套筒，可戴焊工手套捏除。引弧时，如果焊件和焊条粘连在一起，只要将焊条左右摇动几下，就可以脱离焊件。如果这时还不能脱离焊件，应及时将焊钳松开，使焊接回路断开，以防短路时间太长，烧坏弧焊机。

3. 运条

运条是在焊接过程中，焊条相对焊缝所做的各种动作的总称。当电弧引燃后，焊条要有三个基本方向上的动作，才能使焊缝良好地成形，如图 3-14 所示。

（1）运条的基本动作

1）<u>焊条沿轴线向熔池方向送进</u>：朝着熔池方向逐渐送进主要用来维持所要求的电弧长度。因此焊条送进的速度应该与焊条熔化的速度相适应。如果焊条送进的速度小于焊条熔化的速度，则电弧的长度将逐渐增加，导致断弧；如果焊条送进的速度太快，则电弧长度迅速缩短，使焊条末端与焊件接触而发生短路，同样会使电弧熄灭。

2）焊条的横向摆动：焊条的横向摆动主要是为了获得一定宽度的焊缝，其摆动范围与要求的焊缝宽度、焊条的直径有关。横向摆动力求均匀一致，才能获得宽度整齐的焊缝。正常的焊缝宽度一般为焊条直径的2~5倍。

3）焊条沿焊缝移动：此动作使焊条熔敷金属与熔化的母材金属形成焊缝。焊条的这个移动速度对焊缝的质量也有很大的影响。移动速度太快，则电弧来不及熔化足够的焊条和母材，造成焊缝断面太小，形成未熔合等缺陷；速度太慢，则熔化的金属堆积过多，会造成焊缝过高、过宽，在焊接较薄焊件时容易焊穿。移动速度必须适当，才能使焊缝均匀。

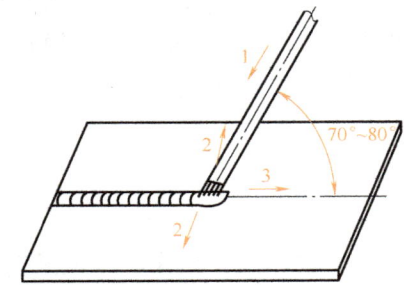

图 3-14　焊条运动和角度控制

1—送进　2—横向摆动　3—沿焊缝移动

（2）运条方法

根据不同的焊缝位置、不同的接头形式，以及考虑焊条直径、焊接电流、焊件厚度等因素，应采用不同的运条方法。常用的运条方法及其适用范围见表3-1。

表 3-1　常用的运条方法及其适用范围

运条方法		运条示意图	适用范围
直线形运条法		———→	薄板对接平焊、多层焊接的第一层焊缝和多层多道焊接
直线往复形运条法		∧∨∧∨∧∨∧∨→	薄板焊接和接头间隙较大的第一层焊缝焊接
锯齿形运条法		∧∧∧∧∧∧∧∧→	中、厚板焊接，对接接头（平、立、仰焊），角接接头（立焊）
月牙形运条法		))))))))→	同锯齿形运条法
三角形运条法	斜三角形	↗↘↗↘→	T形接头仰焊，开V形坡口对接接头横焊
	正三角形	△△△△→	角接接头立焊，对接接头立焊
圆圈形运条法	斜圆圈形	⊘⊘⊘⊘→	角接接头平焊、仰焊，对接接头横焊
	正圆圈形	○○○○→	对接接头厚板平焊
8字形运条法		88888→	对接接头厚焊件平焊

直线形运条法

直线往复形运条法

月牙形运条法

圆圈形运条法

三角形运条法

八字形运条法

锯齿形运条法

4. 焊缝的起头、连接、收尾

（1）起头

焊缝的起头是指焊缝起焊时的操作，由于此时焊件温度低、电弧稳定性差，焊缝容易出现熔合不良和夹渣等缺陷，因此应该在引弧后将电弧稍微拉长，对焊件起焊部位进行适当预热。如图 3-15 所示，从距离开始焊接的点 10mm 左右处引弧，并回焊到始焊点，逐渐压低电弧，同时焊条做微微摆动，达到所需要的熔深和熔宽后再调到正常的弧长进行焊接。

（2）焊缝的连接方式

进行焊条电弧焊时，由于受到焊条长度的限制或操作姿势的变化，不可能用一根焊条完成一条焊缝，因而出现了焊缝前后两段的连接。焊缝连接一般有以下几种方式。

后焊焊缝的起头与先焊焊缝的结尾相接，如图 3-16a 所示。

后焊焊缝的起头与先焊焊缝的起头相接，如图 3-16b 所示。

后焊焊缝的结尾与先焊焊缝的结尾相接，如图 3-16c 所示。

后焊焊缝的结尾与先焊焊缝的起头相接，如图 3-16d 所示。

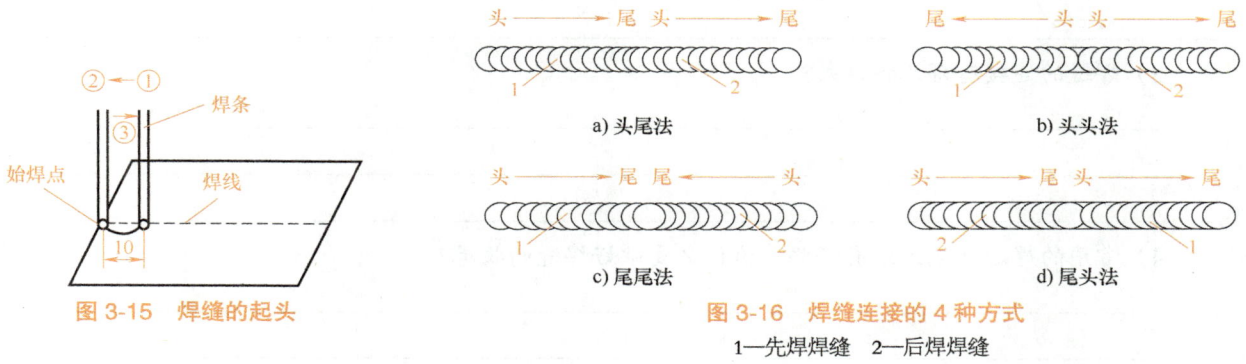

图 3-15　焊缝的起头

图 3-16　焊缝连接的 4 种方式

1—先焊焊缝　2—后焊焊缝

（3）焊缝的收尾

焊缝收尾是指一条焊缝结束时的熄弧操作。焊接结束时，都会产生弧坑，常出现疏松、裂纹、气孔、夹渣等现象。为了克服弧坑缺陷，就必须采用正确的收尾方法。一般常用的收尾方法有三种，如图 3-17 所示。因此，收尾动作不仅要熄弧，还要填满弧坑，克服弧坑缺陷。

1）划圈收尾法。焊条移至焊缝终点时，利用手腕动作使焊条尾端做圆圈运动，直到填满弧坑后再拉断电弧，如图 3-17a 所示。此法适用于厚板焊接，对于薄板则容易烧穿。

2）反复断弧收尾法。焊条移至焊缝终点时，反复在弧坑处熄弧—引弧—熄弧多次，直至填满弧坑，如图 3-17b 所示。此法适用于薄板和大电流焊接，适用于酸性焊条。

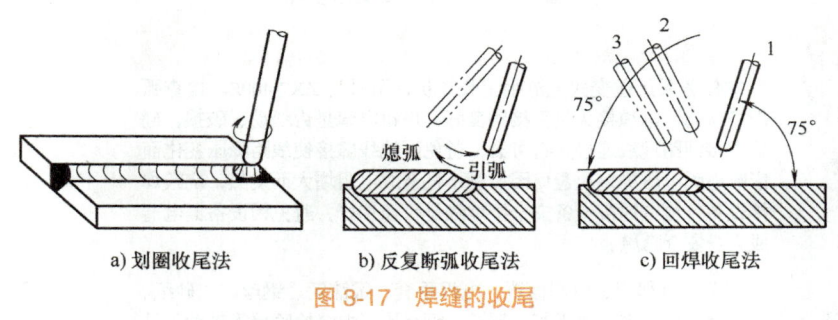

图 3-17　焊缝的收尾

3）回焊收尾法。焊条移至焊缝收尾处即停止，但不熄弧，适当改变焊条角度，如图 3-17c 所示，焊条由位置 1 向反方向回焊一小段距离，转到位置 2 填满弧坑后再转到位置 3，然后慢慢拉断电弧。碱性焊条常用此法熄弧。

工作二　自我检验

1）焊条电弧焊的引弧方法有几种？引弧时有哪些注意事项？
_____
_____
_____

2）简述运条的基本动作和基本方法。
_____
_____
_____

3）焊缝的连接有哪几种方式？
_____
_____
_____

4）常用的焊缝收尾方法有哪些？为什么要做好焊缝的收尾？
_____
_____
_____
_____
_____

工作三　技能训练

根据表 3-2 的操作步骤完成各项实际操作。

平敷焊接实操微课

表 3-2　平敷焊接操作步骤

序号	操作步骤	操作要领				学员检查、实施并记录问题
1	设备检查	本任务采用逆变式直流手工弧焊机，型号为 ZX7-400E。检查弧焊机状态：电缆接头是否接触良好，焊钳电缆是否松动、破损。确认焊接回路地线连接是否可靠，避免因地线虚接使线路降压变化而影响电弧电压稳定；避免因接触不良造成电阻增大而发热，烧毁焊接设备。检查焊接设备安全接地线是否连接好，避免因设备漏电造成人身安全隐患				
2	工、量具及备件准备	焊条、电焊钳、电焊面罩、电焊手套、敲渣锤、钢丝刷、砂纸、角向磨光机、焊条烘干箱、錾子、钢直尺、焊缝检验尺等辅助工具和量具 准备尺寸为 300mm×180mm×10mm 的 Q235 钢板				
3	焊接参数	焊条型号	焊条直径/mm	焊接电流/A	电源极性	
		E4303	φ3.2	100~130	直流反接	

（续）

序号	操作步骤	操作要领	学员检查、实施并记录问题
4	焊接操作	焊前准备：用钢丝刷清理板料表面的油污、铁锈、水分及其他污染物，再用石笔划直线做标记 操作姿势：两脚蹲稳，右臂悬空运条自由，手腕稍向右倾斜，用焊钳垂直夹持焊条 焊缝起头：焊条在始焊点前面10mm左右处引燃电弧，稍拉长移至始焊点，进行短时间预热后压短电弧，待起弧形成熔池且熔池形状、大小符合要求后，沿焊接方向开始均匀移动 运条：直线形运条时，焊条送进速度应与焊条熔化速度相等，焊条沿焊接方向移动速度要均匀 直线往复形运条时，当电弧往复到熔池中时，电弧要短，并稍作停留，往复距离一般不大于6mm 锯齿或月牙形运条时，在焊件上划好线，横向摆动到焊缝两侧的直线并稍作停留，横摆幅度要一致，并有节奏地沿焊接方向移动 焊缝接头连接：采用头尾连接时，焊条端头位于弧坑稍前处10mm左右，并在焊缝轨迹内引弧，引弧后略拉长电弧，移至原弧坑2/3处，压短电弧稍做停顿，使新形成的熔池形状、大小与原熔池相同，再朝焊接方向移动。更换焊条速度要快，在熔池尚未冷却时进行接头，不仅能保证质量，而且焊缝成形美观 在熟练掌握头尾连接法的情况下，可进一步练习"头头法""尾尾法"和"尾头法"的接头连接方式 焊缝收尾：采用反复断弧收尾法，在收尾处反复熄弧、引弧数次，直到填满弧坑为止	
5	焊件检测	自我检查焊缝宽度、焊缝余高、焊缝成形、焊缝高低差、起焊熔合等项目	
6	工作时的6S要求	自我检查工具的摆放、焊渣和焊条头的处理、焊接工位的清理、周围环境的清理情况	
7	安全要求	使用必要的挡风设备及换气设备；焊接场所10m内不得放易燃易爆物品；须佩戴保护性眼镜和手套	

 技术点拨

1. 起焊处电弧预热

起头是指刚开始焊接的阶段，在一般情况下这部分焊缝略高些，质量也难以保证。因为焊件未焊之前温度较低，而引弧后温度又不能迅速升高，所以起头的熔深较浅。为了解决熔深太浅的问题，可在引弧后先将电弧稍微拉长，使电弧对端头有预热作用，然后适当缩短电弧进行正式焊接。

2. 起焊处气孔的防止

在引弧后的2s内，由于药皮未形成大量保护气体，最先熔化的熔滴几乎是在无保护气氛的情况下过渡到熔池中去的，这种保护不好的熔滴中有不少气体。如果这些熔滴在施焊中得不到二次熔化，其内部气体就会残留在焊缝中，形成气孔。为了减少气孔，一种方法是可在电弧引燃后，适当压低电弧并超过引弧点10mm左右，再进入正常焊接，利用熔深使引弧轨迹上可能产生的表面气孔被熔化掉。另一种方法是采用引弧板，即在焊前装配一块金属板，从这块板上开始引弧，焊后将其割掉。采用引弧板不仅保证了起头处的焊缝质量,也能使焊接接头始端获得正常尺寸的焊缝,常在焊接重要结构时应用。

3. 调试电流

看飞溅:电流过大时,电弧吹力大,可看到较大颗粒的铁液向熔池外飞溅,焊接时爆裂声大;电流过小时,电弧吹力小,熔渣和铁液不易分清。

看焊缝成形:电流过大时,熔深大,焊缝余高低,两侧易产生咬边;电流过小时,焊缝窄而高,熔深浅,且两侧与母材金属熔合不好;电流适中时,焊缝两则与母材金属熔合得很好,呈圆滑过渡。

看焊条熔化状况:当电流过大时,焊条熔化了大半截,其余部分均已发红;电流过小时,电弧燃烧不稳定,焊条易粘在焊件上。

工作四 总结与反馈

1. 填写 TPM 和 6S 表格

完成表 3-3 焊接 TPM 每日点检表和表 3-4 焊接区域 6S 检查表的填写。

表3-3 焊接 TPM 每日点检表

所属区域:焊工实训室　　设备名称:直流弧焊机　　设备型号:ZX7-400E　　　　年　月

序号	保养及点检内容	学年 第 学期 第 周					
		星期一	星期二	星期三	星期四	星期五	星期六	星期日
1	电源、电缆接线柱应牢固可靠,接线正确;电源和电缆绝缘层完好;确认焊接回路地线连接可靠							
2	电源启动后无异响、异味;各调节旋钮灵活,示值正确							
3	弧焊机冷却风扇转动灵活、正常							
4	机罩完好,铭牌完整清晰							
5	弧焊机外表、内部清洁无尘							
	点检人签名							
	异常情况描述							

备注:1)点检记录:√—正常、×—异常,在异常情况描述栏内注明异常现象并通知实训教师。
2)只要使用设备,必须在实训教师指导下进行每天点检。
3)如果设备一周都不使用,可以只进行每周点检。
4)每次实训结束由实训教师收集此表,交实训室管理教师复核后保存。

表 3-4 焊工区域 6S 检查表

名称	序号	检查内容	学年 第 学期 第 周						
			星期一	星期二	星期三	星期四	星期五	星期六	星期日
（一）整理	1	通道畅通、整洁							
	2	工作场所的设备、物料堆放整齐，不放置不必要的物品							
	3	教学区保持整齐，没有摆放无关物品							
（二）整顿	4	机器设备定期保养，摆放整齐，处于最佳状态							
	5	各工具摆放位置正确							
（三）清扫	6	焊工区域地面上每天下班前打扫后无边角余料和杂物、废物							
	7	弧焊机上无可见杂物，保持干净							
（四）清洁	8	实训区整体保持整洁、美观							
（五）素养	9	教师和学生按要求着装，戴好防护用品							
	10	不随地吐痰，不随便乱丢垃圾							
	11	不在实训区域内进食（如早餐、零食等）							
	12	实训区域内保持正常教学秩序，无大声喧哗和无故走动现象							
	13	下课后学生主动开展 6S 管理，教师锁好门窗，关闭电气设备							
（六）安全	14	不佩戴饰物（如耳环、戒指、项链、手表等）；不涂指甲油，指甲长度不超过 0.2cm							
	15	正确穿戴工作服、工作鞋、工作帽（头发不外露），观察电弧时，必须使用带有滤光镜的头罩或手持面罩							
	16	工作前或离岗返回后洗手并消毒；无皮肤破损人员正在从事直接接触产品工作							
	17	遵守安全操作规程，保障生产正常进行，不损坏公物							
学生检查人员签名				教师检查签名					

2. 考核评价

本任务的评分标准见表 3-5。

表 3-5 平敷焊接评分标准

评价内容	考核项目	考核要求	配分	评分标准	得分
知识评价（线上）	平敷焊接的工具认知和焊接工艺	1. 熟悉焊条的组成和分类 2. 熟悉焊接工艺	25	1. 不能介绍焊接工具，每项扣 2 分 2. 不熟悉焊接工艺，每项扣 2 分	
技能评价（线下）	焊接质量	1. 电流选择正确 2. 起焊连接处质量 3. 焊缝高度符合要求 4. 焊缝宽度符合要求 5. 焊缝表面平整、波纹均匀、焊缝平直 6. 焊缝表面无气孔、夹渣、焊瘤、裂纹、未熔合现象 7. 收尾要填满弧坑 8. 安全文明操作、焊件清理	50	1. 电流选择不正确，扣 5 分 2. 起焊连接处不平滑，有局部过高现象，扣 5 分 3. 焊缝高度不达标，扣 5 分 4. 焊缝宽度不达标，扣 5 分 5. 焊缝表面不平整、波纹不均匀、焊缝不平直，扣 5 分 6. 焊缝表面有气孔、夹渣、焊瘤、裂纹、未熔合现象，扣 5 分 7. 收尾未填满弧坑，扣 5 分 8. 未按安全文明操作、焊件未清理，扣 5 分	
职业素养	学习和劳动态度	态度认真、虚心好学、埋头苦干	5	做与课堂无关的事情，扣 1 分 / 次	
	工作与职业操守	规范着装，安全文明操作，无事故隐患和事故苗头	5	1. 违反安全生产规程，视情节扣 1~5 分 2. 违反文明操作规程，视情节扣 1~5 分 3. 着装不规范，扣 1 分 / 次	
	团队合作精神	具有良好的团队合作精神，热心帮助小组其他成员	5	不团结同学，扣 1 分 / 次	
	现场 6S 管理	能够按照 6S 管理正确整理现场	5	未按照 6S 管理整理现场，扣 1 分 / 处	
	出勤	遵守实训制度，无迟到、早退、请假	5	迟到、早退、请假，扣 1 分 / 次	
合计			100		

文明和安全操作

1）严格遵守《焊工安全操作规范》，熟记并且遵守《焊接作业安全操作规程》。

2）金属焊接作业人员，必须经专业的安全技术培训，工作前必须穿好工作服，戴好工作帽、手套，穿好劳保鞋。工作服口袋应盖好，并扣好纽扣。工作时用面罩。

3）起动电焊机前检查电焊机和刀开关，确认外壳接地是否良好。检查焊接导线的绝缘是否良好。在潮湿地区工作，应穿胶鞋或用干燥木板垫脚。

4）每隔 3 个月对电焊机进行一次检查，保障设备及性能良好。

焊接作业安全操作规程

5）搬动电焊机要轻，以免损坏其线路及部件。

6）高空焊接时，必须系好安全带，焊接下方须放遮板，以防火星落下引起火灾或灼伤他人。

7）拆卸或修理电焊设备的一次线，一般应由电工进行。必须由焊工自己修理时，应切断电源后才能进行。

8）焊接中停电，应立即关闭电焊机。工作完毕后应立即关闭电焊机，断开电源。

9）清除焊渣敲击时，应戴眼镜或用面罩挡住，以免焊渣溅入眼内或灼伤皮肤。

10）为了安全和延长电焊机的使用寿命，调节电流时，应在电焊机空载状态下进行。

11）焊条不准乱放，焊条头不能乱丢，注意现场整洁。

12）工作完毕，必须切断电源，收好所用的工具。

拓展知识

电弧稳定性

电弧稳定性是指电弧保持稳定燃烧（不产生断弧、漂移和电弧偏吹等）的程度。电弧的稳定燃烧是保证焊接质量的一个重要因素，因此，维持电弧稳定性是非常重要的。电弧不稳定的原因有除操作人员技术不熟练外，还与下列因素有关。

1. 焊接电源

1）焊接电源的特性。若焊接电源的特性符合电弧燃烧的要求，则电弧燃烧稳定。焊条电弧焊时，电源必须提供一种能与电弧静特性相匹配的外特性才能保证电弧稳定燃烧。

2）焊接电源的种类。用直流电源焊接时，电弧燃烧比采用交流电源稳定。这是因为直流电弧没有方向的改变。

3）焊接电源的空载电压。具有较高空载电压的焊接电源不仅引弧容易，而且电弧燃烧也稳定。

2. 药皮

药皮中有少量的低电离能的物质（如 K、Na、Ca 的氧化物），能增加电弧气氛中的带电粒子。酸性药皮中的成形剂与造渣剂都含有云母、长石、水玻璃等低电离能的物质，因而能保证电弧的稳定燃烧。另外，药皮偏心和焊条保存不好造成的药皮局部脱落等，使得焊接过程中电弧气体吹力在电弧周围分布不均，电弧稳定性也将下降。

3. 焊接电流

焊接电流大，电弧的温度就高，则电弧气氛中的电离程度和热发射作用就强，电弧燃烧也就稳定。

4. 电弧偏吹

电弧在其自身磁场作用下具有电弧挺度，使电弧尽量保持在焊条的轴线方向上，即使当焊条与焊件有一定的倾角时，电弧仍保持指向焊条轴线方向而不垂直于焊件表面，如图 3-18 所示。但在实际焊接中，由于多种因素的影响，电弧周围磁力线均匀分布的状况被破坏，使电弧偏离焊条轴线方向，这种现象称为电弧偏吹，如图 3-19 所示。一旦产生电弧偏吹，电弧轴线就难以对准焊缝中心，会造成电弧的不稳定，导致焊缝成形不规则，影响焊接质量。

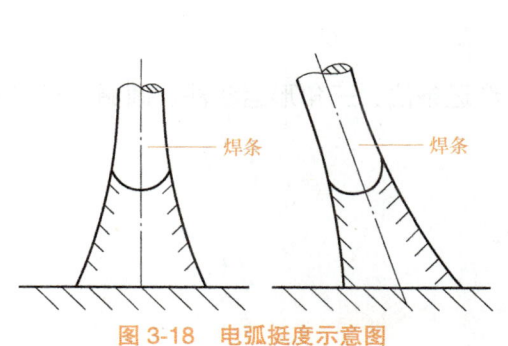

图 3-18　电弧挺度示意图

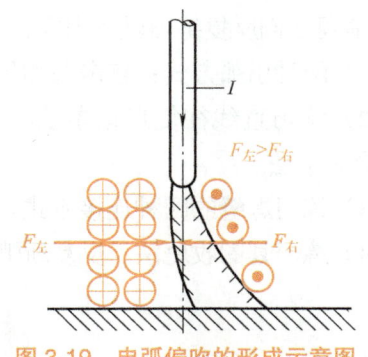

图 3-19　电弧偏吹的形成示意图

引起电弧偏吹的根本原因是电弧周围磁场分布不均匀，致使电弧两侧产生的电磁力不同。焊接时引起磁力线分布不均匀的主要原因如下。

1）导线接线位置。导线接在焊件的一侧，焊接时电弧左侧的磁力线由两部分叠加组成：一部分由电流通过电弧产生；另一部分由电流通过焊件产生。而电弧右侧磁力线仅由电流通过电弧本身产生，所以电弧两侧受力不平衡，偏向右侧。

2）电弧附近的铁磁物体。当电弧附近放置铁磁物体（如钢板）时，因铁磁物体磁导率大，磁力线大多通过铁磁物体形成回路，使铁磁物体一侧磁力线变稀，造成电弧两侧磁力线分布不均匀，产生电弧偏吹，进而电弧偏向铁磁物体一侧。

在实际操作中，为减弱电弧偏吹的影响，可优先选用交流电源；采用直流电源时，则在焊件两端同时接地线，以消除导线接线位置不对称所带来的电弧偏吹，并尽可能在周围没有铁磁物体的地方焊接。同时在操作时应压短电弧，使焊条向电弧偏吹的反方向倾斜，这也是减弱电弧偏吹影响的有效措施。

5. 其他影响因素

电弧长度对电弧稳定性也有较大的影响。如果电弧太长，电弧就会发生剧烈摆动，从而破坏焊接电弧的稳定性，而且飞溅也增大。焊接处如有油漆、油脂、水分和秀层等时，也会影响电弧稳定性。此外，强风、气流等因素也会造成电弧偏吹，同样会使电弧燃烧不稳定。

【自我探索】

在焊接实训过程中，你注意观察电弧的稳定情况吗？如有断弧、漂移或电弧偏吹等情况，应该如何处理？

_____
_____
_____
_____
_____
_____

拓展训练

请同学们反复练习以下内容：

1）两种引弧方式：直击法和划擦法。

2）练习直线往复形运条法、锯齿形运条法、月牙形运条法、三角形运条法、圆圈形运条法和8字形运条法。

3）练习焊缝的四种连接方式。

4）练习划圈收尾法、反复断弧收尾法和回焊收尾法。

任务2 平对接焊

知识树

平对接焊知识树及职业素质培养如图 3-20 所示。

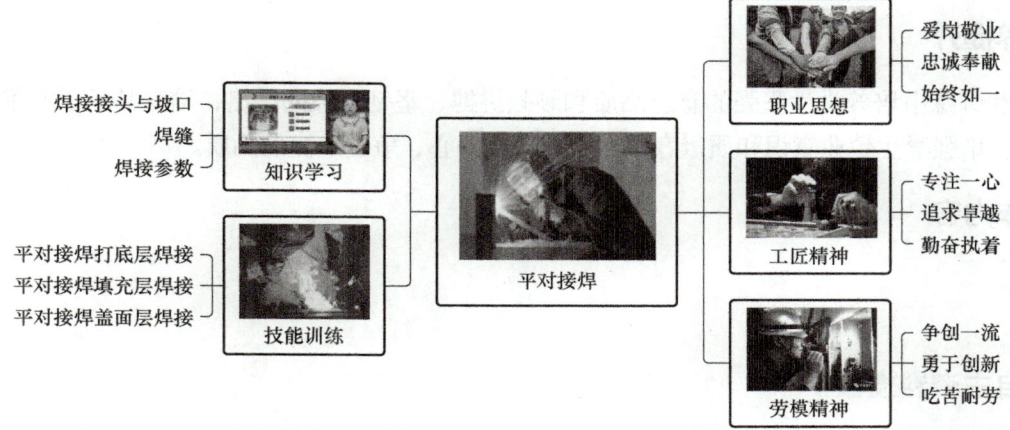

图 3-20 平对接焊知识树及职业素质培养

 任务描述

平对接焊是指在平焊位置上焊接对接接头的一种焊接方法。平对接焊操作中容易产生夹渣、未焊透、表面焊缝熔合不好等焊接缺陷。在实际生产中，当板厚小于 6mm 时，一般采用 I 形坡口平对接焊；当板厚大于 6mm 时，一般采用 V 形或 X 形坡口进行多层焊。本任务主要进行 I 形坡口平对接双面焊和 V 形坡口平对接单面焊双面成形操作技能的训练。单面焊双面成形操作技术是采用普通焊条，以特殊的操作方法，在坡口的正面焊接，焊后保证坡口正、反两面都能得到满足要求的焊缝的一种操作方法，是一项在压力管道和锅炉压力容器焊接中焊工必须掌握的操作技术。本任务所用焊件分别如图 3-21 和图 3-22 所示。

平对接焊介绍

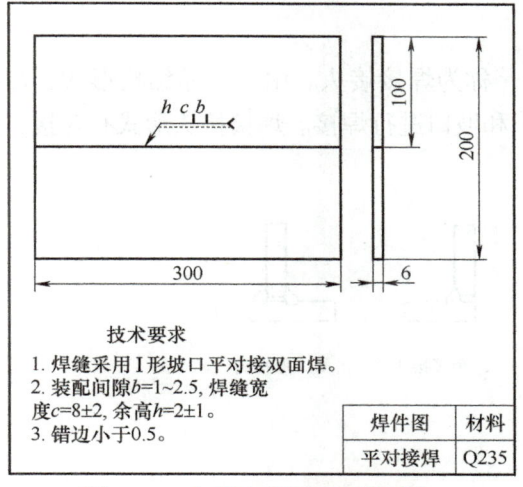

技术要求
1. 焊缝采用 I 形坡口平对接双面焊。
2. 装配间隙 $b=1\sim2.5$，焊缝宽度 $c=8\pm2$，余高 $h=2\pm1$。
3. 错边小于 0.5。

焊件图	材料
平对接焊	Q235

图 3-21 I 形坡口平对接焊图样

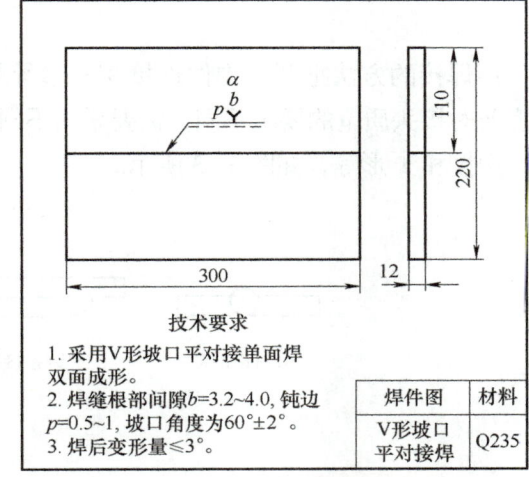

技术要求
1. 采用 V 形坡口平对接单面焊双面成形。
2. 焊缝根部间隙 $b=3.2\sim4.0$，钝边 $p=0.5\sim1$，坡口角度为 $60°\pm2°$。
3. 焊后变形量 ≤3°。

焊件图	材料
V 形坡口平对接焊	Q235

图 3-22 V 形坡口平对接焊图样

 任务要求

1. 掌握平对接双面焊平对接单面焊双面成形的操作要领。
2. 会选择平对接焊的焊接参数。
3. 掌握 V 形坡口平对接焊的技术要求及操作要领。
4. 按《焊接环境保护及焊接安全操作规程》和焊接工艺要求完成焊接操作，制作合格的焊件。
5. 能准确评估和检测焊缝的质量及性能。

素养提升

在实践训练中培养学生坚强的意志品质和顽强拼搏、坚韧不拔的品格，培养其勇于奉献和勇于创新的精神。增强学生敬业意识和质量意识，培养专注一心、争创一流的品质。

 工作内容

工作一　知识学习

【自主资料搜集】

焊接过程中容易出现咬边、凹陷、气孔、夹渣、焊瘤和未焊透等缺陷，请大家上网搜集以上缺陷的图片，认识各种缺陷，查明产生缺陷的原因和预防措施。

_____
_____
_____
_____
_____

【专业知识学习】

一、焊接接头与坡口

1. 焊接接头

用焊接的方法把两个焊件连接在一起所形成的接头，称为焊接接头。由于产品结构形式、焊件厚度及对接头质量的要求不同，需要采用不同形式的接头和坡口进行焊接。焊接接头形式有对接、搭接、角接和T形等，如图3-23所示。

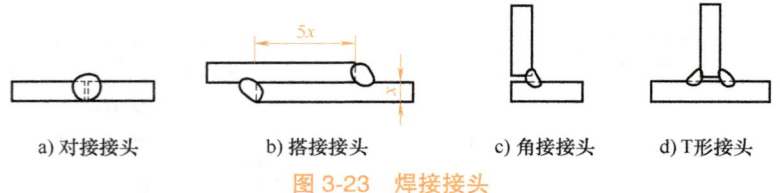

a) 对接接头　　b) 搭接接头　　c) 角接接头　　d) T形接头

图3-23　焊接接头

2. 坡口

坡口是根据设计或工艺需要，在焊件的待焊部位加工并装配成一定几何形状的沟槽，其目的在于使焊接容易进行，电弧能沿板厚熔覆一定深度，保证接头根部焊透，并获得良好的焊缝成形。

（1）坡口的几何尺寸

1) 坡口面：焊件上的坡口表面称为坡口面，如图3-24所示。坡口的几何尺寸如图3-25所示。

2) 坡口面角度和坡口角度：焊件表面的垂直面与坡口面之间的夹角称为坡口面角度，两坡口面之间的夹角称为坡口角度。开单面坡口时，坡口角度等于坡口面角度；开双面对称坡口时，坡口角度等于两倍的坡口面角度。

3) 根部间隙：焊接前在接头根部之间预留的空隙，称为根部间隙。如图3-25所示。根部间隙的作用是保证焊接打底焊缝时根部被焊透。

4) **钝边**（俗称留根）：焊件开坡口时，沿焊件厚度方向未开坡口的端面部分，称为钝边。钝边的作用是防止根部被焊穿。

5) **根部半径**：在 V 形、U 形坡口中，其底部的半径称为根部半径。根部半径的作用是增大坡口根部的空间，使焊条能伸入根部，以确保根部焊透。

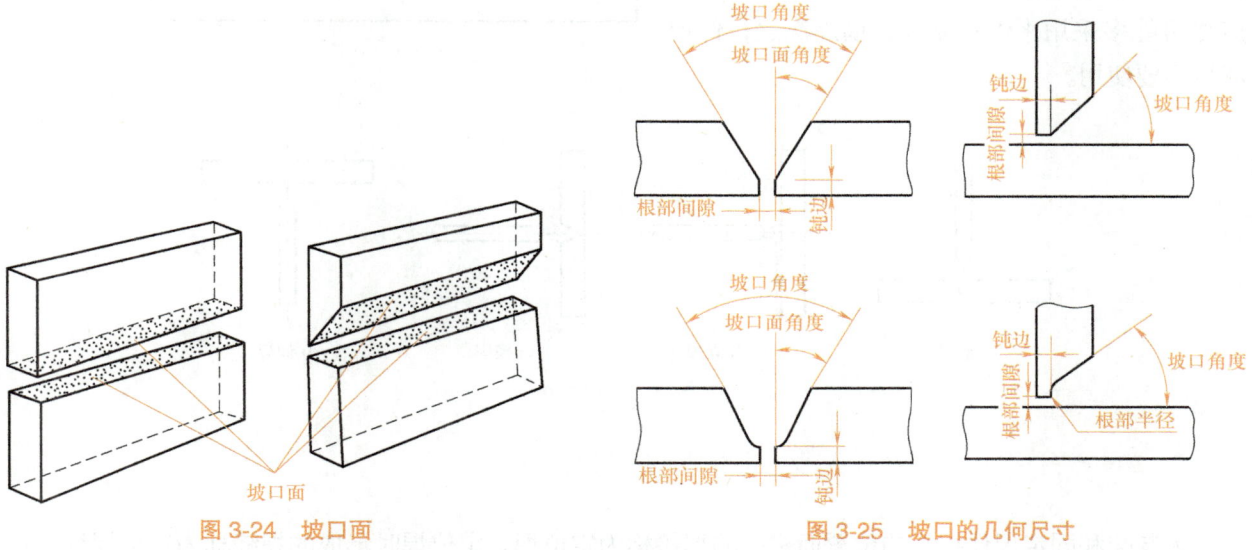

图 3-24 坡口面　　　　　　图 3-25 坡口的几何尺寸

（2）坡口形式

焊接坡口形式有 I 形坡口、V 形坡口、U 形坡口、X 形坡口等多种。常见焊条电弧焊接头的坡口形式和尺寸如图 3-26 所示。对焊件厚度小于 6mm 的焊缝，可以不开坡口形成 I 形焊缝；中厚度和大厚度板对接焊，为保证熔透，必须开坡口。V 形坡口便于加工，但焊后易发生变形；X 形坡口可以避免 V 形坡口的一些缺点，同时可减少填充材料；U 形及双 U 形坡口，其焊缝填充金属量更少，焊后变形也小，但坡口加工困难，一般用于重要焊接结构。

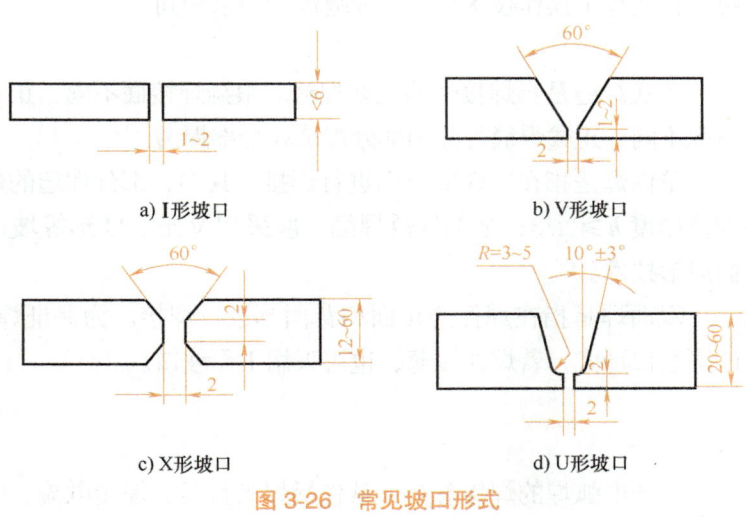

图 3-26 常见坡口形式

二、焊缝

1. 焊缝的组成及其形状尺寸

焊件经焊接后所形成的结合部分称为焊缝，主要由焊波、焊趾和弧坑组成，如图 3-27 所示。焊波是焊缝表面上的鱼鳞状波纹，焊趾是焊缝表面与母材的交界处，弧坑是焊接收尾处（焊缝终端）形成的低于焊缝高度的凹陷坑。

焊缝的主要形状尺寸有余高、熔宽和熔深，如图 3-27 所示。余高是超出母材表面并在焊趾连线上面的那部分焊缝金属的高度，熔宽是焊缝横截面上两焊趾之间的距离，熔深是焊接接头横截面上母材熔化的深度。

2. 焊接位置

焊接位置是指焊接时焊缝所处的空间位置，可分为平焊、立焊、横焊和仰焊，如图3-28所示。其中，平焊操作简单，劳动条件较好，生产率较高，焊缝质量容易保证。因此焊接时，应尽可能多采用平焊；立焊、横焊次之；仰焊尽量不要使用。

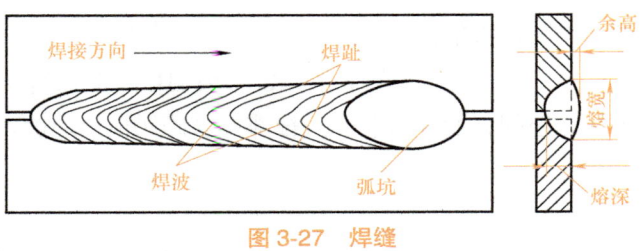

图 3-27 焊缝

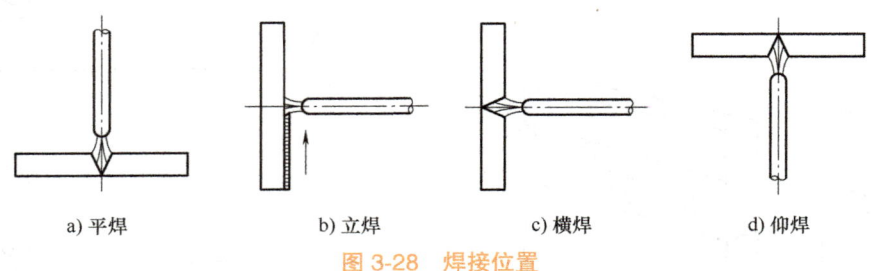

a) 平焊　　b) 立焊　　c) 横焊　　d) 仰焊

图 3-28 焊接位置

3. 定位焊缝与正式焊缝

（1）定位焊缝

为装配和固定焊件接头的位置而进行的焊接称为定位焊。定位焊时形成的焊缝称为定位焊缝。定位焊缝一般比较短，焊缝质量不够稳定，容易产生各种焊接缺陷。在焊接定位焊缝时，所用焊条、焊接工艺及焊工操作技术与正式焊缝焊接要求相同。

（2）正式焊缝

正式焊缝是指焊接时的主要焊缝。根据焊接面不同，正式焊缝可分为单面焊和双面焊；根据焊透情况不同，正式焊缝可分为部分焊透和全部焊透。

单面焊是指在焊件的一面进行焊接。其中，部分焊透的焊缝大多采用Ⅰ形坡口，板厚 $t<6mm$ 时，焊缝厚度 $h \geq 2t/3$；全部焊透焊缝一般采用V形、U形等坡口形式，板厚 $t \geq 3mm$ 时，采用单面焊双面成形技术。

双面焊是指在焊件的正面和背面都进行焊接。为保证焊透性，较厚的焊件一般采用X形或双面U形坡口形式，若焊件较薄，也可采用Ⅰ形坡口。

三、焊接参数

焊条电弧焊的焊接参数通常包括焊条直径、焊接电流、电弧电压、焊接速度、焊接层数等。焊接参数选择得正确与否，直接影响焊缝形状、尺寸、焊接质量和生产率。

（1）焊条直径

焊条直径一般根据焊件厚度选择。一般情况下焊条直径的选择见表3-6。在板厚相同的条件下，平焊所选用的焊条直径应比其他位置大一些，立焊、横焊和仰焊应选用直径较小的焊条，一般不超过4.0mm。

表 3-6　一般情况下焊条直径的选择

焊件厚度 /mm	2	3	4~5	6~12	>13
焊条直径 /mm	2	3.2	3.2~4	4~5	4~6

（2）焊接电流

选择焊接电流时，应根据焊条类型、焊条直径、焊件厚度、接头形式、焊接位置和焊接层数等因素综合考虑。如果焊接电流过小，会使电弧不稳，造成未焊透、夹渣及焊缝成形不良等缺陷。反之，焊接电流过大，易造成咬边、焊穿、焊件变形、飞溅大，也会使焊接接头的组织由于过热而发生变化。所以，焊接时要合理选择焊接电流。焊接电流和焊条直径的关系见表 3-7。

表 3-7 焊接电流和焊条直径的关系

焊条直径 /mm	1.6	2.0	2.5	3.2	4	5	6
焊接电流 /A	25~40	40~65	50~80	100~130	160~210	200~270	260~300

（3）电弧电压

电弧电压是指电弧两端（两极）之间的电压。电弧电压主要由电弧长度来决定：电弧长，电弧电压高；电弧短，电弧电压低。在焊接过程中，应尽量使用短弧焊接。立焊、仰焊时弧长应比平焊更短些，以利于熔滴过渡，防止熔化金属下坠。用碱性焊条焊接时应比用酸性焊条电弧短些，以利于电弧的稳定和防止产生气孔。

（4）焊接速度

焊接速度直接影响焊接生产率，但在焊接过程中焊接速度应该均匀适当，既要保证焊透又要保证不焊穿，同时还要使焊缝宽度和余高符合设计要求。如果焊接速度过快，熔化能量不够，易造成未熔合、焊缝成形不良等缺陷；如果焊接速度过慢，会使高温停留时间增长，热影响区宽度增加，焊接接头的晶粒变粗，力学性能降低，同时使焊件变形量增大，在焊接较薄焊件时，易烧穿。

（5）焊接层数

在焊件厚度较大时，往往需要进行多层焊。对质量要求较高的焊缝，每层厚度最好不大于 4mm。焊接层数主要根据焊件厚度、焊条直径、坡口形式和根部间隙等来确定，可做如下近似估算

$$n=\frac{t}{d}$$

式中　n——焊接层数；

　　　t——焊件厚度（mm）；

　　　d——焊条直径（mm）。

总之，在保证不焊穿和成形良好的条件下，应尽量采用较大的焊条直径和焊接电流，并适当提高焊接速度，以提高生产率。

工作二　自我检验

1）焊接接头有哪些形式？

2）焊缝有哪些形式？

3）焊件坡口有哪些形式？

工作三 技能训练

1. 工作任务分析

1）焊件厚度小于 6mm 时，通常采用不开坡口的平对接焊，此时宜用直径为 3~4mm 的焊条进行短弧焊接，并使熔池深度达到板厚的 2/3，焊缝宽度达到 5~8mm，施焊运条方法为直线形；当焊件厚度大于 6mm 时，则应采用开坡口的平对接焊，分为多层焊或多层多道焊。

2）单面焊要控制好焊件变形，解决措施是采用反变形法，反变形量需恰当。

由于 V 形坡口具有不对称性，只在一侧焊接时，焊缝在厚度方向收缩不均，钢板会向上翘起，产生角变形，如图 3-29a 所示。一般要求变形角控制在 3° 以内。

通常采用反变形法来预防焊后的角变形，即焊前将组对好的焊件向焊后角变形的相反方向折弯一定的反变形量，如图 3-29b 所示。反变形量一般凭经验确定：将一水平尺置于焊件两侧（钢板厚度为 6mm 时），中间的空隙刚好放置一根直径为 3.2mm 的焊条（包括药皮）并能通过，则反变形量恰当。

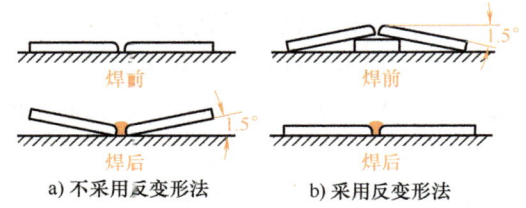

图 3-29 不采用和采用反变形法焊接前后对比

3）打底层是单面焊双面成形的关键层，打底层熔孔不易观察和控制，焊缝背面易造成未焊透或未熔合；在电弧吹力和熔化金属重力作用下，背面易产生焊瘤或焊缝超高等缺陷。要想得到合格的焊缝外观，在装配时要留有合适的装配间隙，同时在操作时操作者要有正确的操作手法和技能。

打底层的焊接质量直接关系到单面焊双面成形焊件的背面焊缝是否符合技术要求。其焊接通常采用连弧法或断弧法。

① 连弧法：起焊时，首先在定位焊缝上引弧，电弧引燃后稍作摆动进行预热，然后将电弧移动到定位焊缝与坡口根部相连处，压低电弧，稍作停顿；当坡口根部金属熔化并击穿时，迅速将焊条拉起至正常弧长并向前施焊。施焊过程中，应采用短弧焊，严格控制弧长，运条速度要保持均匀，应使电弧的 1/3 在熔池前，以熔化并击穿根部，形成熔孔；电弧的 2/3 覆盖在熔池上，以保护熔池金属。

② 断弧法：起焊时，在定位焊缝上划擦引弧，并沿直线运条至定位焊缝与坡口根部相接处，以稍长的电弧在该处摆动 2~3 个来回进行预热，然后压低电弧，当焊至定位焊尾部时，将焊条下压，听到"噗噗"声后立即熄弧，此时熔池前端应有熔孔，其深入两侧母材 0.5~1mm，如图 3-30 所示。每次引弧的位置在坡口某一侧压住熔池 2/3 的地方，电弧引燃后立即向坡口另一侧运条，在另一侧稍作停顿后，迅速转动手腕，抬起焊条熄灭电弧。

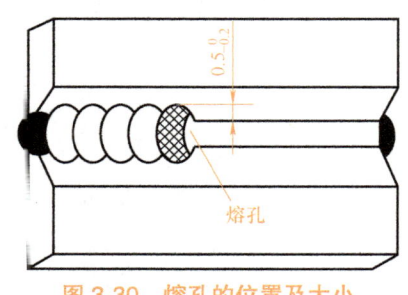

图 3-30 熔孔的位置及大小

2. 任务实施

根据表 3-8 的操作步骤完成各项实际操作。

表 3-8 平对接焊操作步骤

序号	操作步骤	操作要领				学员检查并填写
1	设备检查	采用 ZX7-400E 逆变式直流手工弧焊机，各项准备、检查工作同本项目任务 1				
2	工、量具及备件准备	焊条、电焊钳、电焊帽、电焊手套、敲渣锤、钢丝刷、砂纸、角向磨光机、焊条烘干箱、錾子、钢直尺、焊缝检验尺等辅助工具和量具 准备尺寸为 300mm×100mm×6mm 的 Q235 钢板两块，在接头处开 I 形坡口 准备尺寸为 300mm×110mm×12mm 的 Q235 钢板两块，在接头处开 V 形坡口				
3	焊接参数	焊接层次	焊条及其直径/mm	焊接电流/A	电源极性	
		打底层	E4303 型 ϕ3.2	95~110	直流反接	
		填充层	E4303 型 ϕ4.0	160~180		
		盖面层	E4303 型 ϕ4.0	140~160		
4	I 形坡口平对接焊操作	焊前准备：修磨 I 形坡口，清理焊件的坡口表面和坡口两侧各 20mm 范围内的铁锈、油污和水分等 焊件组对时应保证两板对接处平齐，间隙为 1~2.5mm，无错边。在钢板两端先焊一段长 10~15mm 的焊缝，以固定两块钢板的相对位置（定位焊），焊后将焊渣清除干净 保证正面焊缝的熔深达到板厚的 2/3。正面焊完后，将焊件翻转，将焊渣清理干净。焊接背面焊缝时，可适当加大焊接电流，保证与正面焊缝内部熔合，避免产生未焊透现象 采用直线运条法或直线往复运条法，运条速度应稍慢或使焊条做微量摆动，以获得较大的熔深和焊缝宽度				
5	V 形坡口平对接焊操作	将开成 V 形坡口的焊件表面清理干净，露出金属光泽，然后锉削钝边，使尺寸为 0.5~1.5mm 将两块钢板组合成 V 形坡口的对接接头，起焊处的根部间隙为 3.2mm，终焊处为 4mm（组合时可分别将直径 3.2mm 和 4mm 的焊芯放在焊件两端）。将组对好间隙的焊件在距端头 20mm 处进行定位焊，定位焊缝长 10~15mm。预置反变形量小于 3° 打底层焊：在引弧位置进行打底层施焊时，在焊件左端定位焊缝的起焊处引弧，稍作停顿预热，横向摆动向右施焊，电弧到达定位焊右侧前沿时，下压焊条，将坡口根部熔化并击穿，这时注意"耳到"（听击穿孔"噗噗"的声音）和"眼到"（观察熔孔的形状） 可通过改变焊接速度、摆动频率和焊条角度来控制熔孔的大小。为保证背面宽度与高度基本一致，电弧熔化趾口每侧为 0.5mm。熔孔过大时，焊条倾斜角稍大，应向坡口两侧增大摆幅宽度来降低趾口温度，避免产生焊瘤、背面过高。熔孔过小时，将焊条压至趾口根部，用电弧的温度击穿趾口，通过肉眼观察熔孔大小，熔化趾口 0.5mm 后开始正常焊接，避免产生未焊透现象 填充层焊：填充层施焊前，先清除前道焊缝的焊渣、飞溅，并将焊缝接头的过高部分打磨平整。焊接时，焊条与焊件垂直，并后倾 55°~70°，采用月牙形或锯齿形运条，运条时焊缝中间稍快，坡口两侧稍作停顿，保证焊缝与坡口良好熔合。焊条摆动弧度应大些，在坡口两侧停留时间稍长，以保证焊道平整并略下凹，最后一道填充层焊缝表面应低于母材表面 0.5~1.5mm 盖面层焊：采用月牙形或锯齿形运条，注意摆动的幅度和间距要保持一致，并注意与坡口两侧的熔合，防止咬边和未熔合等缺陷，使焊缝外观成形良好 盖面时摆动幅度比填充层稍大，摆动要均匀，使铁液覆盖坡口原始棱边，每侧为 1~1.5mm 若填充层与母材高度一致，则应将焊条垂直于焊件，摆动速度稍快，从而降低盖面高度 当焊接至末端收弧时，由于温度较高，为避免产生未焊满等缺陷，应用画圆圈法焊满弧坑				
6	焊件检测	自我检查焊缝宽度、焊缝余高、焊缝成形、焊缝高低差、起焊熔合等项目				
7	工作时的 6S 要求	自我检查工具的摆放、焊渣和焊条头的处理、焊接工位的清理、周围环境的清理情况				
8	安全要求	使用必要的挡风设备及换气设备；焊接场所 10m 内不得放易燃易爆物品；须佩戴保护性眼镜和手套				

平对接焊实操微课

工作四 总结与反馈

1. 填写 TPM 和 6S 表格
完成表 3-3 焊接 TPM 每日点检表和表 3-4 焊接区域 6S 检查表的填写。

2. 考核评价
本任务的评分标准见表 3-9。

表 3-9 平对接焊评分标准

评价内容	考核项目	考核要求	配分	评分标准	得分
知识评价（线上）	焊接基础知识	熟悉焊接工具	15	不熟悉焊接工具，扣 2 分/次	
技能评价（线下）	Ⅰ形坡口平对接焊焊接质量	1. 焊件清理干净，定位焊正确 2. 焊接参数调整正确 3. 焊缝余高 0~3mm，余高差≤2mm 4. 焊缝宽度 6~10mm，宽度差≤3mm 5. 焊后角变形≤3° 6. 咬边深度≤0.5mm 7. 焊缝表面应为原始状态，无加工、补焊、返修焊，焊缝表面不允许有气孔、夹渣、焊瘤、裂纹、未熔合、未焊透等缺陷	30	1. 有一项不符合要求，扣 2 分 2. 有一项不符合要求，扣 2 分 3. 有一项不符合要求，扣 2 分 4. 超差扣 2 分 5. 超差扣 2 分 6. 深度≤0.5mm，每长 5mm 扣 2 分 7. 焊缝表面有加工、补焊、返修焊现象，焊缝表面有气孔、夹渣、焊瘤、裂纹、未熔合，一项扣 5 分	
	V 形坡口平对接焊焊接质量	1. 焊件清理干净，定位焊正确 2. 焊接参数调整正确 3. 正面焊缝余高≤3mm，背面焊缝余高≤2mm 4. 正面焊缝余高差≤2mm 5. 焊缝宽度差≤2mm 6. 正面焊缝每侧比坡口增宽≤2.5mm 7. 焊后角变形≤3° 8. 咬边深度≤0.5mm 9. 焊缝边缘直线度误差≤2mm 10. 焊缝表面应为原始状态，无加工、补焊、返修焊，焊缝表面不允许有气孔、夹渣、焊瘤、裂纹、未熔合、未焊透等缺陷	30	1. 有一项不符合要求，扣 2 分 2. 有一项不符合要求，扣 2 分 3. 有一项不符合要求，扣 2 分 4. 超差扣 2 分 5. 超差扣 2 分 6. 超差扣 2 分 7. 超差扣 2 分 8. 超差扣 2 分 9. 超差扣 2 分 10. 焊缝表面有加工、补焊、返修焊现象，焊缝表面有气孔、夹渣、焊瘤、裂纹、未熔合，一项扣 5 分	
职业素养	学习和劳动态度	态度认真、虚心好学、埋头苦干	5	做与课堂无关的事情，扣 1 分/次	
	工作与职业操守	规范着装，安全文明操作，无事故隐患和事故苗头	5	1. 违反安全生产规程，视情节扣 1~5 分 2. 违反文明操作规程（工具、器材的摆放不规范；不清理现场），扣 1~5 分 3. 着装不规范，扣 1 分/次	
	团队合作精神	具有良好的团队合作精神，热心帮助小组其他成员	5	不团结同学，扣 1 分/次	
	现场 6S 管理	能够按照 6S 管理正确整理现场	5	未按照 6S 管理整理现场，扣 1 分/处	
	出勤	遵守实训制度，无迟到、早退、请假	5	迟到、早退、请假，扣 1 分/次	
		合计	100		

文明和安全操作

焊工工具的使用注意事项如下。

1）**焊钳**。焊接前应检查焊钳与焊接电缆接头处是否牢固。两者接触不牢固，焊接时将影响电流的传导，甚至会引起电火花；两者接触不良，将使接头处产生较大的接触电阻，造成焊钳发热、变烫，影响焊工的操作，因此要检查钳口是否完好、有无破损，以免影响焊条的夹持。

2）**面罩和护目镜**。主要检查面罩和护目镜是否遮挡严密，有无漏光的现象。

3）**角磨机（角向磨光机）**。要检查砂轮转动是否正常，有没有漏电的现象；砂轮片是否已经紧固，是否有裂纹、破损，要杜绝在使用过程中砂轮碎片飞出伤人。

4）**锤子**。要检查锤头是否松动，避免在使用过程中锤头甩出伤人。

5）**扁铲、錾子**。应检查其边缘有无毛刺、裂纹，若有应及时清除，防止使用中碎块飞出伤人。

6）**夹具**。要检查各类夹具，特别是带有螺钉的夹具，其上的螺钉是否转动灵活，若已锈蚀则应除锈，并加以润滑，否则使用中会失去作用。

 拓展知识

焊缝符号

在图样上标注焊缝形式、焊缝尺寸及焊接方法的符号称为焊缝符号。根据 GB/T 324—2008《焊缝符号表示法》，完整的焊缝符号包括基本符号、指引线、补充符号、尺寸符号和数据等。为了简化，在图样上标注焊缝时，通常只采用基本符号和指引线，其他内容一般在有关文件（如焊接工艺规程）中明确。

1. 基本符号

基本符号是表示焊缝横截面形状的符号，常见的基本符号见表 3-10。

表 3-10 焊缝基本符号

序号	焊缝名称	焊缝形式	基本符号	序号	焊缝名称	焊缝形式	基本符号
1	卷边焊缝（卷边完全熔化）		八	7	封底焊缝		⌣
2	I 形焊缝		‖	8	角焊缝		△
3	V 形焊缝		∨	9	塞焊缝或槽焊缝		⊓
4	单边 V 形焊缝		∨	10	点焊缝		○
5	带钝边 V 形焊缝		Y	11	缝焊缝		⊖
6	带钝边 U 形焊缝		∪	12	堆焊缝		ᨏ

2. 补充符号

补充符号是为了补充说明焊缝和接头的某些特征而使用的符号，见表 3-11。

表 3-11　焊缝补充符号

序号	名称	符号	说明
1	平面	—	焊缝表面通常经过加工后平整
2	凹面	⌣	焊缝表面凹陷
3	凸面	 ⌢	焊缝表面凸起
4	圆滑过渡		焊趾处圆滑过渡
5	永久衬垫	 M	衬垫永久保留
6	临时衬垫	 MR	衬垫在焊接完成后拆除
7	三面焊缝	⊐	三面带有焊缝
8	周围焊缝	○	沿着焊件周围施焊的焊缝 标注位置为基准线与箭头的交点处
9	现场焊缝	 ⚑	在现场焊接的焊缝
10	尾部	<	可以表示所需信息

3. 焊缝尺寸符号

焊缝尺寸符号是表示坡口和焊缝特征尺寸的符号，见表 3-12。

表 3-12　焊缝尺寸符号

符号	名称	示意图	符号	名称	示意图
δ	工件厚度	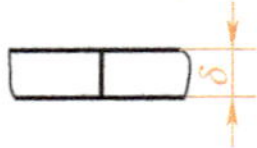	c	焊缝宽度	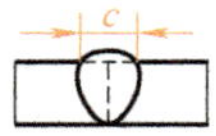
α	坡口角度	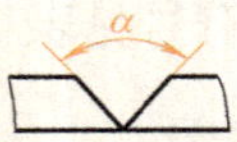	R	根部半径	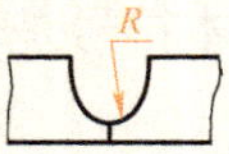
b	根部间隙	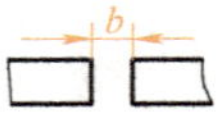	l	焊缝长度	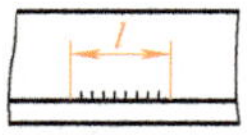
p	钝边	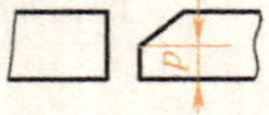	n	焊缝段数	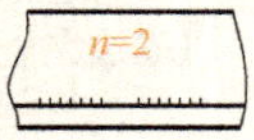
e	焊缝间距	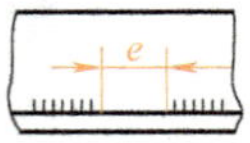	N	相同焊缝数量	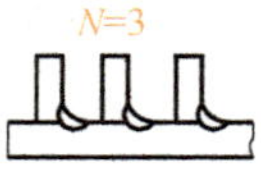
K	焊脚尺寸	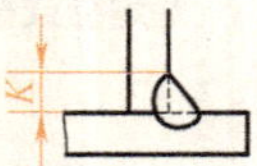	H	坡口深度	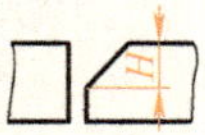
d	点焊：熔核直径 塞焊：孔径	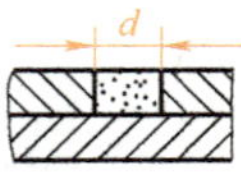	h	余高	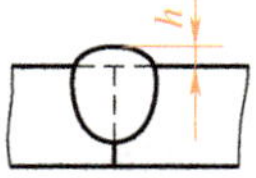
S	焊缝有效厚度	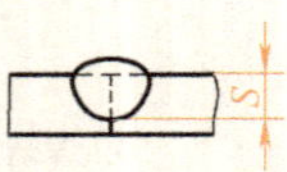	β	坡口面角度	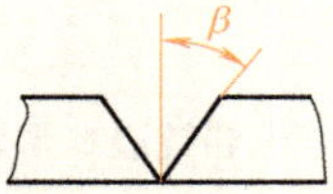

4. 指引线

指引线一般由带有箭头的箭头线和两条基准线（一条为实线，另一条为虚线）两部分组成，如图 3-31 所示。必要时可在基准线的实线末端加注尾部符号，以说明其他信息，如焊接方法等。

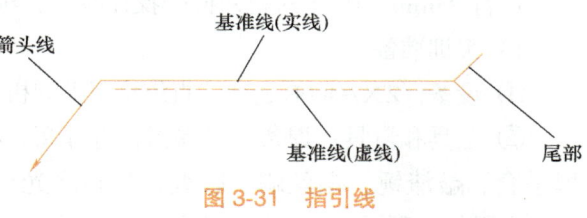

图 3-31　指引线

5. 标注方法

焊缝符号和焊接方法代号必须通过指引线，按照国家标准规定进行标注，才能准确无误地表示焊缝。国家标准规定，箭头线相对焊缝的位置一般没有特殊要求，但是在标注 V 形、Y 形焊缝等时，箭头线应指向带坡口一侧的焊件。必要时，允许箭头线弯折一次，如图 3-32 所示。

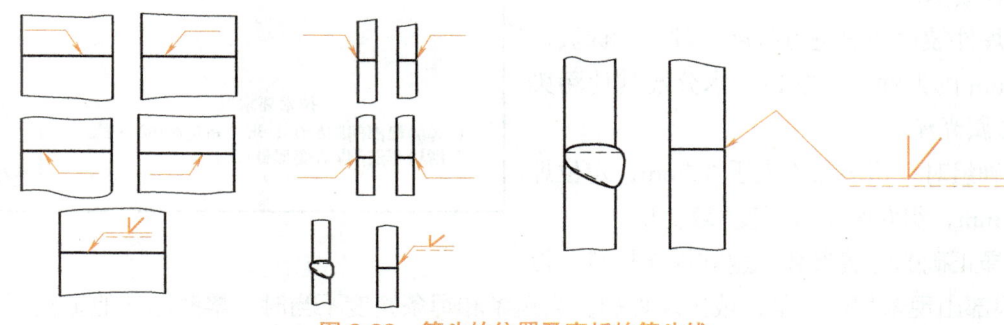

图 3-32　箭头的位置及弯折的箭头线

1）基本符号应画在基准线的中间部位。

2）横向尺寸标注在基本符号的左侧。

3）纵向尺寸标注在基本符号的右侧。

4）坡口角度、坡口面角度、根部间隙标注在基本符号的上侧或下侧。

5）相同焊缝数量符号、焊接方法符号等标注在尾部；当焊缝两面焊接方法不同时，箭头所指一侧的焊接方法代号标注在前面，另一侧的代号在后，并以"/"分开。

6）当标注尺寸较多不易分辨时，可在尺寸数据前标注相应的尺寸符号。

7）基本符号在实线侧时，表示焊缝在箭头侧；基本符号在虚线侧时，表示焊缝在非箭头侧；对称焊缝允许省略虚线；在明确焊缝分布位置的情况下，有些双面焊缝也可省略虚线。

8）周围焊缝和现场符号应标注在箭头线和基准线的交点上。

9）焊缝尺寸也允许只标注一次，箭头线一般应指向接头带有坡口的一侧。

【自我探索】

能读懂图样要求是焊接操作前非常重要的一步，请同学们认真学习，掌握焊缝符号表示法的标准规定。

拓展训练

进行25mm钢板平对接双面焊操作练习，练习焊件如图3-33。

1）实训准备。

① 设备：ZX7-400E逆变式直流手工弧焊机。

② 工具和量具：焊条、电焊钳、电焊帽、电焊手套、敲渣锤、钢丝刷、砂纸、角向磨光机、焊条烘干箱、錾子、钢直尺、焊缝检验尺等。

③ 备料：250mm×110mm×25mm的Q235钢板两块。

2）操作要点。

① 对焊件坡口两侧进行打磨清理，确保坡口两侧各20mm内无油污、铁锈、水分及其他污染物，露出金属光泽。

② 正确组对，错边量不大于0.5mm，定位焊缝长10~15mm，组对时不做反变形处理。

③ 选择正确的焊接参数，遵守操作规范，否则容易在根部出现未焊透缺陷，或出现焊瘤；当运条和焊条角度不当时，熔渣和熔池金属不能良好分离，容易引起夹渣。

④ 焊接顺序：打底（第一道）→正面填充（第二、三道）→背面清根、翻身→打底（第四道）→背面填充（第五、六道）→盖面（第七道）、翻身→盖面（第八道）。

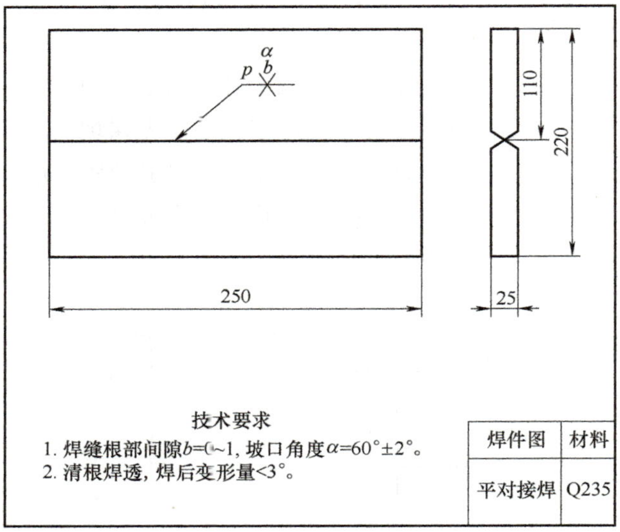

图3-33 平对接双面焊件

任务3 横对接焊

 知识树

横对接焊知识树及职业素质培养如图3-34所示。

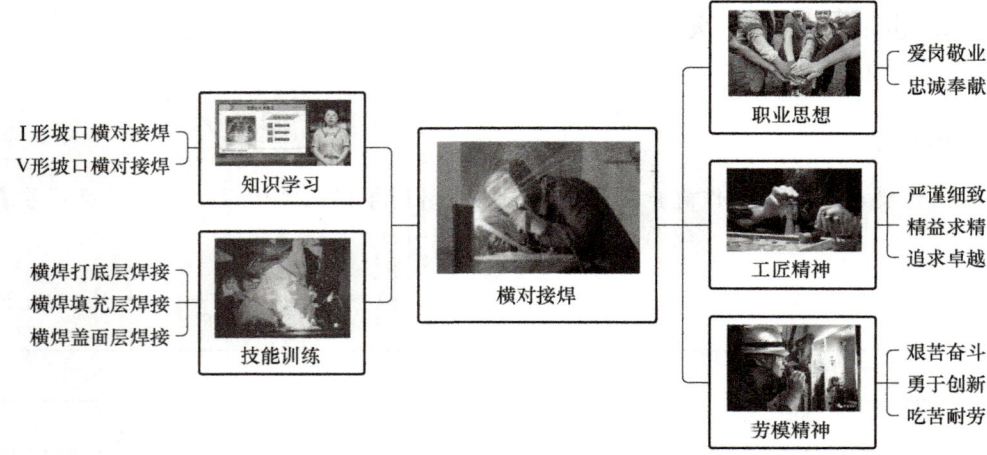

图3-34 横对接焊知识树及职业素质培养

任务描述

横对接焊是指焊接方向与地面平行的焊接操作,作为施焊位置的特殊性,熔滴和熔池金属在重力作用下容易下淌,使焊缝上高下低,若焊接电流较大且运条不当,焊缝上部容易出现咬边,下部容易产生焊瘤等缺陷,施焊工艺、操作技巧与平对接单面焊均有较大的差异。横对接单面焊双面成形是焊工必须掌握的操作技术。本任务要求在两块钢板上进行 V 形坡口横对接单面焊双面成形操作,其焊件如图 3-35 所示。

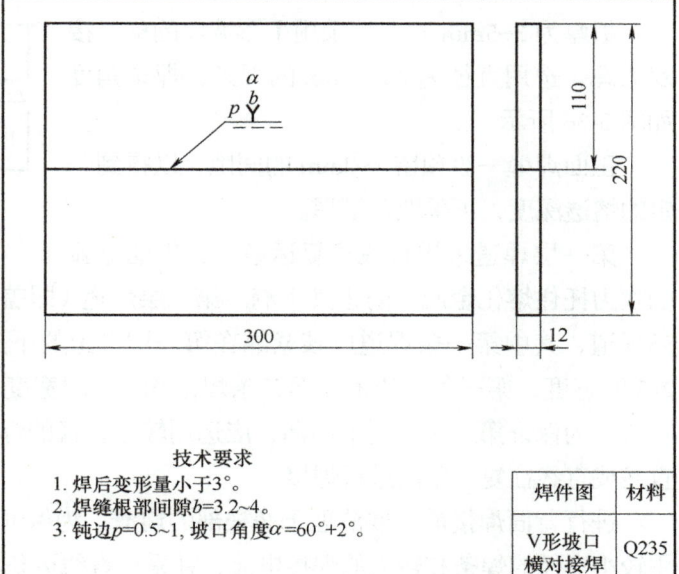

技术要求
1. 焊后变形量小于3°。
2. 焊缝根部间隙 b=3.2~4。
3. 钝边 p=0.5~1,坡口角度 α=60°+2°。

焊件图	材料
V形坡口横对接焊	Q235

图 3-35 V 形坡口横对接焊焊件图样

任务要求

1. 了解横对接焊操作的特点。
2. 掌握横对接单面焊双面成形的操作要领。
3. 学会根据现场情况调节焊接参数并进行横对接焊操作练习。
4. 对焊件进行质量评价。

横对接焊介绍

素养提升

通过实践训练培养学生严谨务实、精益求精的工作态度;在实训中将吃苦耐劳、艰苦奋斗的精神渗透到各个环节,养成敬业和奉献的优秀品质。

工作内容

工作一 知识学习

【自主资料搜集】

请大家搜集各行各业中横对接焊的应用案例。

_____
_____
_____
_____

【专业知识学习】

横对接焊是在垂直面上焊接水平焊缝的一种操作方法。由于熔化金属受重力作用,容易下淌而产生各种缺陷,所以应采用短弧焊接,并选用较小直径的焊条、较小的焊接电流及适当的运条方法。

根据焊接的钢板厚度不同,横对接焊分为不开坡口双面焊、开坡口多层焊或多层多道焊。

一、I形坡口横对接焊

板厚为 3~5mm 时,可采用 I 形坡口的横对接双面焊,选用直径为 3.2~4mm 的焊条,焊条角度如图 3-36 所示。

正面焊缝一般预留 1~2mm 的间隙,以得到一定的熔透深度,可采取两层焊。

第一层焊道采用直线往复运条法,借助电弧

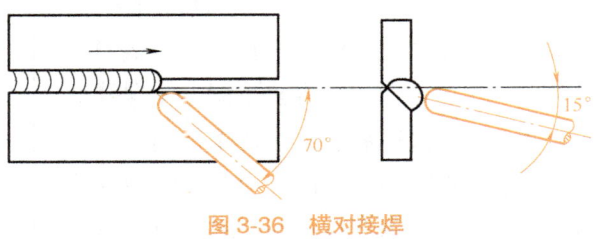

图 3-36　横对接焊

的吹力托住熔化金属,防止其下淌。第二层焊道(即盖面焊缝)可采用多道焊修饰焊缝。一般堆焊三条焊道,其中第一条焊道应该紧靠在第一层焊道的下边缘施焊,第二条焊道覆盖第一条焊道 1/2 或 2/3 的宽度,第三条焊道覆盖第二条焊道约 1/2 的宽度,尤其第三条焊道要与母材圆滑过渡,以防止咬边。为保证第三条焊道窄而薄,应选用较小直径的焊条、较快的焊接速度和较小的焊接电流,并用直线或直线往复运条法进行焊接。

进行背面焊接前,要清理干净根部的熔渣。为保证一定的熔透深度,与正面焊缝良好熔合,应选用较小直径的焊条和较大的焊接电流,并采用直线运条法,用一条焊道完成背面的封底焊接。

二、V形坡口横对接焊

当横对接焊的焊件较厚时,一般采用 V 形、单边 V 形和双单达 V 形坡口等形式,以保证焊透。其坡口特点是下面的焊件不开坡口或坡口角度小于上面的焊件,这样有助于表面熔化金属下淌及焊缝的成形。对于开坡口横对接焊,通常采用多层焊或多层多道焊。

1. 多层焊

多层焊时,焊接第一层焊道可选择小直径焊条。若坡口根部间隙较小,可采用直线运条法;若坡口根部间隙较大,可采用直线往复运条法。以后各层焊道可根据板厚选择直径为 3.2mm 或 4.0mm 的焊条,采用直线形、直线往复形或斜圆圈形运条法。

采用斜圆圈形运条法时,应保持较短的焊接电弧和有规律的运条节奏,每个斜圆圈形与焊缝中心的斜度不大于 45°。当焊条运动到斜圆圈上面时,电弧应短些并稍停片刻,使较多的熔化金属过渡到焊道中,以防咬边;然后缓缓地将电弧引到焊道下边并稍稍向前移动,防止下淌的熔化金属堆积;紧接着再将焊条运动到斜圆圈的上面(只运条不焊接)。如此反复循环,如图 3-37a 所示,焊接过程中要保持熔池之间的搭接在 1/2~2/3 的范围内。

2. 多层多道焊

多层多道焊时,焊条角度应根据各焊道的位置适时进行改变,并保持各焊道之间的搭接量,始终以短弧、匀速直线运条,以获得较好的焊缝成形,如图 3-37b 所示。

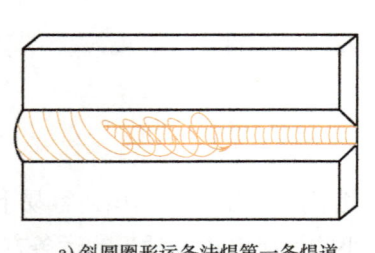

a) 斜圆圈形运条法焊第一条焊道

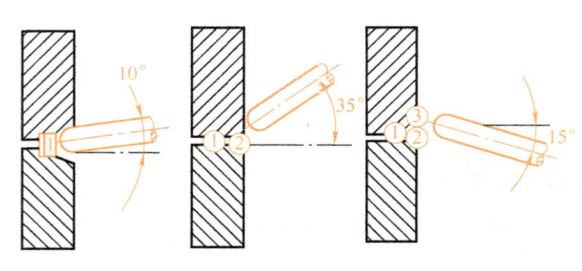

b) 焊道分布及焊条角度

图 3-37　多层多道焊

工作二 自我检验

1）横对接焊时容易出现哪些缺陷？应该如何防止？
_____
_____
_____

2）横对接焊时焊件开坡口有什么特点？
_____
_____
_____

3）开坡口横对接焊时，如何防止熔化金属下淌？
_____
_____
_____
_____

工作三 技能训练

根据表 3-13 的操作步骤完成各项实际操作。

横对接焊实操微课

表 3-13 横对接焊操作步骤

序号	操作步骤	操作要领				学员检查、实施并记录问题
1	设备检查	采用 ZX7-400E 逆变式直流手工弧焊机，各项准备、检查工作同本项目任务 1				
2	工、量具及备件准备	焊条、电焊钳、电焊帽、电焊手套、敲渣锤、钢丝刷、砂纸、角向磨光机、焊条烘干箱、錾子、钢直尺、焊缝检验尺等辅助工具和量具 准备尺寸为 300mm×110mm×12mm 的 Q235 钢板两块，在接头处开 V 形坡口				
3	焊接参数	焊接层次		焊条及其直径 /mm	焊接电流 /A	电源极性
		打底层（第一道）	连弧法	E4303 型 ϕ3.2	85~90	直流反接
			灭弧法	E4303 型 ϕ3.2	100~130	
		填充层（第二、三道）		E4303 型 ϕ4.0	160~175	
		盖面层（第四、五道）		E4303 型 ϕ4.0	140~150	
4	焊接操作	组合焊件 ① 将开 V 形坡口的焊件表面清理干净，露出金属光泽，然后锉削钝边，尺寸为 0.5~1mm ② 将两块钢板组对成 V 形坡口的对接接头，起焊处的根部间隙为 3.2mm，终焊处为 4mm，错边量小于 1.2mm ③ 在距离组合好的焊件端部 20mm 以内进行定位焊，焊缝长度为 10~15mm，并将焊件竖直固定在焊接支架上，使焊接坡口处于水平位置。预置反变形量小于 3°				

(续)

序号	操作步骤	操作要领	学员检查、实施并记录问题
4	焊接操作	**打底层焊**：开始焊接时，在定位焊缝处引弧，稍加预热后压低电弧，在坡口根部直线往复运条。当形成熔池后，焊条稍向前移动 3~5mm。借助焊条向前移动的间隙使熔池冷却，再立即返回到熔池的 2/3 处熔焊，形成熔池后再向前移动（往返运条的频率要根据熔化状况进行适当调节），如此反复运条，完成第一层焊道的焊接 **填充层焊**：采用多道焊（下焊道 2 和上焊道 3），直线形运条，也可用斜圆圈形运条，焊条与焊接方向夹角为 70° 左右，与下焊件夹角可根据坡口上、下侧与打底焊道间夹角处的熔化情况调整，焊条与熔池始终保持 3~4mm。先焊下焊道，再焊上焊道。在焊下焊道时使坡口下侧与打底焊道的夹角处熔合良好；焊上焊道时，使坡口上侧与打底焊道的夹角处熔合良好，防止未熔合和夹渣，同时上焊道要盖住下焊道 1/2~2/3，使焊缝表面平整。焊接顺序和焊条角度如下图所示 **盖面层焊**：盖面层焊采取 3~4 条焊道，依次从下往上堆焊。施焊时，采用直线形运条法，焊条向前移动，运条速度要均匀，采用短弧焊接。焊接最下面的盖面层焊道时，注意观察熔池的下边缘，只要坡口棱边熔化就向前运条，以保证焊道与焊件下表面形成圆滑过渡的焊缝。每条焊道要覆盖前一条焊道的 1/3~1/2，焊接最上面焊道的运条速度应稍快，焊道尽可能细而薄，有利于焊道与焊件上表面圆滑过渡，以避免出现咬边缺陷。盖面焊缝的实际宽度以覆盖上、下坡口边缘各 1.5~2mm 为宜	
5	焊件检测	自我检查焊缝宽度、焊缝余高、焊缝成形、焊缝高低差、起焊熔合等项目	
6	工作时的 6S 要求	自我检查工具的摆放、焊渣和焊条头的处理、焊接工位的清理、周围环境的清理情况	
7	安全要求	使用必要的挡风设备及换气设备；焊接场所 10m 内不得放易燃易爆物品；须佩戴保护性眼镜和手套	

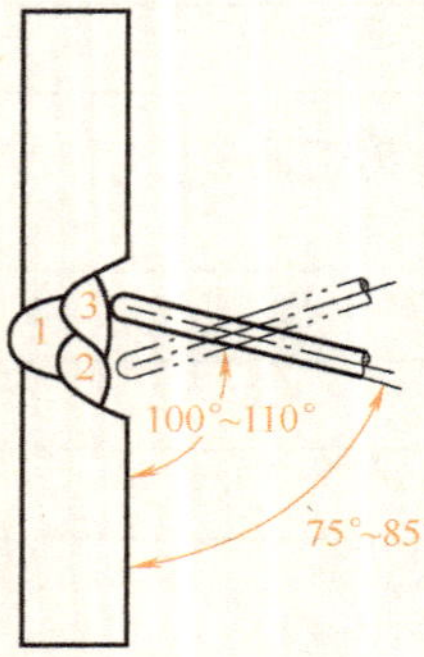

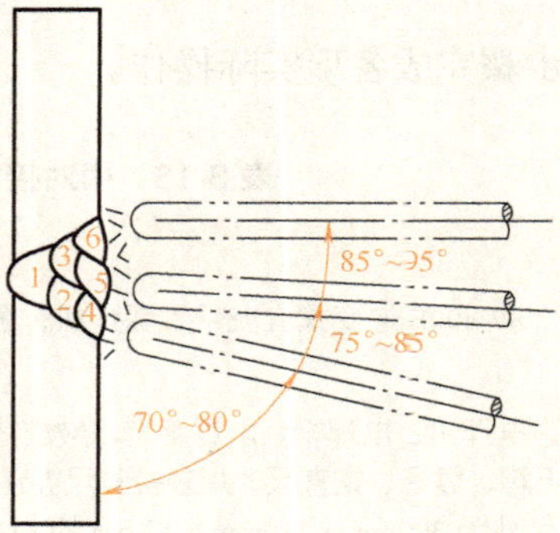

工作四　总结与反馈

1. 填写 TPM 和 6S 表格

完成表 3-3 焊接 TPM 每日点检表和表 3-4 焊接区域 6S 检查表的填写。

2. 考核评价

本任务的评分标准见表 3-14。

表 3-14 横对接焊评分标准

评价内容	考核项目	考核要求	配分	评分标准	得分
知识评价（线上）	焊接基础知识	熟悉焊接参数对焊接质量的影响	25	不熟悉焊接参数对焊接质量的影响，每项扣2分	
技能评价（线下）	焊接质量	1. 正面焊缝高度 h；$0 \leq h \leq 3mm$ 2. 背面焊缝高度 h'；$0 \leq h' \leq 2mm$ 3. 正面焊缝高度差 h_1；$0 \leq h_1 \leq 2mm$ 4. 焊缝表面无气孔、夹渣、焊瘤、未焊透等缺陷 5. 焊缝内无气孔、夹渣、未焊透、裂纹等缺陷 6. 安全文明操作、焊件清理	50	1. 超差扣5分 2. 超差扣5分 3. 超差扣5分 4. 有一项不符合要求扣2分 5. 有一项不符合要求扣2分 6. 未执行安全文明操作、焊件未清理，扣5分	
职业素养	学习和劳动态度	态度认真、虚心好学、埋头苦干	5	做与课堂无关的事情，扣1分/次	
	工作与职业操守	规范着装，安全文明操作，无事故隐患和事故苗头	5	1. 违反安全生产规程，视情节扣1~5分 2. 违反文明操作规程，视情节扣1~5分 3. 着装不规范，扣1分/次	
	团队合作精神	具有良好的团队合作精神，热心帮助小组其他成员	5	不团结同学，扣1分/次	
	现场6S管理	能够按照6S管理正确整理现场	5	未按照6S管理整理现场，扣1分/处	
	出勤	遵守实训制度，无迟到、早退、请假	5	迟到、早退、请假，扣1分/次	
合计			100		

 文明和安全操作

1. 弧光辐射的防护

弧光辐射是所有明弧焊共同存在的有害因素。焊条电弧焊的弧温为5000~6000℃，因而可产生较强的弧光辐射。弧光辐射的防护措施主要有佩戴护目镜、穿着防护工作服、戴焊工防护手套、穿工作鞋等。

2. 噪声的控制

焊接车间噪声不得超过90dB，控制噪声的方法如下：
1）采用低噪声工艺及设备。
2）采用隔声措施。
3）采取吸声降噪措施，降低室内混响声。
4）操作者佩戴隔声耳罩或隔声耳塞等个人防护用品。

 拓展知识

气 焊

气焊是利用气体火焰来熔化焊件和焊条以形成焊接接头的焊接方法，如图3-38所示。气焊所用的可燃气体很多，有乙炔、氢气、液化石油气、煤气等，而最常用的是乙炔。乙炔的发热量大，燃烧温度高，制造方便，使用安全，焊接时火焰对金属的影响小，火焰温度高达 3100~3300℃。氧气作为助燃气体，其纯度越高，耗气量越少。

气焊与焊条电弧焊相比，设备简单，操作灵活，不需要电源。但气焊的设备占用生产面积较大，热源的温度低，热量分散，生产率低，焊件易变形，接头质量不高。气焊适用于各种位置的焊接，适用于 3mm 以下低碳钢、高碳钢薄板、铸铁的补焊以及铜、铝等非铁金属的焊接。在无电或电力不足的情况下，气焊则能发挥更大的作用。常用气焊火焰对焊件、刀具进行淬火处理，对纯铜皮进行回火处理，并矫直金属材料和净化焊件表面等。此外，由微型氧气瓶和微型溶解乙炔气瓶组成的手提式或肩背式气焊气割装置，在旷野、山顶、高空作业中应用十分简便。

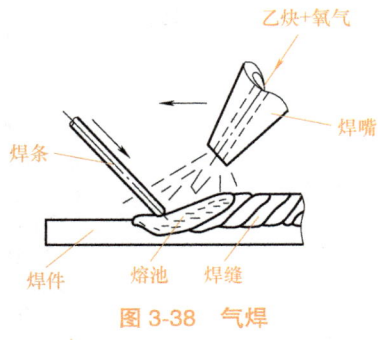

图 3-38 气焊

【自我探索】

请同学们搜集气焊相关操作视频，了解其操作方法。

_____
_____
_____
_____

 拓展训练

焊接两块尺寸为 300mm×100mm×4mm 的 Q235A 钢板。

1）实训准备。

① 设备：ZX7-400E 逆变式直流手工弧焊机。

② 工具和量具：焊条、电焊钳、电焊帽、电焊手套、敲渣锤、钢丝刷、砂纸、角向磨光机、焊条烘干箱、錾子、钢直尺、焊缝检验尺等。

③ 备料：尺寸为 300mm×100mm×4mm 的 Q235A 钢板两块。

2）工作流程：组合定位→打底层焊→盖面层焊→焊后清理及检查。

3）注意事项。

① 焊缝表面要均匀，接头处不应有接偏或脱节现象。

② 焊缝宽度和余高应基本均匀，不应有焊缝过宽、过窄或余高过低现象。

③ 不应有明显的咬边和焊瘤缺陷。

任务 4　立 对 接 焊

 知识树

立对接焊知识树及职业素质培养如图 3-39 所示。

项目 3 焊 接

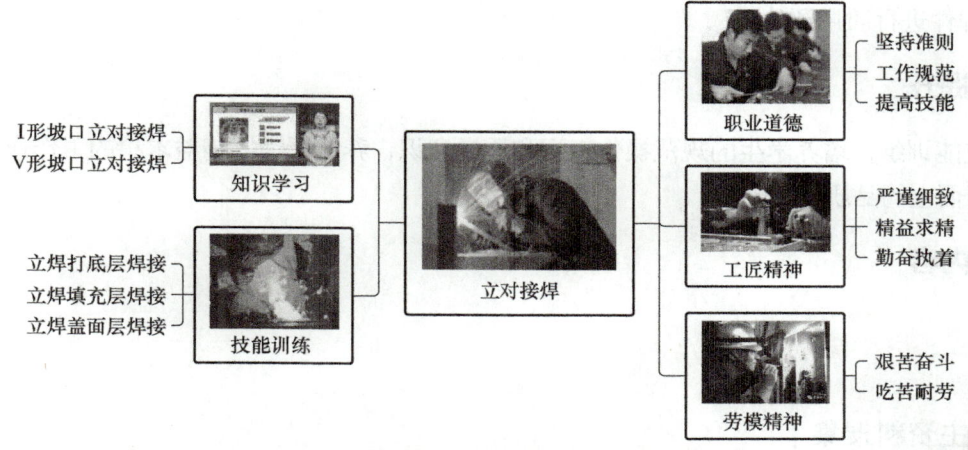

图 3-39　立对接焊知识树及职业素质培养

 任务描述

立对接焊介绍

立焊指焊缝倾角为 90°（立向上）或 270°（立向下）位置的焊接。立焊操作比平焊困难，主要原因是熔池及熔滴在重力作用下易下淌，产生焊瘤及焊缝两侧咬边，焊缝成形不如平焊时美观。但立焊时，熔池内熔渣在重力作用下容易下淌，便于熔化金属和熔渣的分离，清渣较容易。掌握好立焊施焊技术，能够为复杂空间的焊接操作打下一定基础。本任务通过完成图 3-40 所示焊件的立对接单面焊双面成形的技能训练，掌握立对接焊的操作技术。

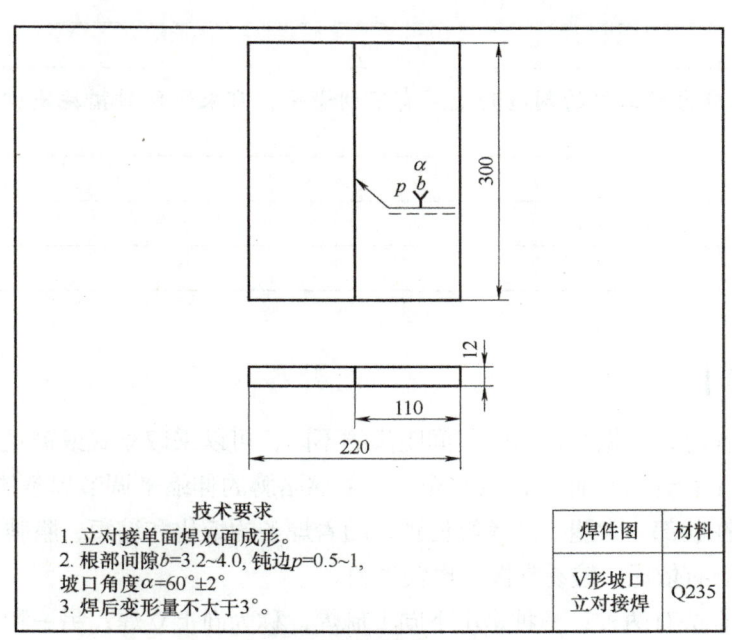

技术要求
1. 立对接单面焊双面成形。
2. 根部间隙 b=3.2~4.0，钝边 p=0.5~1，坡口角度 α=60°±2°。
3. 焊后变形量不大于 3°。

焊件图	材料
V形坡口立对接焊	Q235

图 3-40　V 形坡口立对接焊焊件图样

 任务要求

1. 了解立对接焊的操作特点。
2. 掌握立对接单面焊双面成形技术的操作要领。
3. 学会根据现场情况调节焊接参数，并进行立对接焊操作练习。

4. 对焊件进行质量评价。

 素养提升

通过技能训练,培养学生的规范操作意识和质量意识,养成严谨、精益求精的工作作风,锻炼遇到难题迎难而上的品质。

 工作内容

工作一　知识学习

【自主资料搜集】

1)焊接过程中会产生变形,请同学查找焊接变形的常见形式。
_____
_____
_____
_____

2)焊接应力是什么?
_____
_____
_____
_____

3)焊接变形与应力对工件的制造和使用有不利影响,可采取何种措施减少不利影响?
_____
_____
_____
_____

【专业知识学习】

进行立对接焊操作时,根据焊件与焊工间距离的不同,可以采取立式或蹲式两种操作姿势。立式操作时,焊工的胳膊半伸开或全伸开,悬空操作,依靠胳膊的伸缩来调节焊条的位置;蹲式操作时,焊工大臂可轻轻地贴在肋部、大腿、膝盖等位置,随着焊条的熔化和缩短,胳膊自然前伸,起到调节作用。蹲式操作时由于有依托,较易掌握,也较省力。

立对接焊的操作方法有两种:一种是由下向上施焊,称为向上立焊;另一种是由上向下施焊,称为向下立焊。目前生产中应用较广泛的是向上立焊,在练习中以此方法为重点。

向上立焊的操作要领如下:

1)焊接时应选用较小直径的焊条($\phi 2.5 \sim \phi 4$mm),较小的焊接电流(比平对接焊小10%~15%),这样熔池体积小,冷却凝固快,可以减少和防止熔化的金属下淌。

2)采用短弧焊接,电弧长度不大于焊条直径,利用电弧吹力托住熔池,同时短弧操作利于熔滴过渡。

一、I 形坡口立对接焊

1. 立焊挑弧法

立焊时，一般在焊件根部间隙不大，而且不要求背面焊缝成形的第一层焊道上采用挑弧法，如图 3-41 所示。其要领是当熔滴过渡到熔池后，立即将电弧向焊接方向（向上）挑起，弧长不超过 6mm，并保证电弧不熄灭，使熔池金属凝固。待熔池颜色由亮变暗时，立刻将电弧拉回到熔池；当熔滴过渡到熔池后，再向上挑起电弧。如此有节奏地重复进行挑弧。落弧时，熔池体积应尽量小；挑弧时，熔池温度要掌握好，准确把握挑弧时间。

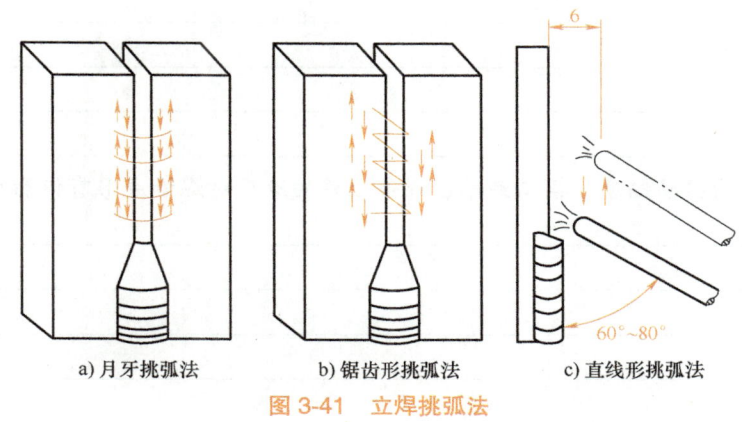

a) 月牙挑弧法　　b) 锯齿形挑弧法　　c) 直线形挑弧法

图 3-41　立焊挑弧法

2. 立焊灭弧法

一般在 I 形坡口的间隙偏大的第一层焊道和立对接单面焊双面成形的打底焊时采用灭弧法。其要领是当熔滴过渡到熔池后，因熔池温度较高，熔池金属有下淌的趋势，此时应立即将电弧熄灭，使熔池金属有瞬时凝固的机会，随后重新在灭弧处引弧，当形成的新熔池良好熔合后，再立即灭弧，交替进行燃弧、灭弧操作。灭弧停留时间的长短根据熔池温度的高低做相应调节，燃弧时间根据熔池的熔合状况灵活掌握。

在立对接焊的起头和接头处，由于起焊时焊件温度偏低，容易产生焊缝过高凸起和夹渣等缺陷，因此焊件接头、起头时应采用预热法进行焊接，以提高焊接部位的温度。其操作方法是在起焊处引燃电弧，并将电弧拉长 3~6mm，适当延长预热烘烤时间（一般熔滴下落 2~4 滴），当焊接部位有熔化迹象时，把电弧逐渐推向待焊处，保证熔池与焊件良好熔合。

二、V 形坡口立对接焊

开坡口的立对接焊，如果采用多层焊，焊接层数应根据焊件的厚度来确定，焊件越厚，层数越多，有时还要采用多层多道焊，包括打底层焊、填充层焊、盖面层焊。开坡口立对接焊的打底层焊道的背面成形不做要求，可以采用 I 形坡口立对接焊中第一层焊道的挑弧法或灭弧法进行焊接。对厚板，采用小三角形运条法；中厚度板可采用小月牙形挑弧运条法。

为避免产生气孔等缺陷，对每层焊缝都应及时清理焊渣，并检查焊接质量。在焊接表面层焊缝的前一层时，焊缝表面要平直，不允许出现中间凸、两边凹的现象，否则易产生夹渣，影响表面焊缝成形。为了有利于表面层的焊接，表面层的前一层焊缝应留出 1~2mm 的坡口边缘，绝不允许把坡口边熔掉。表面层焊缝应满足焊缝外形尺寸的要求，其运条方法按所需焊缝高度的不同来选择，运条的速度必须均匀，并在焊缝两侧稍做停留，有利于熔滴过渡，防止产生咬边等缺陷。

工作二 自我检验

1）立对接焊时有哪些困难？

2）立对接焊时，灭弧法的操作要点有哪些？

3）运条时焊条的摆动幅度、摆动频率、焊条上移的速度对焊缝成形有何影响？

工作三 技能训练

根据表 3-15 的操作步骤完成各项实际操作。

立对接焊实操微课

表 3-15 立对接焊操作步骤

序号	操作步骤	操作要领				学员检查、实施并记录问题
1	设备检查	采用 ZX7-400E 逆变式直流手工弧焊机，各项准备、检查工作同本项目任务 1				
2	工、量具及备件准备	焊条、电焊钳、电焊帽、电焊手套、敲渣锤、钢丝刷、砂纸、角向磨光机、焊条烘干箱、錾子、钢直尺、焊缝检验尺等辅助工具和量具 准备尺寸为 300mm×110mm×12mm 的 Q235A 钢板两块，在接头处开 V 形坡口				
3	焊接参数	焊接层次		焊条及其直径/mm	焊接电流/A	电源极性
		打底层（第一道）	挑弧法	E4303 型 ϕ3.2	80~90	直流反接
			灭弧法	E4303 型 ϕ3.2	110~120	
		填充层（第二、三道）		E4303 型 ϕ4.0	120~160	
		盖面层（第四、五道）		E4303 型 ϕ4.0	90~120	
4	焊接操作	组合焊件 ① 将开成 V 形坡口的焊件表面清理干净，露出金属光泽，然后锉削钝边，尺寸为 0.5~1mm ② 将两块钢板组合成 V 形坡口的对接接头，起焊处的根部间隙为 3.2mm，终焊处为 4mm，错边量小于 1.2mm ③ 在距离组合好的焊件端部 20mm 内进行定位焊，焊缝长度为 10~20mm，并将焊件竖直固定在焊接支架上。预置反变形量小于 3°				

（续）

序号	操作步骤	操作要领	学员检查、实施并记录问题
4	焊接操作	打底层焊：打底层焊采用灭弧法，焊条与焊件间的角度如下图所示 ① 引弧。在始焊端的定位焊焊缝处引弧，并略抬高电弧稍加预热，焊至定位焊焊缝尾部时，将焊条向下压一下，听到"噗"的一声后，立即斜向上提起焊条灭弧。此时熔池前端应有熔孔，深入两侧母材0.5~1mm。可根据间隙大小，灵活运用操作手法。为使根部焊透，而背面又不致产生塌陷，这时熔孔直径应等于或稍大于焊条直径。当熔池边缘变成暗红色，熔池中间仍处于熔融状态时，立即在熔池中间引燃电弧，略向下轻微压一下焊条，形成熔池，打开熔孔后立即灭弧，这样反复击穿直到焊完。操作中运条间距要均匀、准确，使电弧的2/3压住熔池，1/3作用在熔池前方，用来熔化和击穿坡口根部，形成熔池 ② 收弧。收弧前，应在熔池前做一个熔孔，然后回焊10mm左右再灭弧；或向末尾熔池的根部送进2~3滴熔液，然后灭弧，以使熔池慢慢冷却，避免接头出现冷缩孔 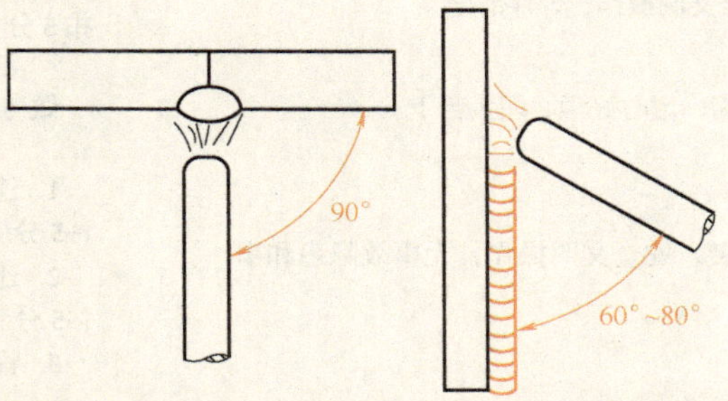	
		填充层焊：仔细清理打底焊缝，应特别注意死角处焊渣的清理。在距离焊缝始端10mm左右处引弧后，将电弧拉回到始端施焊。每次都应按此法操作，以防产生缺陷。采用横向锯齿形或月牙形运条法摆动，焊条摆动到坡口两侧处要稍作停顿，以利于熔合及排渣，并防止焊缝两边产生死角。最后一层填充层焊缝的厚度，应使其比母材表面低0.5~1.0mm，且应呈凹形，不得熔化坡口棱边，以利于盖面层保持平直	
		盖面焊：引弧方法与填充层焊相同。采用月牙形或锯齿形运条方式，焊条摆动到坡口边缘时，要压低电弧并稍作停留，这样有利于熔滴过渡和防止咬边。摆动到焊缝中间的过程要快些，防止熔池外形凸起产生焊瘤。焊条摆动频率应比平对接焊稍快些，前进速度要均匀一致，使每个新熔池覆盖前一个熔池的2/3~3/4，以获得薄而细腻的焊缝波纹。更换焊条前收弧时，应对熔池填满熔滴，迅速更换焊条后，再在弧坑上方10mm左右处的填充层焊缝金属上引弧，并拉至原弧坑处填满弧坑后，继续施焊	
5	焊件检测	自我检查焊缝宽度、焊缝余高、焊缝成形、焊缝高低差、起焊熔合等项目	
6	工作时的6S要求	自我检查工具的摆放、焊渣和焊条头的处理、焊接工位的清理、周围环境的清理情况	
7	安全要求	使用必要的挡风设备及换气设备；焊接场所10m内不得放易燃易爆物品；须佩戴保护性眼镜和手套	

工作四　总结与反馈

1. 填写 TPM 和 6S 表格

完成表 3-3 焊接 TPM 每日点检表和表 3-4 焊接区域 6S 检查表的填写。

2. 考核评价

本任务的评分标准见表 3-16。

表 3-16 立对接焊评分标准

评价内容	考核项目	考核要求	配分	评分标准	得分
知识评价（线上）	焊接基础知识	熟悉焊接参数对焊接质量的影响	25	不熟悉焊接参数对焊接质量的影响，每项扣 2 分	
技能评价（线下）	焊接质量	1. 正面焊缝高度 h：$0 \leq h \leq 3mm$ 2. 背面焊缝高度 h'：$0 \leq h' \leq 2mm$ 3. 正面焊缝高度差 h_1：$0 \leq h_1 \leq 2mm$ 4. 正面焊缝每侧比坡口增宽 $0 \sim 2.5mm$ 5. 焊缝宽度差：$\leq 2mm$ 6. 焊缝边缘直线度误差：$\leq 2mm$ 7. 焊后角变形 α：$0° \leq \alpha \leq 3°$ 8. 咬边缺陷深度：$\leq 0.5mm$，错边量 $\leq 1mm$ 9. 焊缝表面波纹细腻、均匀，成形美观 10. 焊缝内无气孔、夹渣、未焊透、裂纹等 11. 安全文明操作、焊件清理	50	1. 超差扣 5 分 2. 超差扣 5 分 3. 超差扣 5 分 4. 超差扣 5 分 5. 超差扣 5 分 6. 超差扣 5 分 7. 超差扣 5 分 8. 超差扣 5 分 9. 出现缺陷，每项扣 2 分 10. 出现缺陷，每项扣 2 分 11. 未安全文明操作、焊件未清理，扣 5 分	
职业素养	学习和劳动态度	态度认真、虚心好学、埋头苦干	5	做与课堂无关的事情，扣 1 分 / 次	
	工作与职业操守	规范着装，安全文明操作，无事故隐患和事故苗头	5	1. 违反安全生产规程，视情节扣 1~5 分 2. 违反文明操作规程，视情节扣 1~5 分 3. 着装不规范，扣 1 分 / 次	
	团队合作精神	具有良好的团队合作精神，热心帮助小组其他成员	5	不团结同学，扣 1 分 / 次	
	现场 6S 管理	能够按照 6S 管理正确整理现场	5	未按照 6S 管理整理现场，扣 1 分 / 处	
	出勤	遵守实训制度，无迟到、早退、请假	5	迟到、早退、请假，扣 1 分 / 次	
		合计	100		

💡 文明和安全操作

1）禁止在储有易燃、易爆物品的场所或仓库附近进行焊接。在可燃物品附近进行焊接时，必须距离 10m 以上，在露天焊接时必须设置挡风装置，以免火星飞溅引起火灾。

2）一般情况下，禁止焊接有压力（液体压力、气体压力）及带电的设备。

3）对于有残存油脂或可燃液体、可燃气体的容器，焊接前应先用蒸汽和热碱水冲洗，并打开密封口，确定容器确实清洗干净并干燥后方可进行焊接。密封容器内不准进行焊接作业。

4）焊接场所内必须注意通风，特别是在锅炉或容器内焊接时，应有监护人员，且必须采取良好的通风措施，及时将烟尘和有害气体排出。当风力在 5 级以上时，不宜在露天焊接。

5）焊接操作者必须持证上岗，严格遵守和执行安全操作规程。

6）对从事焊接工作的人员，应加强安全教育，落实安全措施，组织有关人员定期检查安全工作。

7）焊接操作结束以后，应仔细检查焊接场地及其周围，确认没有事故隐患之后方可离开现场。

8）实训场地、焊接车间必须备有消防设备，如消防栓、灭火器材，并且要有明显的标识。

拓展知识

碳弧气刨

碳弧气刨是利用在碳棒与焊件之间产生的电弧热将金属熔化，同时用压缩空气将这些熔化金属吹掉，从而在金属上刨削出沟槽的一种热加工工艺。碳弧气刨的工作原理如图3-42所示。

1. 碳弧气刨的特点

1）与使用风铲或砂轮相比，效率高、噪声小，并可减轻劳动强度。

2）与等离子弧气刨相比，设备简单，压缩空气容易获得且成本低。

3）由于碳弧气刨是利用高温熔化而不是利用氧化作用刨削金属的，因而不但适用于钢铁材料，还适用于铝、铜等非铁金属及其合金。

4）碳弧气刨的灵活性和可操作性较好，因而在狭窄工位或可达性差的部位，碳弧气刨仍可使用。

5）在清除焊缝或铸件缺陷时，被刨削面光洁、铮亮，在电弧下可清楚地观察到缺陷的形状和深度，有利于清除缺陷。

6）碳弧气刨也具有明显的缺点，如会产生烟雾，噪声较大，有粉尘污染。

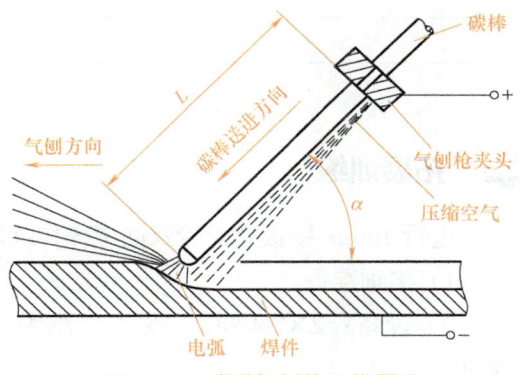

图3-42 碳弧气刨的工作原理

2. 碳弧气刨的应用

1）清根。

2）开坡口，特别是中、厚板对接坡口和管对接U形坡口。

3）清除焊缝中的缺陷。

3. 设备、工具及材料

碳弧气刨系统由电源、气刨枪、碳棒、电缆气管和空气压缩机等组成，如图3-43所示。

1）电源。碳弧气刨一般采用具有陡降外特性且动特性较好的手工直流弧焊机作为电源。由于碳弧气刨使用的电流一般较大，且连续工作时间较长，因此应选用功率较大的弧焊机。

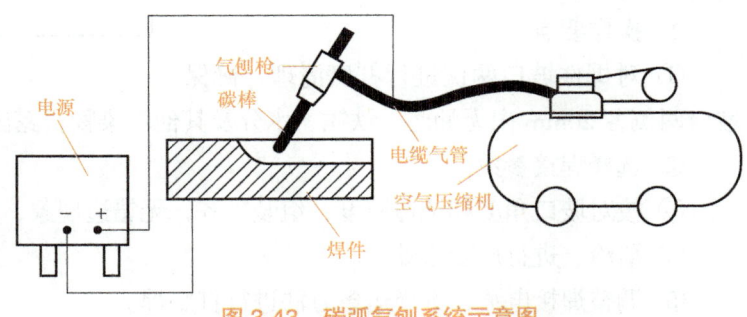

图3-43 碳弧气刨系统示意图

2）气刨枪。气刨枪就是在焊钳的基础上，增加了压缩空气的进气管和导电嘴。气刨枪常用侧面送气气刨枪（图3-44）。侧面送气气刨枪的优点是结构简单，压缩空气紧贴碳棒喷出，碳棒长度调节方便；缺点是只能向左或向右进行气刨。

3）碳棒。碳棒是在碳弧气刨操作中主要的消耗材料，由碳、石墨加上适当的黏结剂，通过挤压成形，焙烤后镀一层铜而制成。碳棒主要分圆碳棒和扁碳棒两种：圆碳棒主要用于焊缝背面清根，以及焊缝返修时清除缺陷；扁碳棒刨槽宽度较宽，适用于大面积刨槽或刨平面、开坡口或切割铸铁等。

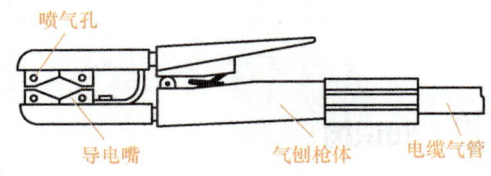

图3-44 侧面送气气刨枪的结构示意图

碳棒表面镀铜的目的是增强碳棒导电性。

> 【自我探索】
>
> 请同学们学习碳弧气刨相关操作视频，并在指导教师指导下进行操作练习。
> ___
> ___
> ___
> ___
> ___

 拓展训练

进行10mm钢板立对接双面焊操作练习，练习焊件如图3-45所示。

1）实训准备。

① 设备：ZX7-400E 逆变式直流手工弧焊机。

② 工具和量具：焊条、电焊钳、电焊帽、电焊手套、敲渣锤、钢丝刷、砂纸、角向磨光机、焊条烘干箱、錾子、钢直尺、焊缝检验尺等。

③ 备料：尺寸为300mm×75mm×10mm的Q235钢板两块。

2）操作要点。

① 对焊件坡口两侧进行打磨清理，确保坡口两侧各20mm内无油污、铁锈、水分及其他污染物，露出金属光泽。

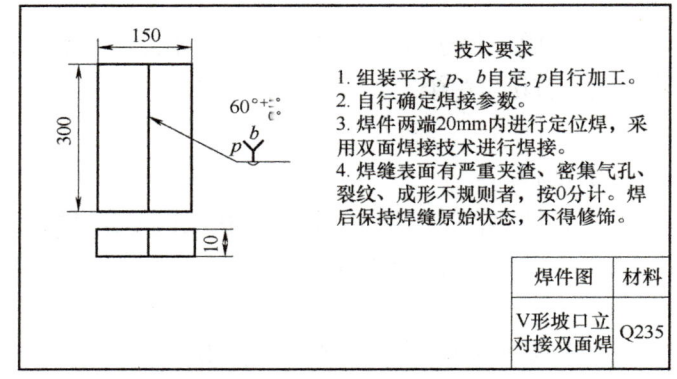

图3-45 立对接双面焊件

② 选择焊接参数。

③ 校对坡口角度和钝边厚度，组装平齐，无错边现象，定位焊电流与填充焊电流一致。

④ 清渣、进行反变形处理。

⑤ 调整焊接电流，选择运条方法进行打底焊。

⑥ 认真清渣后调整填充焊电流。

⑦ 盖面层焊后清渣，检查焊缝质量。

任务5 仰对接焊

 知识树

仰对接焊知识树及职业素质培养如图3-46所示。

项目 3 焊 接

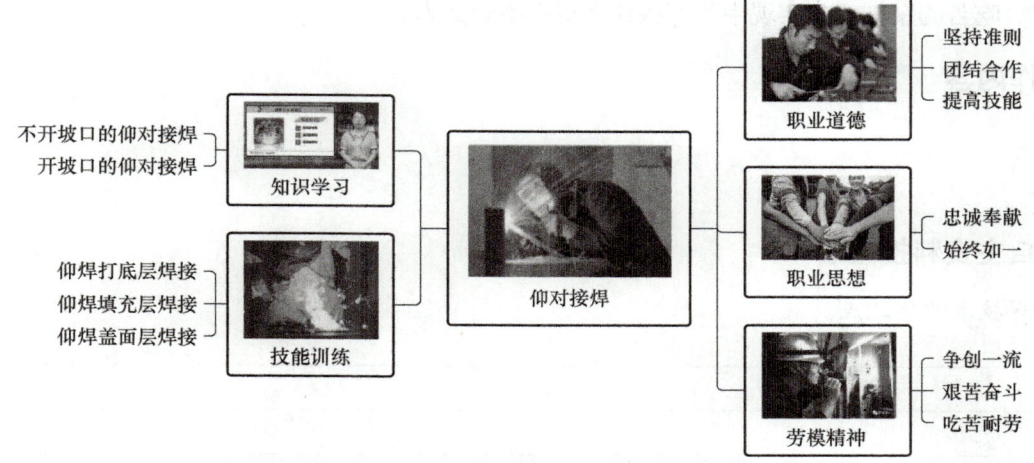

图 3-46 仰对接焊知识树及职业素质培养

 任务描述

仰对接单面焊双面成形是各种焊接操作中最难掌握的一种操作方式。由于熔池倒悬在焊件下面，熔滴和熔池金属在重力作用下容易下淌，在焊接过程中，为了控制熔池尺寸和熔池温度，减少和防止液态金属下淌而产生的背面凹坑和正面焊瘤，要采用特殊的焊接工艺和操作技巧。本任务通过完成图 3-47 所示焊件的仰对接单面焊双面成形的技能训练，掌握仰对接焊的操作方法。

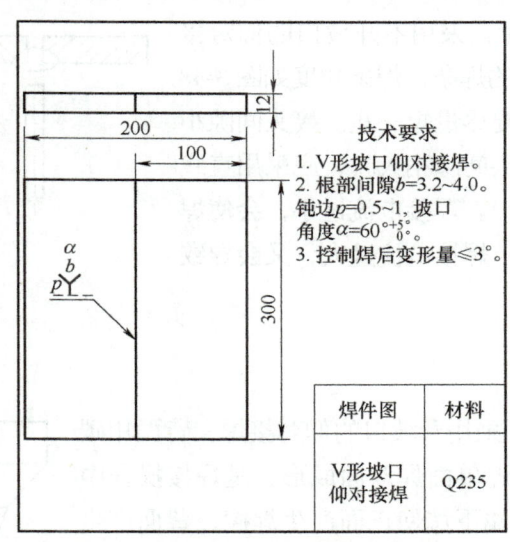

图 3-47 V形坡口仰对接焊焊件图样

 任务要求

1. 了解仰对接焊的操作特点。
2. 掌握仰对接单面焊双面成形操作的操作要领。
3. 学会根据现场情况调节焊接参数，并进行仰对接焊操作练习。
4. 对焊件进行质量评价。

 素养提升

引导学生深入了解焊接技术的重要性，不断激发学生学习的主动性、积极性和创造性，培养严谨、专注、吃苦的精神，为实现中华民族伟大复兴不懈努力。

 工作内容

工作一　知识学习

【自主资料搜集】

仰焊技术的优缺点。
_____
_____
_____
_____

【专业知识学习】

仰焊是焊工仰视焊件进行焊接的方法。在这种位置施焊，熔滴过渡和焊缝成形都很困难，而且操作者劳动条件很差，因此仰焊是最难操作的一种焊接方式。

一、不开坡口的仰对接焊

当焊件的厚度小于 4mm 时，采用不开坡口的仰对接焊。施焊时，应选用 φ3.2mm 的焊条，焊条角度如图 3-48 所示。运条速度要均匀，电弧要尽量短一些。接头间隙小时，可采用直线形运条法；接头间隙稍大时，应采用直线往返形运条法。焊接电流应适中。焊接电流过小，会使焊接电弧不稳而影响熔深和成形；焊接电流过大，又会导致熔化金属下淌和烧穿焊件。

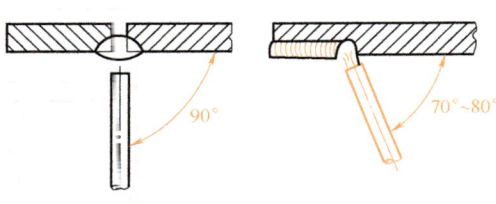

图 3-48　仰对接焊时的焊条角度

二、开坡口的仰对接焊

当焊件厚度大于 5mm 时，采用开坡口的仰对接焊，背面用碳弧气刨清根。V 形坡口仰对接焊单面焊双面成形，是焊接操作中最困难的一种。为防止熔化金属下淌使正面产生焊瘤、背面产生凹陷，操作时必须采用最短的电弧长度。施焊时采用多层焊或多层多道焊。焊接第一层焊缝时，用直线形或直线往返形运条法，焊后要求焊缝平直，不能出现凸形。焊接第二层焊缝及以后的焊缝时，采用锯齿形或月牙形运条法，如图 3-49 所示。运条时，电弧在焊缝两侧稍停，中间速度快，形成较薄的焊缝。

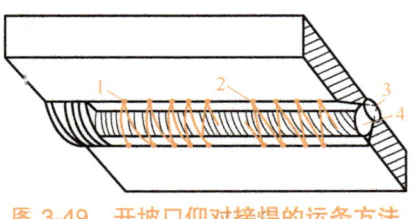

图 3-49　开坡口仰对接焊的运条方法
1—月牙形运条　2—锯齿形运条
3—第一层焊缝　4—第二层焊缝

多层多道焊时，均采用直线形运条法，焊条角度应根据每一焊道的位置做相应的调整，如图 3-50 所示，这样有利于熔滴金属的过渡和获得较好的成形焊缝。

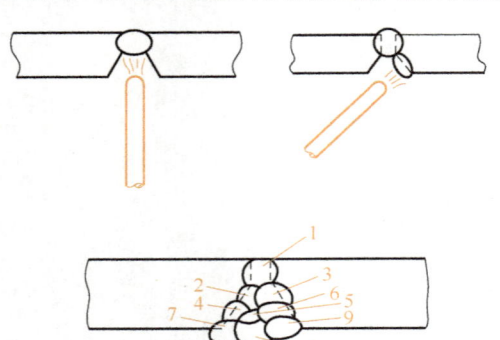

图 3-50　开坡口仰对接焊的多层多道焊

工作二　自我检验

1）仰焊操作的困难有哪些？
_____
_____

2）电弧长度对仰焊焊缝质量有什么影响？
_____
_____

3）仰焊操作应注意哪些安全事项？
_____
_____

工作三　技能训练

根据表 3-17 的操作步骤完成各项实际操作。

仰对接焊实操微课

表 3-17　仰对接焊操作步骤

序号	操作步骤	操作要领				学员检查、实施并记录问题
1	设备检查	采用 ZX7-400E 逆变式直流手工弧焊机，各项准备、检查工作同本项目任务 1				
2	工、量具及备件准备	焊条、电焊钳、电焊帽、电焊手套、敲渣锤、钢丝刷、砂纸、角向磨光机、焊条烘干箱、錾子、钢直尺、焊缝检验尺等辅助工具和量具 准备尺寸为 300mm×100mm×12mm 的 Q235 钢板两块，在接头处开 V 形坡口				
3	焊接参数	焊接层次		焊条及其直径 /mm	焊接电流 /A	电源极性
		打底层（第一道）	挑弧法	E4303 型 ϕ3.2	95~105	直流反接
			灭弧法	E4303 型 ϕ3.2	115~125	
		填充层（第二、三道）		E4303 型 ϕ4.0	145~155	
		盖面层（第四、五道）		E4303 型 ϕ4.0	120~135	
4	焊接操作	组合焊件 ① 将开成 V 形坡口的焊件表面清理干净，露出金属光泽，然后锉削钝边，尺寸为 0.5~1mm ② 将两块钢板组合成 V 形坡口的对接接头，始焊处的根部间隙为 3.2mm，终焊处为 4mm，错边量小于 1.2mm ③ 在距离组合好的焊件端部 20mm 内进行定位焊，焊缝长度为 10~20mm，并将焊件竖直固定在焊接支架上。预置反变形量小于 3° 打底层焊：将组合好的焊件夹持固定在工艺装备上（距离地面约 600mm），焊缝与水平面平行，且处于焊工仰视位置，间隙小的一端在远端，焊条与左、右焊件之间的夹角为 90°，与焊接方向的夹角为 70°~80°。从远端定位焊缝处引弧，稍作预热，将焊条拉到坡口间隙处，电弧向上顶送，坡口根部熔化并击穿形成熔孔。采用灭弧法打底，电弧在坡口根部两侧稍作停留，坡口根部两侧应熔化 0.5~1mm，要保持熔池小且浅。严格采用短弧，频率为 50~60 次 /min。施焊时焊条向上顶，电弧 2/3 在焊缝背面燃烧，保持较强的电弧穿透力，保证背面成形饱满，不至于下凹，接头采用热接				

(续)

序号	操作步骤	操作要领	学员检查、实施并记录问题
4	焊接操作	**填充焊层**：焊前必须将前道焊缝的焊渣清理干净。从远处开始施焊，采用锯齿形运条法，也可采用月牙形运条法，焊条摆动幅度较打底层大一些，横向摆动到两侧稍作停留，中间运条速度要快，焊缝中部略呈凹形，注意分清熔池和焊渣，控制熔池形状、大小和温度，使焊缝表面平整。焊缝表面应低于母材表面 1mm **盖面层焊**：焊接过中严格采用短弧，运条速度要均匀，焊条摆动的幅度和间距要均匀，在坡口边缘稍作停顿，使坡口边缘熔合良好，防止产生咬边、未熔合和焊瘤等缺陷。盖面时摆动幅度比填充层稍大。中间摆动要均匀，使熔池覆盖坡口原始棱边每侧 1~1.5mm 施焊时要控制焊条电弧长度，不宜过长或过短。电弧过长会产生气孔，电弧压得过低会导致焊条粘条。压低焊条电弧长度，摆动到坡口左右两边缘稍作停顿，防止熔池不饱满，造成咬边。保持好焊条角度，焊条左右摆动和前进速度尽量一致，控制熔池温度，以保持熔池呈椭圆形 盖面层焊接时避免产生过多的接头，影响质量和成形外观。当填充层与母材高度一致时，应将焊条垂直于焊件，摆动速度要快，从而降低盖面温度	
5	焊件检测	自我检查焊缝宽度、焊缝余高、焊缝成形、焊缝高低差、起焊熔合等项目	
6	工作时的 6S 要求	自我检查工具的摆放、焊渣和焊条头的处理、焊接工位的清理、周围环境的清理情况	
7	安全要求	使用必要的挡风设备及换气设备；焊接场所 10m 内不得放易燃易爆物品；须佩戴保护性眼镜和手套	

工作四　总结与反馈

1. 填写 TPM 和 6S 表格

完成表 3-3 焊接 TPM 每日点检表和表 3-4 焊接区域 6S 检查表的填写。

2. 考核评价

本任务的评分标准见表 3-18。

表 3-18　仰对接焊评分标准

评价内容	考核项目	考核要求	配分	评分标准	得分
知识评价（线上）	焊接基础知识	熟悉焊接参数对焊接质量的影响	25	不熟悉焊接参数对焊接质量的影响，每项扣 2 分	
技能评价（线下）	焊接质量	1. 焊缝余高 0~4mm，余高差 ≤3mm 2. 焊缝宽度比坡口每侧增宽 0.5~2.5mm，宽度差 ≤3mm 3. 焊后角变形 α：0°≤α≤3°，焊缝的错位量 ≤1.2mm 4. 焊缝咬边深度 ≤0.5mm，焊缝两侧咬边累计总长不超过焊缝有效长度的 40mm 5. 未焊透深度 ≤1.5mm；总长不超过焊缝有效长度的 26mm 6. 焊缝背面凹坑 ≤2mm 7. 焊缝表面波纹细腻、均匀，成形美观 8. 焊缝内无气孔、夹渣、未焊透、裂纹等 9. 安全文明操作、清理焊件	50	1. 超差扣 5 分 2. 超差扣 5 分 3. 超差扣 5 分 4. 超差扣 5 分 5. 超差扣 5 分 6. 超差扣 5 分 7. 出现缺陷，每项扣 2 分 8. 出现缺陷，每项扣 2 分 9. 未安全文明操作、焊件未清理，扣 5 分	

(续)

评价内容	考核项目	考核要求	配分	评分标准	得分
职业素养	学习和劳动态度	态度认真、虚心好学、埋头苦干	5	做与课堂无关的事情，扣1分/次	
	工作与职业操守	规范着装，安全文明操作，无事故隐患和事故苗头	5	1. 违反安全生产规程，视情节扣1~5分 2. 违反文明操作规程，视情节扣1~5分 3. 着装不规范，扣1分/次	
	团队合作精神	具有良好的团队合作精神，热心帮助小组其他成员	5	不团结同学，扣1分/次	
	现场6S管理	能够按照6S管理正确整理现场	5	未按照6S管理整理现场，扣1分/处	
	出勤	遵守实训制度，无迟到、早退、请假	5	迟到、早退、请假，扣1分/次	
合计			100		

 文明和安全操作

焊接电弧的高温使金属迅速蒸发，焊条和母材在焊接时也会产生各种蒸气和烟雾，它们在空气中冷凝并氧化成粉尘。

减少粉尘及有害气体产生的措施如下：
1）降低焊接发尘量和烟尘毒性。
2）提高焊接机械化和自动化程度。
3）加强通风。
4）焊工佩戴好口罩，以加强防护。

 拓展知识

焊 接 缺 陷

焊接缺陷是指焊接过程中，焊接接头内产生的金属不连续、不致密或连接不良的现象。焊接缺陷具有以下方面的危害。

1）降低焊缝的致密性，减小焊件接头处的有效横截面积，使焊件的结构强度降低。
2）引起局部应力集中，导致焊缝产生裂纹，使焊件的使用寿命缩短。
3）降低焊件的疲劳强度，导致焊件脆性断裂。

因此，在焊接过程中，需要重视焊接缺陷产生的原因，尽量避免焊接缺陷的产生。常见焊接缺陷的产生原因及其预防措施见表3-19。

表3-19 常见焊接缺陷的产生原因及其预防措施

焊接缺陷	定义	产生原因	预防措施
焊缝表面尺寸不符合要求	焊缝外表形状高低不平，焊波宽窄不齐、尺寸过大或过小，角焊缝单边以及焊脚尺寸不符合要求	① 焊接坡口不当或装配间隙不均匀 ② 焊接速度不当或运条手法不正确，焊条与焊件夹角太大或太小 ③ 焊接工艺参数选择不当	① 选择适当的坡口角度和装配间隙，提高装配质量 ② 正确选择焊接工艺参数，特别是焊接电流值 ③ 提高焊接操作技术水平

(续)

焊接缺陷	定义	产生原因	预防措施
咬边	母材上产生沿熔合线方向的沟槽或凹陷	① 焊接电流过大，电弧过长 ② 坡口内填充量不足就进行表面焊 ③ 运条时，焊条摆动至焊缝两侧停顿时间短，运条角度错误	① 正确选择焊接电流和焊接速度，采用短弧焊接 ② 掌握正确的运条方法和运条角度 ③ 在焊缝两侧要适当停顿
未焊透	焊接时，接头根部未完全熔透	① 坡口钝边过大，坡口角度太小，焊根未清理干净，间隙太小 ② 焊条角度不正确，熔池偏于一侧 ③ 焊接电流过小，焊接速度过快，弧长过长 ④ 层间或根部间隙有污物等	① 正确选用和加工坡口尺寸，保证必需的装配间隙 ② 正确选用焊接电流和焊接速度 ③ 认真操作，防止焊偏 ④ 焊接前清理污物
未熔合	熔焊时，焊道与母材之间或焊道与焊道之间未完全熔化结合的现象	① 层间清渣不干净 ② 焊接电流太小，焊条偏心 ③ 焊条摆幅太大等	① 加强层间清渣 ② 正确选择焊接电流 ③ 注意焊条摆动的幅度
夹渣	焊后残留在焊缝中的熔渣	① 焊接电流太小以致液态金属和熔渣分不清 ② 焊接速度过快，使熔渣来不及浮起 ③ 分层焊时清渣不彻底 ④ 焊条角度不正确	① 正确选用焊接电流及运条角度 ② 适当增大焊接坡口角度 ③ 多层焊时认真做好层间清理工作 ④ 焊条角度和运条方法操作正确
焊瘤	焊接过程中，熔化金属流淌到焊缝之外未熔化的母材上所形成的金属瘤	① 焊接电流大，焊接速度慢 ② 操作不熟练，运条不当	① 选择合适的焊接电流，控制熔池温度 ② 采用正确的运条方法，焊缝中间运条应稍快，两侧运条应稍慢
凹坑	焊后在焊缝表面或焊缝背面形成的低于母材或局部产生低洼的现象	① 电弧拉得过长 ② 焊条倾角不当 ③ 装配间隙太大	① 采用短弧焊接 ② 选用正确的焊条角度 ③ 装配间隙要适宜
烧穿	焊接过程中，熔化金属自坡口背面流出，形成穿孔的缺陷	① 对焊件加热温度过高 ② 间隙太大，焊接速度过慢 ③ 电弧在焊缝处停留时间长	① 正确选择焊接电流和焊接速度 ② 严格控制装配间隙 ③ 合理调整电弧在焊缝处停留时间
气孔	焊接时，熔池中的气泡在凝固时未能及时逸出而残留下来所形成的空穴	① 焊接表面有水分 ② 焊接前焊条未充分烘干 ③ 弧长过长导致空气侵入	① 焊前仔细清理焊件表面 ② 严格按规定烘干焊条 ③ 低氢型焊条尽量采用短弧接焊接
裂纹	焊接过程中，焊缝和热影响区的金属冷却到固相线附近高温区时产生的裂纹称为热裂纹。焊接接头冷却到较低温度时产生的裂纹称为冷裂纹	热裂纹和冷裂纹多在焊接低合金高强度钢、耐热钢、不锈钢等金属材料时出现	① 防止热裂纹：减少焊缝金属中的有害杂质，如硫、磷及碳含量；选择合适的焊接参数 ② 防止冷裂纹：降低焊缝金属扩散氢含量，防止产生淬硬组织，减小焊接应力

【自我探索】

同学们在焊接操作过程中出现过哪些缺陷？原因是什么？你是如何修正的？

_____
_____
_____
_____
_____

拓展训练

焊接两块尺寸为 300mm×100mm×10mm 的 Q235 钢板。

1）实训准备。

① 设备：ZX7-400E 逆变式直流手工弧焊机。

② 工具和量具：焊条、电焊钳、电焊帽、电焊手套、敲渣锤、钢丝刷、砂纸、角向磨光机、焊条烘干箱、錾子、钢直尺、焊缝检验尺等。

③ 备料：尺寸为 300mm×100mm×10mm 的 Q235 钢板两块。

2）工作流程：组合定位→打底层焊→填充层焊→盖面层焊→焊后清理及检查。

3）注意事项。

① 焊缝表面要均匀，接头处不应有接偏或脱节现象。

② 焊缝宽度和余高应基本均匀，不应有过宽、过窄或过低现象。

③ 不应有明显的咬边和焊瘤。

 拓展阅读

"电焊花木兰"——易冉

铁路运输是服务国民经济发展的大动脉。对于铁路货运，大家都很熟悉，但是往往关心的是一节节车厢里装了什么货物，运到哪儿去，却不会注意到毫不起眼的货车本身。其实，货车的性能与铁路运输的质量息息相关。我国在重载、快捷货车研制等方面已达到国际先进水平，具有自主知识产权。这些铁路货车可谓是大国重器，保障着国内与国际铁路物流大通道的安全、快捷、畅通。下面要介绍的大国工匠易冉，是一名从 18 岁就开始跟铁路货车打交道的女焊工。

2000 年夏天，18 岁的易冉从武昌技校毕业，正式进入株洲车辆厂（中车株洲车辆有限公司的前身）。入职头一天，她的脸就被高强度的电弧光灼伤了。"红得像一只煮熟的螃蟹，一碰就疼。"如今，她的额角仍有电弧光照射留下的褐色斑痕。越是艰苦，她却越是努力。一般来说，新入职焊工培训三个月才能顶岗，可她正式上岗仅用了半个月。凭着湘妹子吃苦执拗的劲头儿，易冉干一行、爱一行、钻一行，26 岁就成为中国南车最年轻的电焊高级技师，31 岁获得了全国"五一"劳动奖章。2011 年 10 月，29 岁的易冉作为 7 名技能组选手之一，代表中国参加在德国吕讷堡举行的"嘉克-LVM 杯"国际焊接大赛。多国选手云集的赛场上，她是唯一的女选手。易冉沉着细致的表现令组委会折服，为她专设唯一"特别奖"，并公开展示其参赛作品。她的照片被刊登在德文报纸上，人们称她为"中国的电焊花木兰"。2016 年，易冉再次攻下 NX70A 平车中梁"七字铁"焊缝开裂、质量缺陷居高不下的难题，使她所在的中梁班组一次交验合格率从 39.73% 提升到 96.3%。她独创的"小摆快频"焊接操作法，入选中国中车绝招绝技。

随着中国制造向数字化、智能化迈进，敢打敢拼的易冉又开始了新的超越。她带领劳模创新工作室承担起了焊接机器人培训的任务，把自己多年的经验与机器人结合在一起，扬长避短，运用数字化新技术让我国的铁路货车在国际上有更强的竞争力。入职 21 年来，易冉手中交出的铁路新型货车超过 8 万辆，它们奔驰在国际、国内的物流大通道上。

【共鸣反思】

"都说电焊辛苦,年轻人不愿意干,更不适合女孩子。但我想说,行行有难处,却各有各的乐趣与价值。我愿做电焊'花木兰',在焊花下绽放绚烂人生,在奋斗中为祖国昌盛添彩。"易冉说。在我国各行各业,都有这样的"易冉"。他们努力工作和默默奉献,在平凡的岗位上,实现自己的人生梦想,展现工人的风范。他们凭着对本职工作的热爱,坚持不懈地钻研和创新,一步步走向了行业的巅峰。

党的二十大报告指出,"全面提高人才自主培养质量,着力造就拔尖创新人才。"同学们结合易冉的故事,谈谈她的哪些精神是有助你成为大国工匠的优质"种子"。

项目 4　机械装配与拆卸

任务 1　机 械 装 配

 知识树

机械装配知识树及职业素质培养如图 4-1 所示。

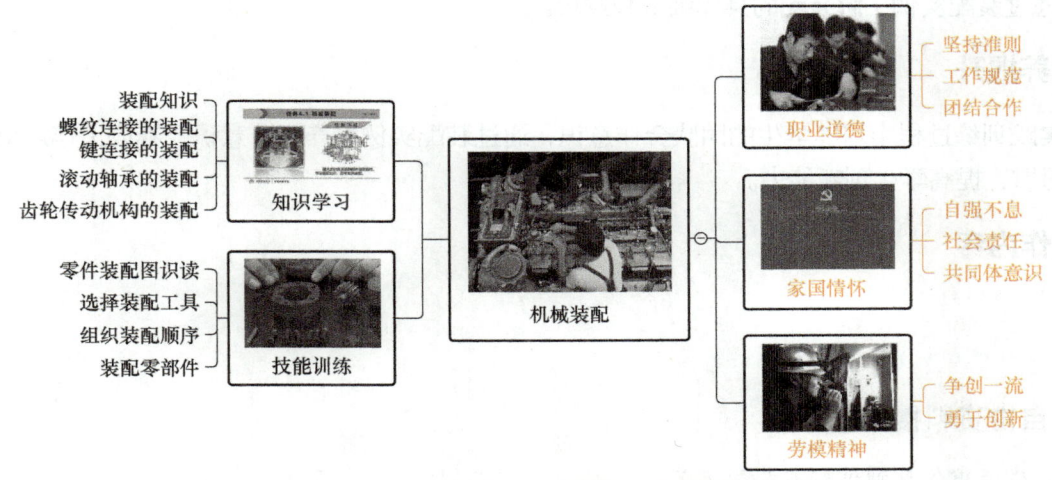

图 4-1　机械装配知识树及职业素质培养

 任务描述

装配是按适当的工艺过程将多个合格零件连接起来，使之具备一定的功能。装配是机械产品制造的最后一个环节，装配质量的优劣直接影响产品的使用性能和寿命。合格的零部件只有通过正确的装配方法和工艺才能成为合格的产品。适当的装配甚至能弥补零件的某些不严重缺陷。无论在大批大量生产中，还是在单件小批量生产中，装配工作在整个机械产品制造中都占有重要的地位。从图 4-2 可看出，该部件为变速器，包括齿轮、键、螺钉、轴承、螺母等零部件。本任务通过变速器的装配，了解机械装配的基本方法和工作流程，熟悉装配的工艺特点和方法，通过练习掌握一定的机械装配技巧。

图 4-2　变速器基本结构

 任务要求

1. 了解机械装配的基本方法和工作流程。
2. 熟悉典型连接件的装配工艺特点和方法。
3. 熟悉滑动轴承、滚动轴承和齿轮的装配工艺特点和方法。
4. 通过装配实例了解装配的具体细节和技巧。

 素养提升

在实践训练过程中培养学生的团队合作意识，通过装配实例培养标准意识，养成工作规范、坚持准则的习惯，提高学生创新能力。

 工作内容

工作一　知识学习

【自主资料搜集】

1）生活中你见到过哪些装配工艺？
_____
_____
_____

2）有哪些生活中使用的产品是需要装配的？
_____
_____
_____

【专业知识学习】

一、装配知识

1. 装配的概念

机械产品一般由许多零件和部件组成。零件是组成机器（或产品）的最小单元，两个或两个以上零件装配在一起，组成机器的一部分，称为部件。按规定的技术要求，将若干零件装配在一起组成部件或若干个零件和部件装配在一起组成整机的过程，称为装配。

2. 装配工艺过程

产品的装配工艺流程一般分为四个阶段，即装配前的准备，装配工作，调整、精度检验和试运行，喷漆、涂油和装箱。

（1）装配前的准备

装配准备工作非常重要，必须在正式装配之前完成。充分的准备对于缩短装配时间、避免装配时出错、提高装配质量与效率均有利。装配准备工作具体包含以下内容。

1）研究和熟悉产品装配图、工艺文件和技术要求，了解产品结构、零部件的功用以及相互间的连接关系。

2）确定装配方法及装配顺序，准备好装配时所需要的各种工具及设备。

3）对零部件进行必要的清洗和清理，去除零件上的飞边、铁锈、切屑、油漆及油污等，获得所需的清洁度。

4）对个别零部件进行刮削等修配工作，有特殊要求的零件还需进行平衡试验、渗漏试验或气密性试验等。

5）分类归总装配用零部件，调整好装配平台基准。

6）做好安全措施，如准备好个人保护用器具，危险品存放、运输工具等。

（2）装配工作

在装配准备工作就绪后，就可以开始正式装配。对于结构比较复杂的产品，其装配工作一般分为部件装配和总装配。

1）部件装配：是指产品进入总装前所进行的装配工作。凡是将两个以上的零件组合在一起或将零件与几个组件结合在一起，成为一个装配单元的工作，均称为部件装配。

2）总装配：是指将若干零件和部件组装成一个完整产品的过程。

（3）调整、精度检验和试运行

1）调整：是指调整零件或机构的相互位置、配合间隙、结合程度等，目的是使机构或机器工作协调。例如轴承间隙、镶条位置、蜗轮轴向位置的调整等。

2）精度检验：包括几何精度检验和工作精度检验等，如车床总装后要检验主轴中心线与床身导轨的平行度、前后两顶尖等高度等。工作精度检验一般指切削试验，如车床进行外圆或端面的车削加工试验等。

3）试运行：是指试验和检测机构或机器运转的转速、功率、振动、噪声、效率、工作温升和灵活性等性能参数是否符合要求。

（4）喷漆、涂油和装箱

机器装配好之后，为了使其表面美观，防止不加工表面锈蚀及便于运输，还需要结合装配工序进行喷漆、涂油和装箱等多项工作。

二、螺纹连接的装配

1. 螺纹连接概述

螺纹连接是一种固定连接，具有结构简单、连接可靠、装拆方便的特点，在机械中广泛使用。螺纹连接的主要类型有螺栓连接、双头螺柱连接和螺钉连接等。

连接件的装配

2. 螺纹连接的装配技术要求

1）保证一定的拧紧力矩。螺纹连接装配时需要有一定的拧紧力矩，以达到螺纹连接可靠和紧固的目的。

2）有可靠的防松装置。可靠的防松装置可以防止在冲击、振动或交变载荷下，螺纹牙之间正压力减小，使螺纹连接松动。

螺纹的种类及其应用

3）保证螺纹连接的配合精度。螺纹连接的配合精度由螺纹公差带和旋合长度两个因素确定，分为精密、中等、粗糙三种。

3. 螺纹连接的装拆工具（见表 4-1）

表 4-1 螺纹连接的装拆工具

工具名称		图示	特点及应用
扳手	梅花扳手	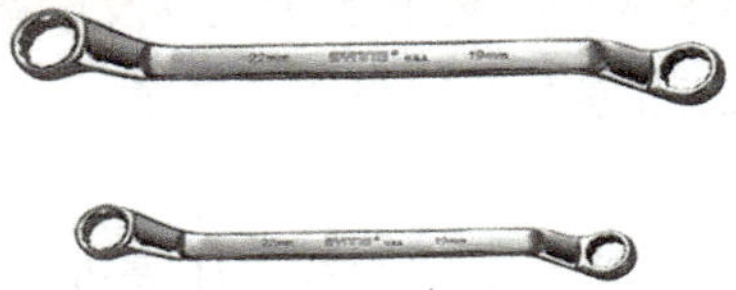 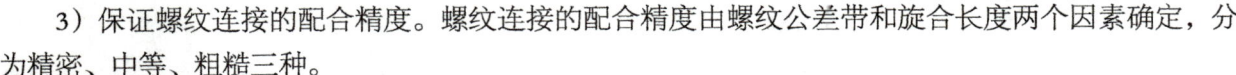	承载能力大、换位转角小（30°），适用于工作空间狭小、不能容纳普通扳手的场合
	套筒扳手	 	由不同规格的梅花套筒组成一套。在受结构限制、其他扳手无法装拆或为了节省装拆时间时采用，使用方便，工作效率较高
	内六角扳手		用于装拆内六角螺钉。其规格用六方的对边尺寸表示，使用时必须与螺钉配套
	钩头扳手	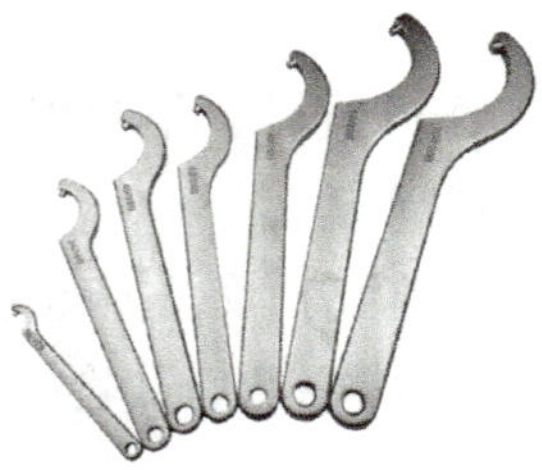	用于装拆圆螺母
	扭力扳手	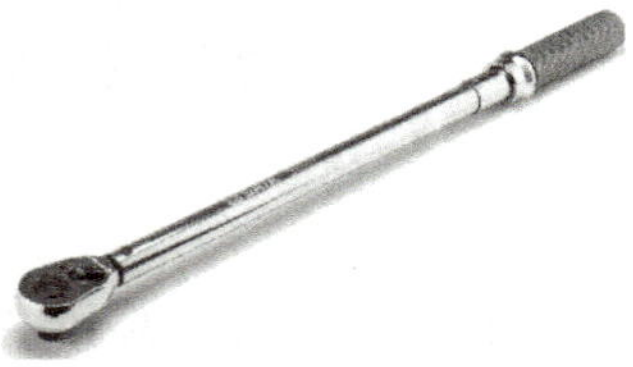	常用的有指针型和数显型，主要用于有预紧力要求的场合

（续）

工具名称		图示	特点及应用
扳手	棘轮扳手		此扳手不用换位，反复摆动手柄即可拧紧或松开螺母或螺钉，具有使用方便、效率高等特点
	活扳手		开口尺寸可在一定范围内调节。使用时，应让固定钳口承受主要作用力，否则容易损坏扳手。其规格用长度表示
	呆扳手		其规格用开口尺寸表示，一般由多把不同规格的呆扳手组成一套，用于装拆六角形或方头的螺母或螺钉
螺钉旋具	一字螺钉旋具		规格用旋体长度表示。使用时，应根据螺钉沟槽的宽度选用
	十字螺钉旋具		主要用来装拆头部带十字槽的螺钉，其优点是旋具不易从槽中滑出

4. 螺纹连接的装配工艺

（1）控制预紧力的方法

规定预紧力的中、小型螺纹连接，常用控制力矩法、控制转角法来保证预紧力。控制力矩法用扭力扳手使预紧力达到要求值；控制转角法是依靠拧紧螺母消除间隙后，再将螺母旋转一定的角度。

认识螺纹连接的预紧

（2）螺母和螺钉的装配要点

用专用工具装配螺母和螺钉，除了要按一定的拧紧力矩来拧紧以外，还应注意以下几点。

1）连接杆不产生弯曲变形，螺钉头部、螺母底面应与连接杆接触良好。

2）被连接件应均匀受压，相互紧密贴合，连接牢固。

3）装配成组螺栓和螺母时，应根据被连接件的形状和螺栓分布情况，按照先中间、后两边的原则分层次、对称、逐次拧紧螺母，如图 4-3 所示，以防止螺栓受力不一致导致变形。

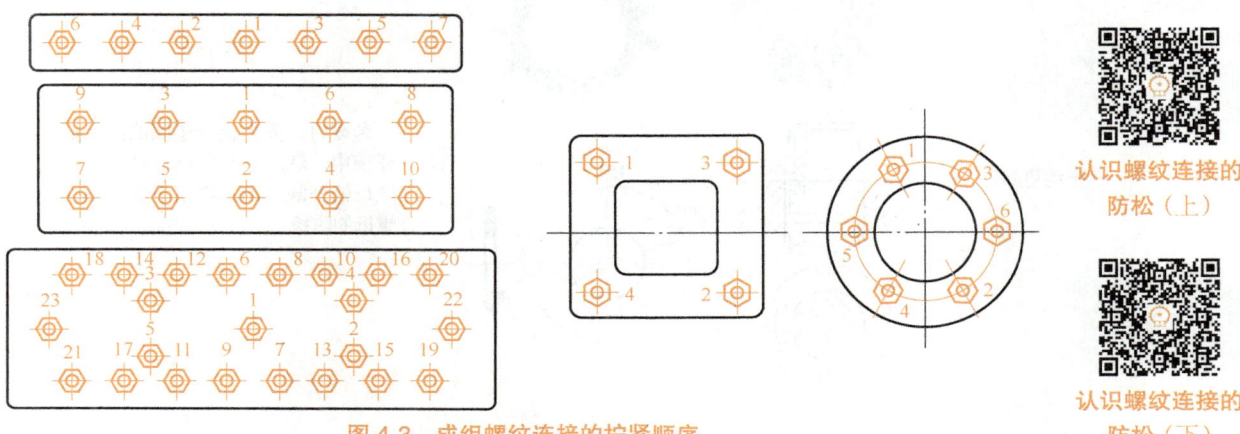

图 4-3 成组螺纹连接的拧紧顺序

认识螺纹连接的防松（上）

认识螺纹连接的防松（下）

(3) 螺纹连接的防松

螺纹连接用于有振动或冲击的场合时，为防止螺钉或螺母松动，必须有可靠的防松装置。常用的防松方法有两大类，其防松装置的结构、特点及应用见表4-2。

表 4-2　螺纹常用的防松方法

防松方法	防松装置	结构图示	特点及应用
摩擦防松	双螺母	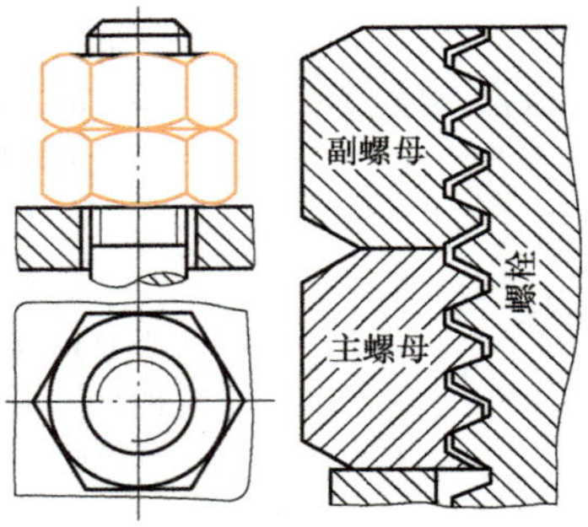	将主螺母拧紧至预定位置，然后再拧紧副螺母。此防松装置增加了结构尺寸和质量，一般用于低速重载或较平稳的场合
摩擦防松	弹簧垫圈	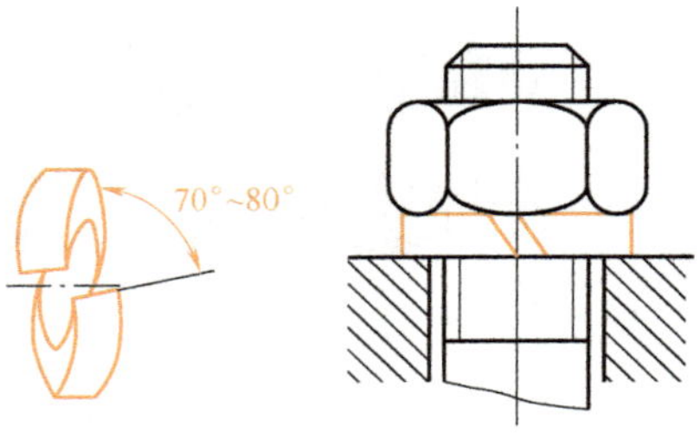	此防松装置结构简单，但容易刮伤螺母和被连接件表面，同时因弹力分布不均，螺母容易偏斜；一般用于工作较平稳且不经常拆装的场合
机械防松	开口销与带槽螺母	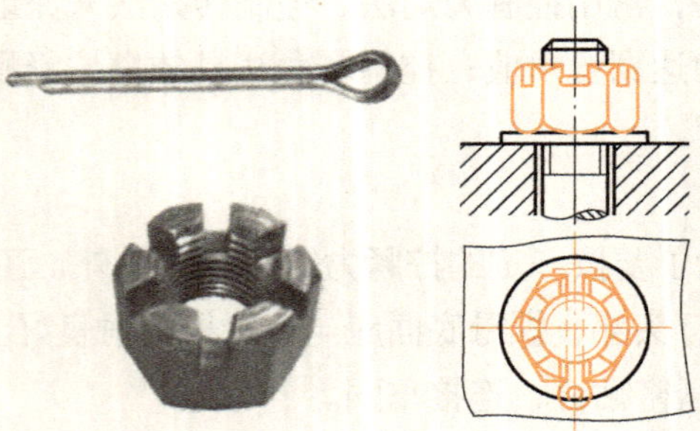	它防松可靠，但螺杆上销孔的位置不易与螺母最佳锁紧位置的槽口吻合；多用于变载和振动场合
机械防松	止动垫圈	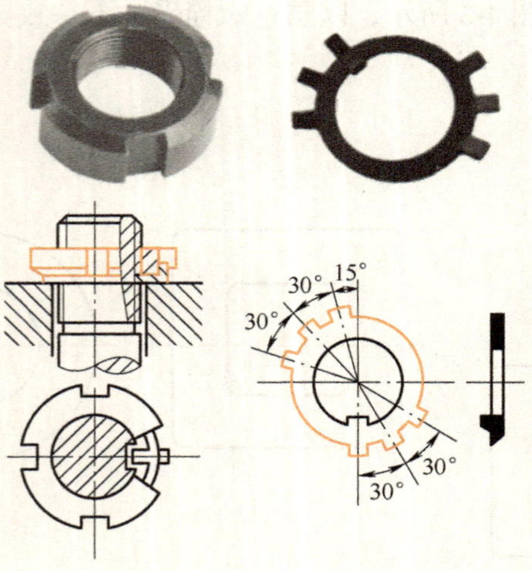	装配时，先把止动垫圈的内翅插入螺杆槽中，然后拧紧螺母，再把外翅弯入螺母的外缺口内；常用于受力不大的圆螺母的防松

(续)

防松方法	防松装置	结构图示	特点及应用
机械防松	带耳垫圈	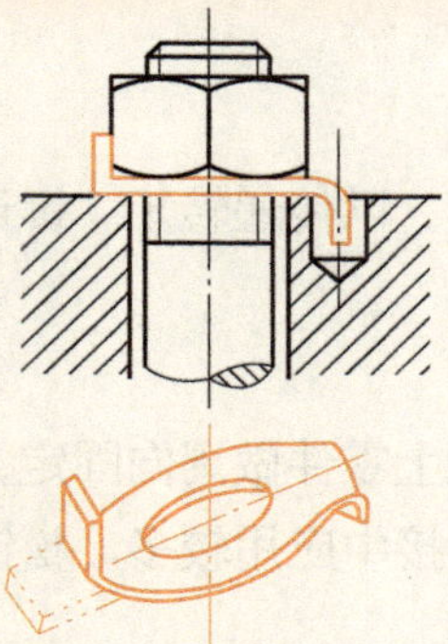	垫圈耳部分别与连接件和六角螺钉或螺母紧贴,防止回松。常用于连接部分可容纳弯耳的场合
	串联钢丝	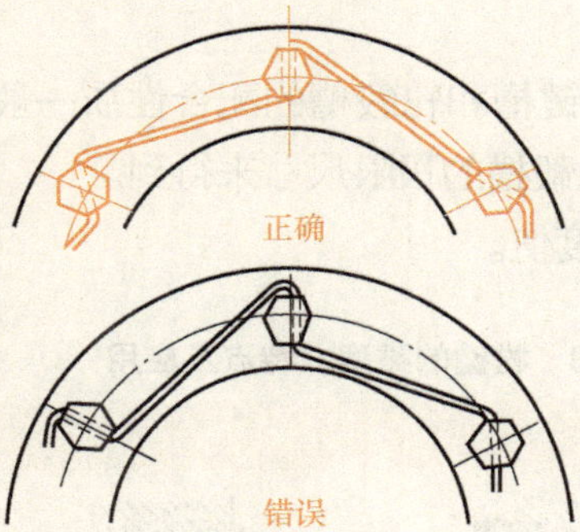 正确 / 错误	用钢丝穿过各螺钉头部的径向小孔,利用钢丝的相互牵制作用来防止回松。使用时应注意钢丝的穿绕方向。适用于结构紧凑的成组螺纹连接
破坏螺纹副防松	点焊或冲点	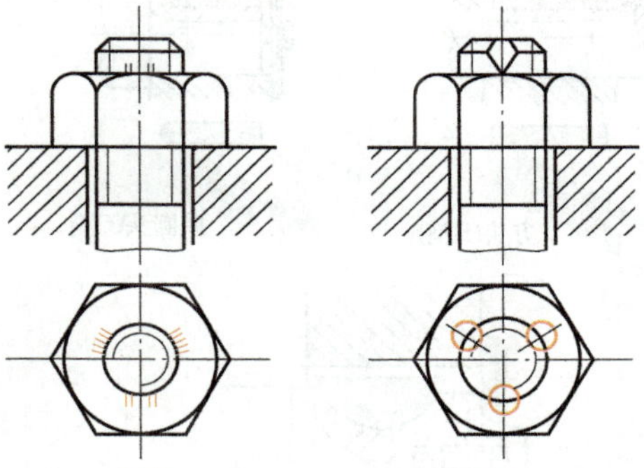 点焊 / 冲点	将螺钉或螺母拧紧后,在螺纹旋合处点焊或冲点。这种防松效果好,用于不再拆卸的场合

1)摩擦防松。其中双螺母防松装置使用主、副两个螺母,利用两个螺母之间增大正压力和摩擦力来起防松作用,一般用于低速、重载或较平稳的场合。弹簧垫圈防松是当拧紧螺母时,垫圈受压,产生弹力顶住螺母,从而在螺纹间产生压力和摩擦力,其特点是结构简单,防松可靠,一般用于不经常拆卸的场合。

2)机械防松。机械防松利用机械方法使螺母与螺栓或螺钉、螺母与被连接件相互锁牢,以达到防松的目的。开口销与带槽螺母防松多用于有变载和振动处;止动垫圈防松可靠;串联钢丝防松适用于布置较紧凑的成组螺纹连接。

5. 螺纹连接的损坏及修复

1)螺纹损坏使配合过松时,可将螺纹孔钻大,攻制大直径的新螺纹,配换新螺钉。

2)螺钉、螺柱的螺纹损坏时,一般更换新的螺钉、螺柱。

3)螺钉头拧断时,若断在孔口外面,可在螺栓上锯槽、锉方或焊接一个螺母后将其拧出;若断在孔内,可用比螺纹小径小一点的钻头将螺柱钻出,再用丝锥修整内螺纹。

4)螺钉、螺柱因锈蚀而难以拆卸时,可采用煤油浸润,使锈蚀处疏松后,即较容易拆卸;也可以用锤子敲打螺钉或螺母,使铁锈振动脱落后将其拧出。

三、键连接的装配

1. 键连接概述

键连接用来实现轴和轴上零件的周向固定,以传递转矩。键连接可分为松键连接、紧键连接和花键连接三大类。

2. 松键连接的装配

松键连接靠键的侧面来传递转矩,只对轴上零件做周向固定,不能承受轴向力,松键连接能保证轴与轴上零件有较高的同轴度,在高速精密连接中应用较多。松键连接包括普通平键连接、半圆键连接、滑键连接和导向平键连接等,见表4-3。

(1) 松键连接的装配技术要求

1) 保证键与键槽的配合要求。键与键槽和轮毂槽的配合性质一般取决于机构的工作要求,各种不同配合性质的获得,要靠改变轴槽、轮毂槽的极限尺寸来得到。

2) 键与键槽应具有较小的表面粗糙度值。

表 4-3 松键的类型、特点及应用

键连接类型	图示	特点及应用
普通平键连接	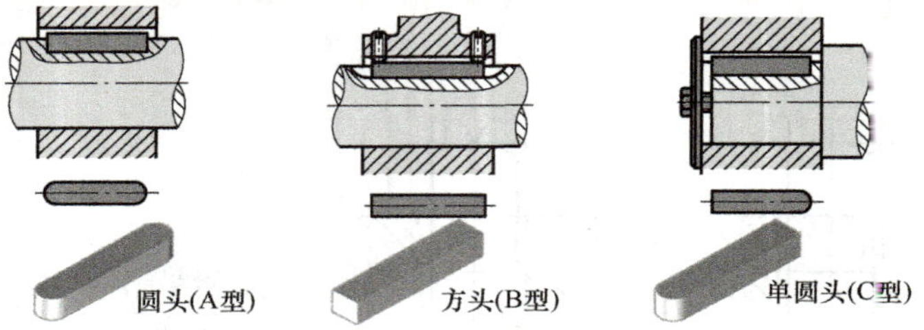 圆头(A型) 方头(B型) 单圆头(C型)	普通平键连接靠键的侧面传递转矩,只对轴上零件做周向固定,不能承受轴向力,轴与轮毂的同轴度较好,应用广泛,常用于高精度、传递重载荷、冲击及双向转矩的场合
半圆键连接	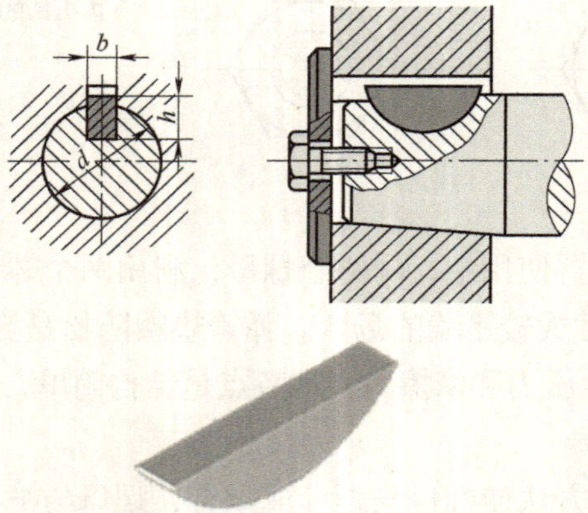	半圆键连接的工作原理与平键连接相同,轴上键槽用与半圆键半径相同的盘状铣刀铣出,因此半圆键在槽中可绕其几何中心摆动,以适应轮毂槽底面的斜度。半圆键连接结构简单,制造和装拆方便,但由于轴上键槽较深,对轴的强度削弱较大,因此一般多用于轻载连接,尤其是锥形轴端与轮毂的连接中
滑键连接	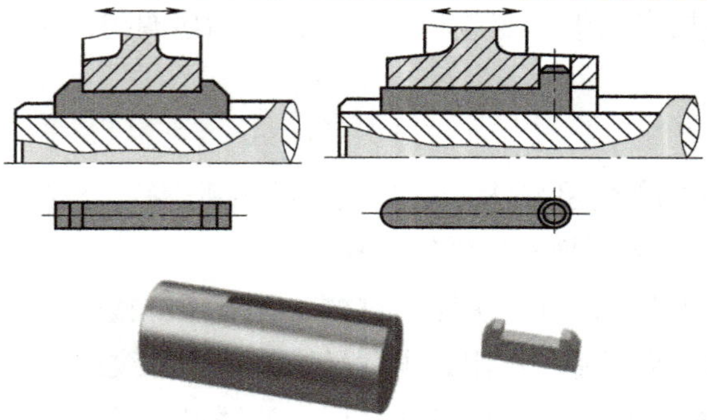	将键固定在轮毂上,键随轮毂一起沿轴槽滑动,适用于轴向移动距离较大的场合

（续）

键连接类型	图示	特点及应用
导向平键连接		导向平键用螺钉固定在轴上的键槽中，轮毂沿键的侧面做轴向滑动，用于轮毂沿轴向移动距离较小的场合

3）键装入轴槽中应与槽底贴紧，键长方向与轴槽有 0.1mm 的间隙，键的顶面与轮毂槽之间有 0.3~0.5mm 的间隙。

(2) 松键连接装配要点

1）清理键及键槽上的毛刺，以防配合时产生过大的过盈量而破坏配合的正确性。

2）对于重要的键连接，装配前应检查键的直线度、键槽对轴线的对称度及平行度等。

3）用键的头部与轴槽试配，应能使键较紧地嵌在轴槽中（对普通平键和导向平键而言）。

4）锉配键长时，在键长方向上，键与键槽间留有 0.1mm 左右的间隙。

5）在配合面上加机油，用铜棒或台虎钳将键压装在轴槽中，并与槽底接触良好。

6）试配并安装套件（如齿轮、带轮等）时，键与键槽的非配合面应留有间隙，以便轴与套件达到同轴度要求；装配后的套件在轴上不能左右摆动，以免引起冲击和振动。

3. 紧键连接的装配

紧键连接常用楔键。楔键分为普通楔键和钩头楔键，如图 4-4 所示。楔键的上、下两面是工作面，键的上表面和轮毂槽的底面均有 1:100 的斜度，键侧面与键槽间有一定的间隙。装配时需打入，靠过盈配合来传递转矩。紧键连接还能实现轴向固定零件和传递单方向轴向力，但易使轴上零件与轴的配合产生偏心和歪斜，多用于对中性要求不高、转速较低的场合。

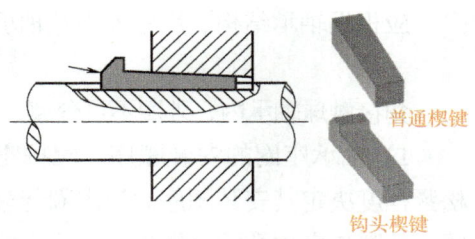

图 4-4 楔键连接

(1) 楔键连接的装配技术要求

1）楔键的斜度应与轮毂槽的斜度一致，以免套件歪斜，降低连接强度。

2）楔键与槽的两侧面间要留有一定间隙。

3）对于钩头楔键，钩头与套件端面之间应留有一定距离，以便拆卸。

(2) 楔键连接的装配要点

装配楔键时，要用涂色法检查楔键上、下表面与轴槽或轮毂槽的接触情况，若接触不良，应修整键槽。合格后，在配合面加润滑油，轻轻将其敲入，应保证套件周向、轴向固定可靠。

4. 花键连接的装配

花键连接具有承载能力强、传递转矩大、同轴度和导向性好、对轴强度削弱小等特点，适用于大载荷和同轴度要求较高的连接。按工作方式分，花键连接有静连接和动连接两种；按齿廓形状分，花键可分为矩形花键和渐开线花键两类；按定心方式分，花键配合有大径定心、小径定心和键侧定心三种方式。

(1) 静连接花键的装配（变速器中未用到）

套件应在花键轴上固定，故有少量过盈，装配时可用铜棒轻轻敲入，但不得过紧。过盈量较大时，应将套件加热至 80~120℃ 后进行热装。

（2）动连接花键的装配

套件在花键轴上可以自由滑动，间隙应适当，用手摆动套件时，不应感觉有明显的周向间隙。

5. 键的损坏形式及修复

键磨损或损坏时，一般应更换新键。轴与轮毂上的键槽损坏时，可用锉削的方法将轴槽和轮毂槽加宽，再配置新键。大型花键轴磨损时，可采用镀铬或堆焊，再加工到规定尺寸的方法进行修复。

四、滚动轴承的装配

1. 滚动轴承

传动件的装配

滚动轴承一般由外圈、内圈、滚动体和保持架组成，具有摩擦小、传动效率高、轴向尺寸小、装拆方便等优点，是机器中的重要部件之一。滚动轴承是标准件，轴承内圈与轴的配合采用基孔制，外圈与轴承孔的配合采用基轴制。

2. 滚动轴承装配的技术要求

1）滚动轴承上带有标记的端面应装在可见方向，以便更换时查对。
2）轴承装在轴上或装入轴承座孔后，不允许有歪斜现象。
3）同轴的两个轴承中，必须有一个轴承在轴受热膨胀时有轴向移动的余地。
4）装配轴承时，压力或冲击力应直接加在待配合的套圈端面上，不允许通过滚动体传递压力。
5）装配过程中应保持清洁，防止异物进入轴承内。
6）装配后的轴承应运转灵活、噪声小，工作温度不超过50℃。

3. 滚动轴承的装配方法

应根据轴承结构、尺寸大小及轴承部件的配合性质来确定滚动轴承的装配方法。

（1）不可分离型轴承的装配

角接触球轴承内、外圈不可分离，装配时应按座圈配合的松紧程度来决定其装配顺序与装配方法。

1）轴承座圈的安装顺序。应按座圈配合的松紧程度决定其安装顺序。当内圈与轴颈配合较紧、外圈与壳体孔配合较松时，应先将轴承装在轴上，压装时，以铜或软铝做的套筒垫在轴承内圈上，然后连同轴一起装入壳体中，如图4-5a所示。当轴承外圈与壳体孔为紧配合、内圈与轴颈为较松配合时，应先将轴承压入壳体中，如图4-5b所示；当轴承内圈与轴、外圈与壳体孔都是紧配合时，应把轴承同时压在轴上和壳体中，此时套筒的端面做成能同时压紧轴承内、外圈的圆环，如图4-5c所示。

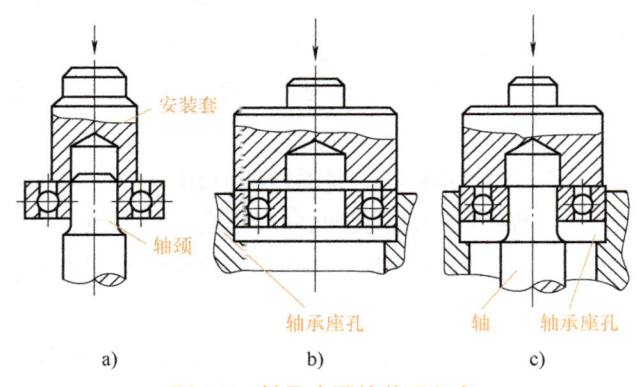

图4-5 轴承座圈的装配顺序

2）压入轴承时的方法和工具。可根据配合过盈量的大小，分别采用锤击法、压力机压入法、热装法等。锤击法用于配合过盈量较小的场合，用锤子及铜棒在轴承内圈（或外圈）端面上对称地进行敲击装配，如图4-6a所示。当配合过盈量较大时，可用压力机压入法进行装配，如图4-6b所示。如果轴颈尺寸较大且过盈量也较大时，为装配方便，可采用热装法，即将轴承放在油中加热至80~100℃后，与常温状态下的轴配合，如图4-6c所示。图4-6d所示为感应加热器。

（2）分离型轴承的装配

圆锥滚子轴承的内、外圈可以分离，装配时可分别将内圈和滚动体一起装入轴上，外圈装入轴承座孔中，装配时仍按其过盈量大小来选择装配方法和工具。

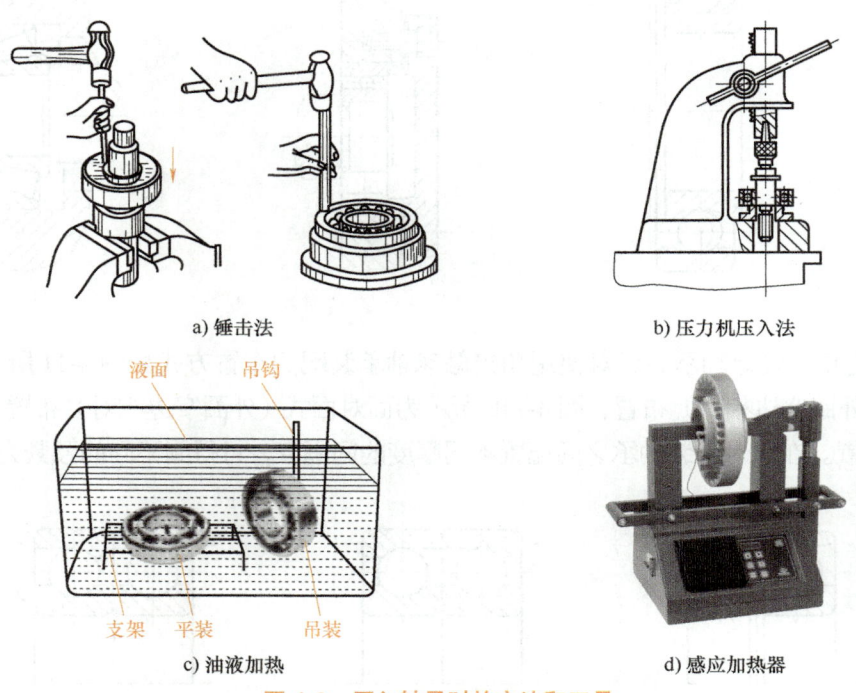

a) 锤击法　　b) 压力机压入法　　c) 油液加热　　d) 感应加热器

图 4-6　压入轴承时的方法和工具

（3）推力球轴承的装配

推力球轴承有松圈和紧圈之分，装配时要注意不能装反，以免造成轴发热甚至卡死的现象。装配时应使紧圈靠在转动零件的端面上，松圈靠在静止零件（或箱体）的端面上，如图 4-7 所示。

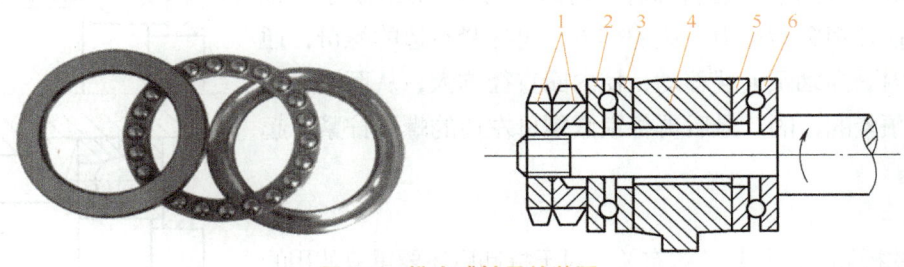

图 4-7　推力球轴承的装配

1—螺母　2、6—紧圈　3、5—松圈　4—箱体

（4）滚动轴承游隙的调整

滚动轴承游隙是指在一个套圈固定的情况下，另一个套圈沿径向或轴向的最大活动量，分为径向游隙和轴向游隙两种，如图 4-8 所示。通常采用使轴承的内圈相对外圈做适当轴向相对位移的方法来保证游隙，调整方法如下。

1）调整垫片法。通过调整轴承盖与壳体端面间的垫片厚度来调整轴承的轴向游隙，如图 4-9 所示。

2）螺钉调整法。如图 4-10 所示，松开锁紧螺母，再调整螺钉，待游隙调整好后再拧紧螺母。

（5）滚动轴承的预紧

预紧是在装配时给轴承的内圈或外圈施加一个轴向力，以消除轴承游隙，并使滚动体与内、外圈接触处产生初变形。滚动轴承的预紧方法有以下几种。

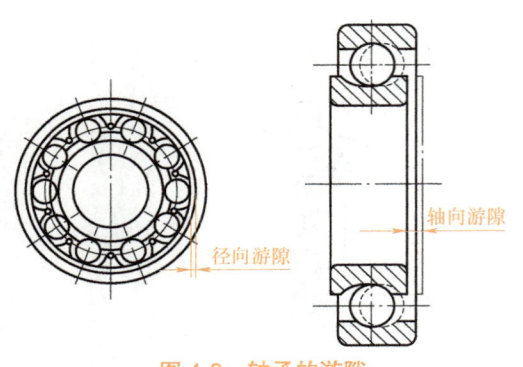 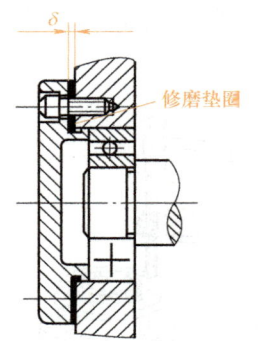 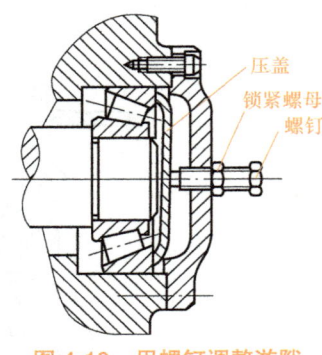

图 4-8　轴承的游隙　　　　图 4-9　用垫片调整轴向游隙　　　　图 4-10　用螺钉调整游隙

1）成对使用角接触球轴承。成对使用角接触球轴承装配的布置方式如图 4-11 所示。图 4-11a 所示为背对背式（外圈宽边相对）布置，图 4-11b 所示为面对面式（外圈窄边相对）布置，图 4-11c 所示为同向排列式布置。在成对安装轴承之间配置不同厚度的间隔套，可得到不同的预紧力。

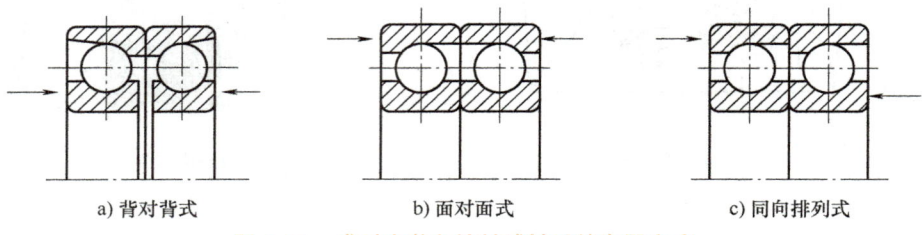

a) 背对背式　　　　b) 面对面式　　　　c) 同向排列式

图 4-11　成对安装角接触球轴承的布置方式

2）用弹簧预紧。如图 4-12 所示，通过调整螺母，使弹簧产生不同的预紧力施加在轴承外圈上，达到预紧的目的。

3）调整轴承锥形孔内圈的轴向位置预紧。如图 4-13 所示，预紧的顺序是先松开锁紧螺母中左边的螺母，再拧紧右边的螺母，通过隔套使轴承内圈向轴颈大端移动，使内圈直径增大，从而消除径向游隙，达到预紧的目的。最后再将锁紧螺母左边的螺母拧紧，起到锁紧的作用。

4. 滚动轴承的拆卸

滚动轴承的拆卸方法与其结构有关。对于拆卸后还要重复使用的轴承，拆卸时不能损坏轴承的配合表面，不能将拆卸的作用力施加在滚动体上。可用压力机或顶拔器拆卸滚动轴承，如图 4-14 所示。

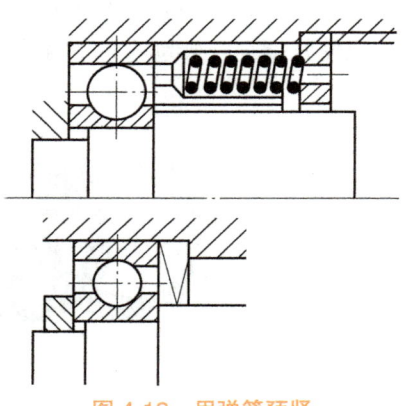

图 4-12　用弹簧预紧

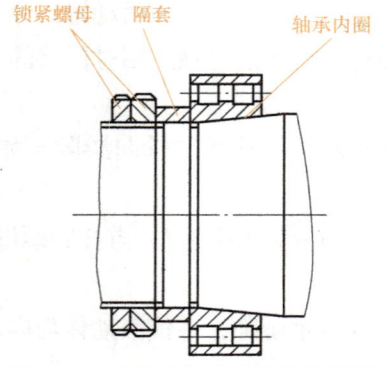 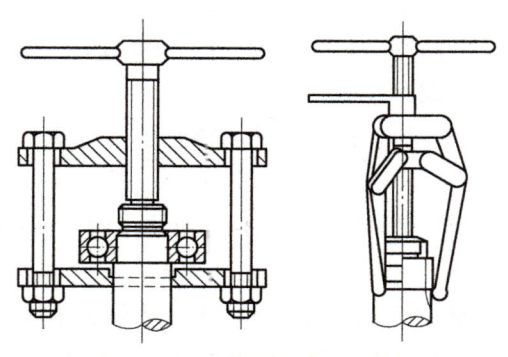

图 4-13　内圈为圆锥孔轴承的预紧　　　　图 4-14　用顶拔器拆卸滚动轴承

五、齿轮传动机构的装配

1. 齿轮传动概述

齿轮传动是机械中最常用的传动方式之一，其优点是传动比恒定、变速范围大、传动效率高、传动功率大、结构紧凑、使用寿命长等；缺点是噪声大、无过载保护，不宜用于远距离传动、制造装配要求高的场合等。

2. 齿轮传动机构装配的技术要求

1）齿轮孔与轴的配合要满足使用要求。空套齿轮在轴上不得有晃动现象；滑移齿轮不应有咬死或阻滞现象；固定齿轮不得有偏心或歪斜现象。

2）保证齿轮有准确的安装中心距和适当的齿侧间隙。

3）保证齿面有正确的接触位置和足够的接触面积。

4）进行必要的平衡试验。对转速高、直径大的齿轮，装配前应进行动平衡试验，以免工作时产生过大的振动。

3. 圆柱齿轮传动机构的装配

装配圆柱齿轮传动机构时，一般是先把齿轮装在轴上，再把齿轮轴部件装入箱体。

（1）齿轮与轴的装配

1）在轴上空套或滑移的齿轮，一般与轴为间隙配合，装配精度主要取决于零件本身的加工精度，这类齿轮装配较方便，应注意检查轴、孔的尺寸。

2）在轴上固定的齿轮与轴的配合多为过渡配合，有少量的过盈。当过盈量较小时，用手工工具敲击装入；过盈量较大时，可用压力机装入或采用液压套合的装配方法。压装齿轮时要尽量避免齿轮偏心、歪斜和齿轮端面未紧贴轴肩等安装误差，如图 4-15 所示。

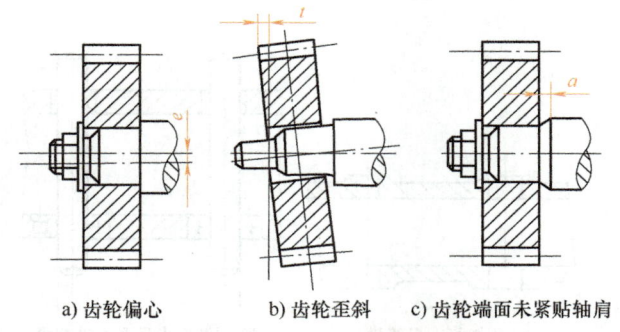

a) 齿轮偏心　　b) 齿轮歪斜　　c) 齿轮端面未紧贴轴肩

图 4-15　齿轮在轴上的安装误差

3）对于精度要求高的齿轮传动机构，压装后应检测径向圆跳动和轴向圆跳动。检测径向圆跳动误差的方法如图 4-16 所示，将齿轮轴架在顶尖上，使轴与平板平行，把圆柱规放在齿轮的齿间，将百分表的测头抵在圆柱规上并读数，然后转动齿轮，每 3~4 齿检查一次。齿轮转一周，百分表的最大读数与最小读数之差就是齿轮的径向圆跳动误差。齿轮轴向圆跳动误差的检测如图 4-17 所示，将齿轮轴用顶尖顶住，并用百分表的测头抵在齿轮端面上。在齿轮旋转一周范围内，百分表的最大读数与最小读数之差即为齿轮的轴向圆跳动误差。

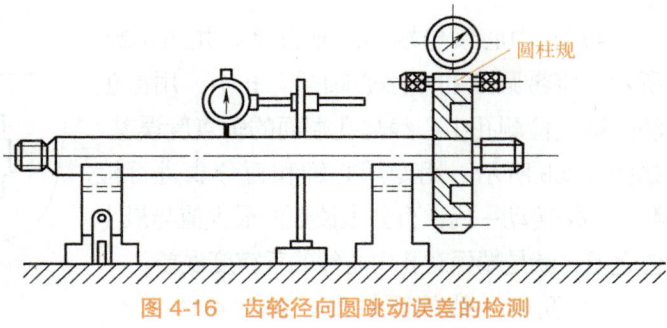

图 4-16　齿轮径向圆跳动误差的检测

（2）齿轮轴装入箱体

齿轮轴部件装入箱体后，必须检查啮合质量，包括齿侧间隙的检验和接触精度的检验及正确的接触位置。另外，齿轮本身制造精度、箱体孔的精度都直接影响齿轮的啮合质量。装配齿轮前一定要对箱体进行检查。

1）装配前箱体的检测。

相互啮合的一对齿轮的安装中心距（箱体孔距）是影响齿侧间隙的主要因素。箱体孔距的检测方法如图4-18所示，用游标卡尺分别测得 d_1、d_2、L_1、L_2，然后计算出中心距，即

$$A = \frac{L_1 + L_2}{2} - \frac{d_1 + d_2}{2}$$

2）孔系（轴系）平行度。用千分尺分别测量心轴两端尺寸 L_1、L_2，L_1 减去 L_2 就是两孔轴线的平行度误差值。

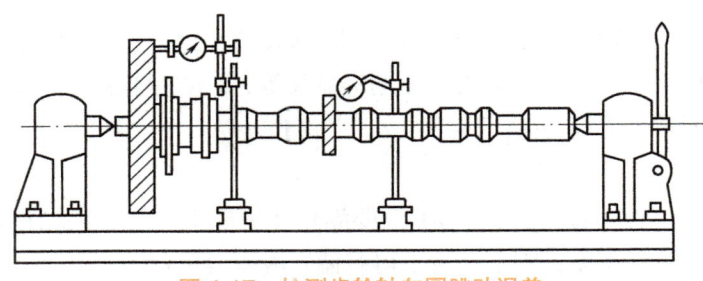

图4-17　检测齿轮轴向圆跳动误差

3）孔中心线与基面的距离尺寸和平行度。如图4-19所示，将箱体基面用等高垫块支承在平板上，使心轴与孔紧密配合，用游标卡尺（量块或百分表）测量心轴两端的尺寸 h_1、h_2，则孔中心线与基面的距离为

$$h = \frac{h_1 + h_2}{2} - \frac{d}{2} - a$$

平行度误差为

$$\Delta = h_1 - h_2$$

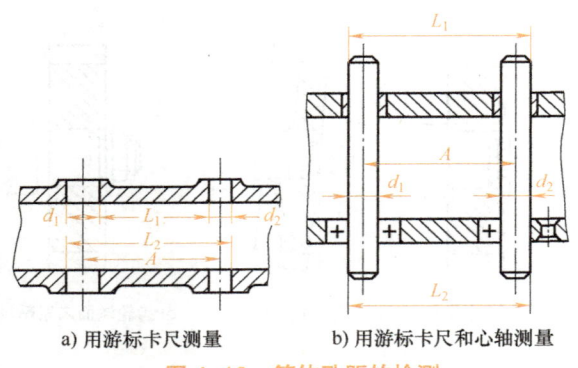

a) 用游标卡尺测量　　b) 用游标卡尺和心轴测量

图4-18　箱体孔距的检测

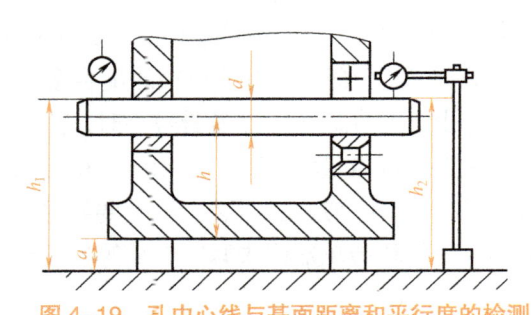

图4-19　孔中心线与基面距离和平行度的检测

4）孔中心线与端面的垂直度。如图4-20a所示，将带圆盘的专用心轴插入孔中，用涂色法或塞尺检测孔中心线与孔端面的垂直度误差。如图4-20b所示，用专用心轴和百分表进行检测，心轴转动一周，百分表读数的最大值与最小值之差，就是端面对孔中心线的垂直度误差。

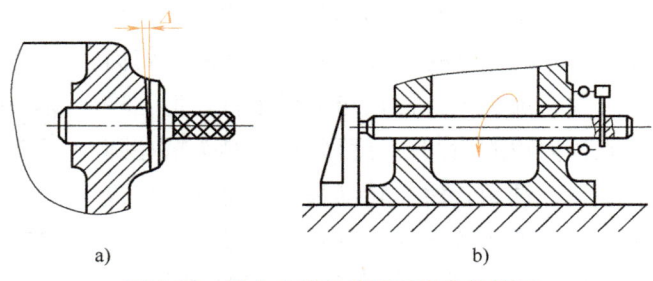

图4-20　孔中心线与端面垂直度的检测

5）孔中心线的同轴度。如图4-21所示，批量生产时，用专用心轴进行检测，心轴能自由推入，表明孔的同轴度合格；不同直径的孔，应用外径不同的检验套配合检测。将百分表固定在心轴上，心轴转动一周，百分表最大读数与最小读数之差的一半即为同轴度误差。

（3）齿侧间隙的检验

齿侧间隙的检验方法有两种。图4-22所示为压铅丝法，将直径为1.25~1.5倍侧隙的软铅丝用油脂粘在小齿轮上，铅丝长度不应小于5个齿距，在齿面沿齿宽两端平行放置两条铅丝。转动齿轮，测量铅丝被挤压后相邻的两较薄部分的厚度，其和即为齿侧间隙。图4-23所示为用百分表测量齿侧间隙的

方法。测量时将百分表测头直接抵在一个齿轮的齿面上，另一齿轮固定。将接触百分表测头的齿从一侧啮合迅速转到另一侧啮合，百分表读数的差值即为齿侧间隙。

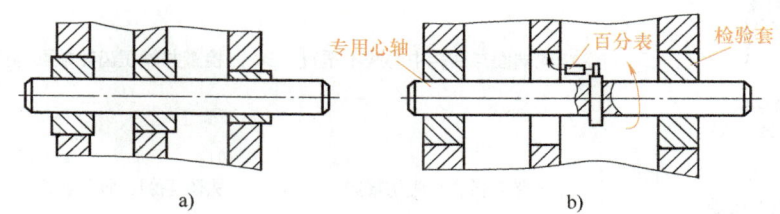

图 4-21　孔中心线同轴度的检测

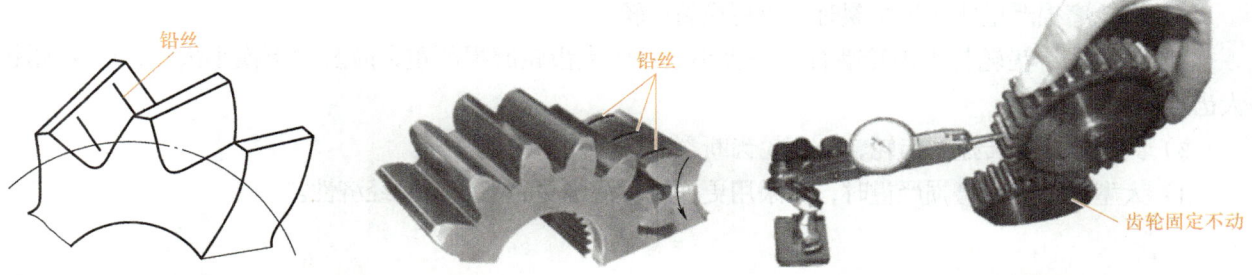

图 4-22　压铅丝法检测齿侧间隙　　　　　图 4-23　用百分表检测齿侧间隙

（4）接触精度的检验

接触精度的主要检验指标是接触斑点，一般用涂色法检验。将红丹粉涂于主动齿轮齿面上，转动主动齿轮并使从动齿轮轻微制动后，即可检查其接触斑点。对双向工作的齿轮，正、反两个方向都应检查。一般传动齿轮（6~9级精度）在轮齿的高度上接触斑点应不少于30%，在轮齿的宽度上应不少于40%，且应在检验处上下对称分布。

渐开线圆柱齿轮接触斑点状况分析及调整方法见表 4-4。

表 4-4　渐开线圆柱齿轮接触斑点状况分析及调整方法

接触斑点	状况分析	调整方法
正常接触	—	—
中心距太大	中心距太大	适当缩小中心距
中心距太小	中心距太小	适当增大中心距
同向偏接触	两齿轮轴线不平行	调整齿轮轴线，使齿轮轴线相互平行
异向偏接触	两齿轮轴线歪斜	可在中心距允许范围内刮削轴瓦或调整轴承座
单面偏接触	两齿轮轴线不平行，同时歪斜	调整齿轮轴线，使齿轮轴线相互平行

（续）

接触斑点	状况分析	调整方法
 游离接触 （在整个齿圈接触区由一边逐渐偏向另一边）	齿轮端面与回转中心线不垂直	检查并找正齿轮端面与回转中心线的垂直度
不规则接触（有时在齿面上的一个点接触，有时在端面的边线上接触）	齿面有毛刺或有碰伤隆起	去除毛刺、修整齿面

4. 齿轮传动机构的修复

1) 齿轮磨损严重或轮齿断裂时，应更换新齿轮。

2) 如果是小齿轮与大齿轮啮合，一般小齿轮比大齿轮磨损严重，应及时更换小齿轮，以免加速大齿轮磨损。

3) 大模数、低转速的齿轮，个别轮齿断裂时，可用镶齿法修复。

4) 大型齿轮轮齿磨损严重时，可采用更换轮缘法修复，有较好的经济性。

工作二　自我检验

1) 仔细查阅机械装配的相关资料，并和小组其他成员一起讨论。
① 装配前的准备工作有哪些？

② 简述装配流程。

2) 学习典型连接的装配方法，并和小组其他成员一起讨论总结。
① 螺纹连接的装配工具有哪些？

② 哪种连接方式、在什么情况下装配，会用到扭力扳手？

③ 键连接适用于哪些机械结构？装配时要注意什么？

④ 滚动轴承的装配有哪些方法？试进行归纳总结。

工作三 技能训练

根据表 4-5 的操作步骤完成各项实际操作。

变速器装配实操微课

表 4-5 变速器装配操作步骤

序号	操作步骤	操作要领	学员检查、实施并记录问题
1	设备检查	检查变速器零部件是否齐全,各零部件状态是否完好,避免在装配过程中造成零部件的缺失与损坏	
2	工、量具准备	名称 / 型号及规格 / 数量: 机械装调技术综合实训装置 / THMDZT-1 / 1套 内六角扳手 / / 1套 橡胶锤 / / 1把 长柄十字螺钉旋具 / / 1把 三角拉拔器 / / 1个 活扳手 / 250mm / 1把 圆螺母扳手 / M27、M16 / 各1把 外用卡簧钳 / 直角7in[①] / 1把 防锈油 / / 1盒 纯铜棒 / / 1根 轴承装配套筒 / / 1套 零件盒 / / 2个	
3	装配工艺分析	根据装配工艺,按照由下至上、由里及外的安装顺序对变速器进行装配,整体装配顺序如下 ① 连接变速器底板和变速器箱体 ② 安装固定轴 ③ 安装主轴 ④ 安装花键导向轴 ⑤ 安装滑块拨叉 ⑥ 安装上封盖	
4	变速器装配操作	① 变速器底板和变速器箱体的连接 用内六角螺钉(M8×25)加弹簧垫圈连接变速器底板和变速器箱体 变速器底板和变速器箱体见下图	

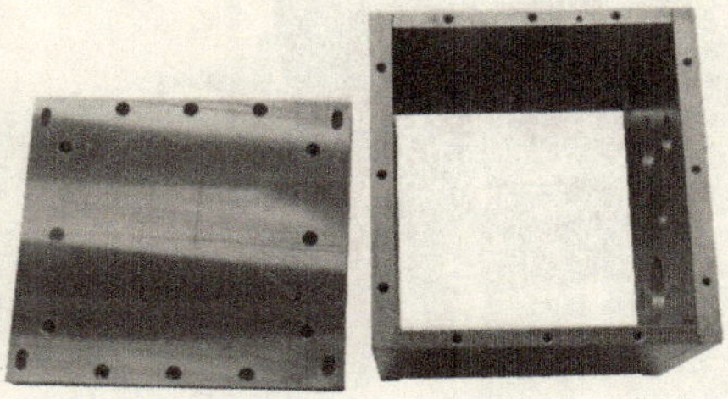

(续)

序号	操作步骤	操作要领	学员检查、实施并记录问题
4	变速器装配操作	② 安装固定轴 用冲击套筒把深沟球轴承压装到固定轴的一端，固定轴的另一端从变速器箱体的相应孔中穿过，把第一个键槽装上键，安装上齿轮，装好齿轮套筒，再把第二个键槽装上键和齿轮，安装两个圆螺母（双螺母）并旋紧，挤压深沟球轴承的内圈，把轴承安装在轴上，最后安装两端的闷盖，闷盖与箱体之间通过测量增加青稞纸，游动端不用测量，直接增加 0.3mm 厚的青稞纸 固定轴见下图  ③ 主轴的安装 将两个角接触球轴承（按背对背式）安装在主轴上，中间加轴承内、外圈套筒。安装轴承座套和轴承盖，轴承座套和轴承盖之间通过测量增加厚度最接近的青稞纸。将轴端挡圈固定在轴上，按顺序安装四个齿轮和齿轮套筒后，旋紧两个圆螺母，将轴承座套固定在箱体上，挤压深沟球轴承的内圈，把轴承安装在主轴上，装上轴承闷盖，闷盖与箱体之间增加 0.3mm 厚度的青稞纸，套上轴承内圈预紧套筒，最后通过调整圆螺母来调整两角接触球轴承的预紧力 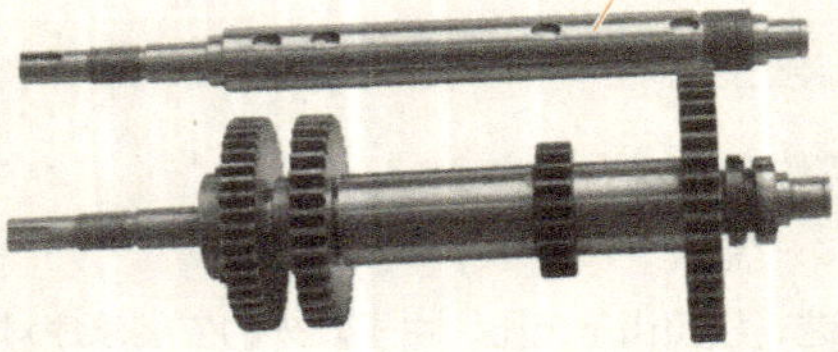 ④ 花键导向轴的安装 按照安装主轴的方法安装花键导向轴，然后安装滑移齿轮组，将轴承座固定在箱体上，挤压轴承的内圈，把深沟球轴承安装在轴上，装上轴用弹性挡圈和轴承闷盖，闷盖与箱体之间增加 0.3mm 厚度的青稞纸。套上轴承内圈预紧套筒，最后通过调整圆螺母来调整两角接触球轴承的预紧力 	

（续）

序号	操作步骤	操作要领	学员检查、实施并记录问题
4	变速器装配操作	⑤ 滑块拨叉的安装 把拨叉安装在滑块上，安装滑块滑动导向轴，装上直径 8cm 的钢球，放入弹簧，盖上弹簧顶盖，装上滑块拨杆和胶木球，通过调整两滑块拨杆的距离来调整齿轮的错位 滑块拨杆　　胶木球 滑块拨叉和滑块 ⑥ 上封盖的安装 把三块有机玻璃固定到变速器箱体顶端，完成变速器的安装和调整	
5	检测	所有齿轮安装好后，用手转动齿轮时，应旋转灵活。整个部件在装配后应转动平稳。在安装齿轮的过程中，要经常用手旋转齿轮来检查齿轮啮合是否转动平稳。装配时不要划伤零件表面，保证整体完好	
6	工作时的 6S 要求	自我检查工具的摆放、零部件的归类整理、装配台的清理、周围环境的清理情况	
7	安全要求	实训中注意周围人员及自身安全，防止因挥动工具、工具脱落、铁屑飞溅造成伤害	

① 1in=25.4mm。

工作四　总结与反馈

1. 填写 TPM 和 6S 表格

完成表 4-6 装配台 TPM 每日点检表和表 4-7 装配区域 6S 检查表的填写。

表 4-6　装配台 TPM 每日点检表

所属区域：装配实训室　设备名称：装配台、机械装调技术综合实训装置　设备型号：　　　　年　月

序号	保养及点检内容	学年　第　学期　第　周						
		星期一	星期二	星期三	星期四	星期五	星期六	星期日
1	变速器所有零部件齐全且完整							
2	工具在专门的摆放位置摆放整齐，工具准备齐全							
3	所有齿轮安装好后，用手转动齿轮时，应旋转灵活；整个部件在装配后应转动平稳；零部件表面完好、干净，没有划痕							

（续）

序号	保养及点检内容	学年　第　学期　第　周						
		星期一	星期二	星期三	星期四	星期五	星期六	星期日
4	装配台干净、无异物							
	点检人签名							
	异常情况描述							

备注：1）点检记录：√—正常、×—异常，在异常情况描述栏内注明异常现象并通知实训教师。
2）只要使用设备，必须在实训教师指导下进行每天点检。
3）如果设备一周都不使用，可以只进行每周点检。
4）每次实训结束由实训教师收集此表，交实训室指导教师复核后保存。

表 4-7　装配区域 6S 检查表

名称	序号	检查内容	学年　第　学期　第　周						
			星期一	星期二	星期三	星期四	星期五	星期六	星期日
（一）整理	1	通道畅通、整洁							
	2	工作场所的设备、零部件堆放整齐，不放置不必要的物品							
	3	教学区保持整齐，没有摆放无关物品							
（二）整顿	4	机器设备定期保养，摆放整齐，处于最佳状态							
	5	各工具摆放位置正确							
（三）清扫	6	装配区域地面每天下班前打扫，工作台区域无杂物、废物							
	7	工作台无可见杂物，保持干净							
（四）清洁	8	实训区整体保持整洁、美观							
（五）素养	9	教师和学生按要求着装，戴好防护用品							
	10	不随地吐痰，不随便乱丢垃圾							
	11	实训区域内不进食（如早餐、零食等）							
	12	实训区域内保持正常教学秩序，无大声喧哗和无故走动现象							
	13	下课后学生主动开展 6S 管理，教师锁好门窗，关闭电气设备							

(续)

名称	序号	检查内容	学年 第 学期 第 周						
			星期一	星期二	星期三	星期四	星期五	星期六	星期日
（六）安全	14	不佩戴饰物（如耳环、戒指、项链、手表等）；不涂指甲油，指甲长度不超过 0.2cm							
	15	正确穿戴工作服、工作鞋、工作帽（头发不外露）							
	16	工作前或离岗返回时洗手并消毒；无皮肤破损人员正在从事直接接触产品工作							
	17	遵守安全操作规程，保障生产正常进行，不损坏公物							
学生检查人员签名				指导教师检查签名					

2. 考核评价

本任务的评分标准见表 4-8。

表 4-8 机械装配考核评价表

评价内容	考核项目	考核要求	配分	评分标准	得分
知识评价（线上）	了解机械装配一般流程	熟悉装配流程的环节和任务	15	不熟悉装配流程，扣 2 分 / 处	
	掌握典型连接的装配方法	掌握典型连接装配知识	10	不清楚典型连接装配知识，扣 1 分 / 处	
技能评价（线下）	装配操作	1. 装配工具准备 2. 装配操作顺序 3. 装配方法选择 4. 装配操作方法 5. 装配过程 6. 装配结果符合零件装配图设计要求	50	1. 装配工具使用不当，扣 5 分 / 处 2. 装配顺序不当，扣 5 分 / 处 3. 装配方法选择不当，扣 5 分 / 处 4. 装配方法操作不当，扣 5 分 / 处 5. 装配过程不合理导致零部件损坏，扣 10 分 / 处 6. 装配结果与图样不符，扣 5 分	
职业素养	学习和劳动态度	态度认真、虚心好学、埋头苦干	5	做与课堂无关的事情，扣 1 分 / 次	
	工作与职业操守	规范着装，安全文明操作，无事故隐患和事故苗头	5	1. 违反安全生产规程，视情节扣 1~5 分 2. 违反文明操作规程（工具、器材的摆放不规范；不清理现场），扣 1~5 分 3. 着装不规范，扣 1 分 / 次	
	团队合作精神	具有良好的团队合作精神，热心帮助小组其他成员	5	不团结同学，扣 1 分 / 次	
	现场 6S 管理	能够按照 6S 管理正确整理现场	5	未按照 6S 管理整理现场，扣 1 分 / 处	
	出勤	遵守实训制度，无迟到、早退、请假	5	迟到、早退、请假，扣 1 分 / 次	
		合计	100		

💡 文明和安全操作

1）实训前按规定穿戴好工作服装，有序进入实训场地。

2）实训前做好充分准备，了解实训的目的、要求、方法与步骤及实训应注意的事项。

3）进入实训室必须按规定就位，按实训指导教师的要求进行实训。

4）保持实训室的安静、整洁，不吵闹、喧哗，不随地吐痰及乱扔脏物，与实训无关的物品不带入实训室。

5）实训前首先核对实训用品是否齐全，若有不符，应立即向实训指导教师提出补领或调换。

6）爱护实训仪器及设备，严格按照实训规程使用仪器和设备，不随便乱拆卸。

7）实训时按实训指导书要求，分步骤认真地做好各项实训内容，并做好实训记录。

8）拆下的零部件要摆放有序，搬动大件时务必注意安全，以防砸伤人或损坏机件。

9）注意安全，若实训中发现异常，应立即停止实训，及时报请实训指导教师检查处理。

10）实训结束后，清洁场地、设备，整理好工位；清点并擦净工、量具，并放回原处后，方能离开实训场地。

 拓展知识

1）机械装配应严格按照设计人员提供的装配图样及工艺要求进行，严禁私自修改作业内容或以非正常的方式更改零件。

2）装配的零件必须是质检部验收合格的零件，装配过程中若发现漏检的不合格零件，应及时上报。

3）装配环境要求清洁，不得有粉尘或其他污染，零件应存放在干燥、无尘、有防护垫的场所。

4）装配过程中零件不得磕碰、切伤，不得损伤零件表面，或使零件发生明显的弯扭变形，零件的配合表面不得有损伤。

5）相对运动的零件，装配时接触面间应加润滑油（脂）。

6）相配零件的配合尺寸要准确。

7）装配时，零件、工具应有专门的摆放设施，原则上零件、工具不允许摆放在机器上或直接放在地上，如果需要的话，应在摆放处铺设防护垫或地毯。

8）装配时原则上不允许踩踏机械，如果需要踩踏作业，必须在机械上铺设防护垫或地毯，重要部件及非金属、强度较低部位，严禁踩踏。

【自我探索】

同学们在装配过程中注意上面的知识了吗？

_____
_____
_____
_____
_____

 拓展训练

1）根据齿轮泵装配图（图4-24），确定装配齿轮泵需要哪些零件，各多少个。

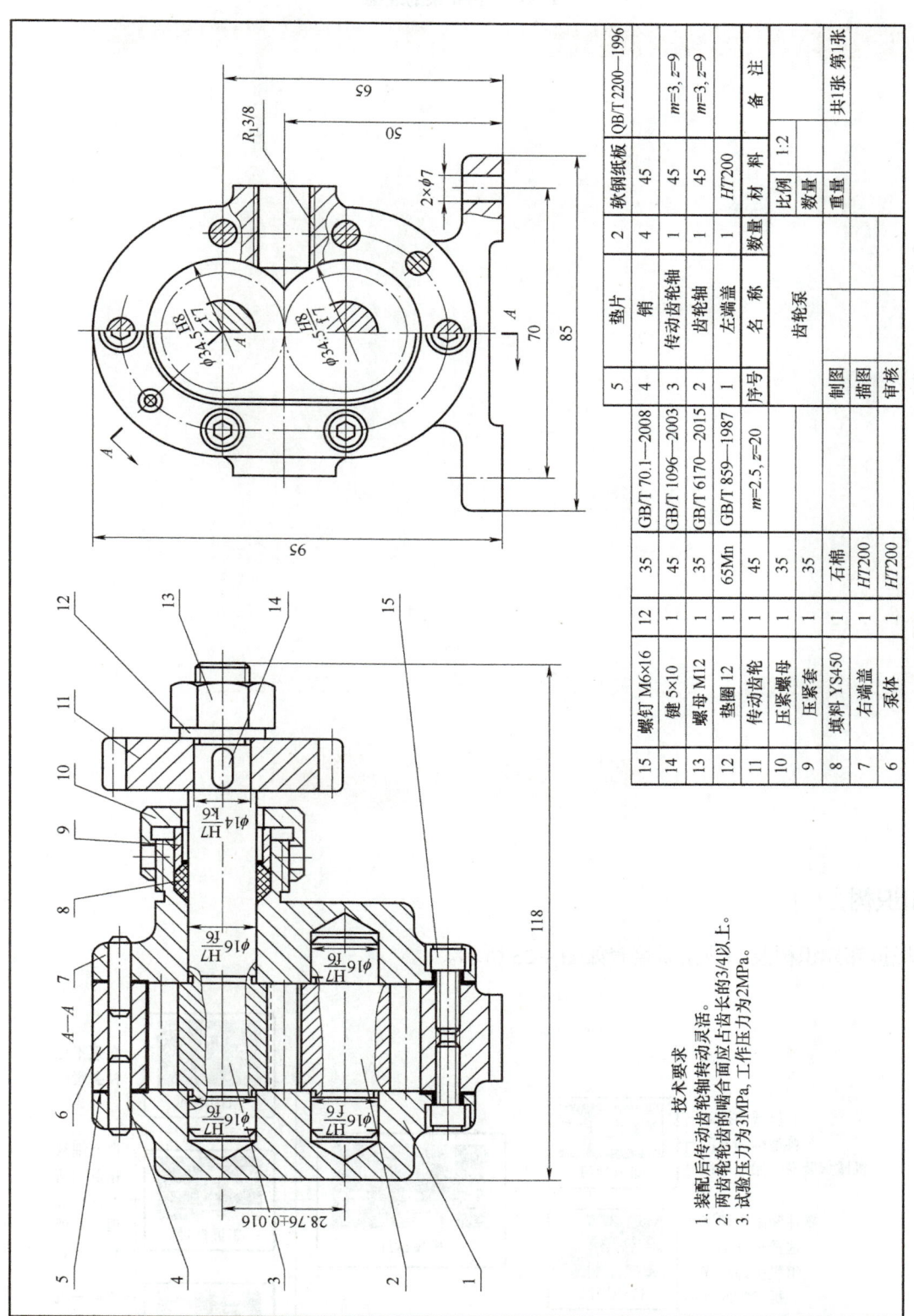

图 4-24 齿轮泵装配图

2）根据装配图和零部件清单，确定齿轮泵的装配方法并总结装配顺序，填写表 4-9。

表 4-9　齿轮泵的装配

装配顺序	装配工作内容	工具
1		
2		
3		
4		
5		

任务 2　机械拆卸

知识树

机械拆卸知识树及职业素质培养如图 4-25 所示。

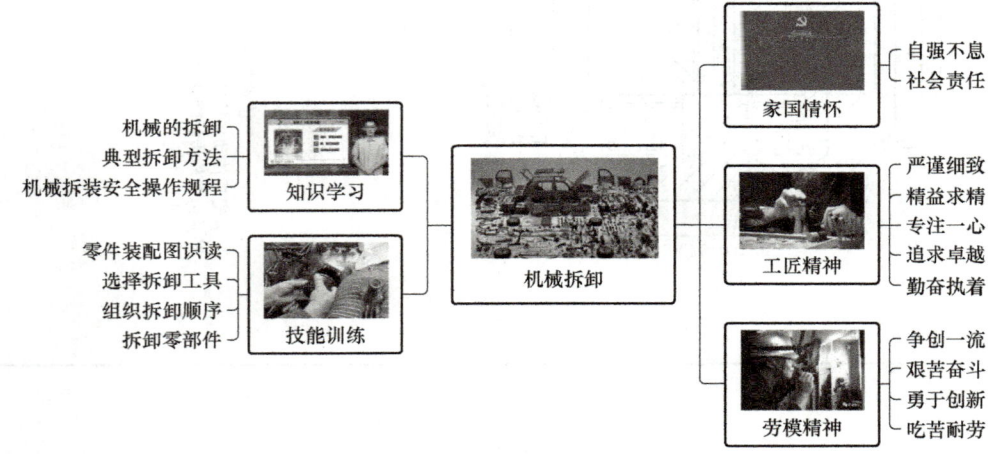

图 4-25　机械拆卸知识树及职业素质培养

任务描述

拆卸是检修工作中的一个重要环节。拆卸不当不但会造成设备零件的损坏,甚至造成停机损失。拆卸工作就是正确解除零部件在机器中相互的约束与固定作用,把零部件有条理地分解出来进行检修,从而提高设备的运行效率。

减速器是一种常用的减速设备,可将高速旋转运动转换为低速旋转运动。通过拆卸图 4-26 所示减速器,可以了解其基本结构、工作原理,并理解轴系零件在部件工作时所起的作用,从而较好地把握轴系零件之间的整体联系。

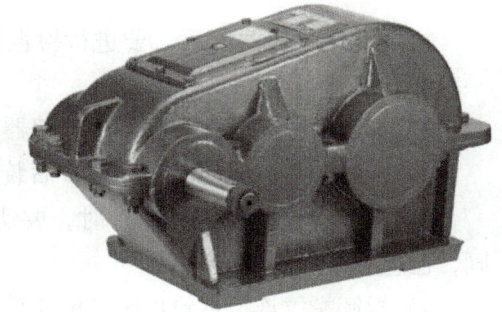

图 4-26 减速器

任务要求

1. 了解机械拆卸的基本要求。
2. 掌握典型拆卸方法及特点。
3. 掌握机械拆装安全操作规程。

素养提升

通过实践训练,培养学生尊重劳动、热爱劳动的良好品质,以及开拓创新的进取精神和严谨求实的工作作风。

工作内容

工作一 知识学习

【自主资料搜集】

描述你看到过的拆卸场景,并和小组其他成员一起讨论。

1)进行产品拆卸时用的是什么工具?

2)拆卸产品有哪些步骤?

3)对比产品装配与拆卸的相同点与不同点。

【专业知识学习】

一、机械的拆卸

机械的拆卸

机器使用一段时间后，要进行检查和修理，这时需要对机器进行拆卸。拆卸工作的一般要求如下：

1）拆卸前要先熟悉图样，了解机器的结构，确定拆卸方法和拆卸程序。

2）拆卸顺序一般与装配相反，后装的先拆。

3）拆卸配合紧密的零部件时，要使用专用工具，以免损伤零部件。拆卸工具与装配工具有的相同，但也有不同的地方。

4）拆卸螺纹连接或锥度配合的零件时，必须辨清拆卸方向。紧固件上的防松装置（如开口销等），拆卸后一般要更换，避免再次使用时因折断而造成事故。

5）有些零部件（如成套加工的或不能互换的零件）在拆卸时要做好位置标记，防止再次组装时装错。零件拆下后要按次序摆放整齐，严防丢失，尽可能按原来结构套在一起，如轴上的零件拆下后，最好按原次序临时装回轴上或用钢丝串联放置。对细小件，如销、紧定螺钉等，卸下后应立即拧上或插入孔中。对丝杠、长轴零件，拆下后应立即清洗、涂油，用布包好，垂直悬吊存放，以防弯曲变形或碰伤。

此外，拆卸工作与装配工作的共同之处是都有一定的灵活性和技巧性，如同是拆卸滚动轴承，可用拉拔法，也可用顶压法，还可以用温差法。

二、典型拆卸方法

常用零部件的拆卸除应遵循拆卸的一般原则外，还需要结合其各自的特点，采用相应的拆卸方法来达到合理拆卸的目的。

1. 击卸法

击卸法是拆卸工作中最常用的方法，是用锤子或其他重物对需要拆卸的零部件进行冲击，从而把零件拆卸下来的一种方法。采用该方法进行零部件的拆卸时，需要注意以下事项。

1）要根据被拆卸零件的尺寸、形状及配合的牢固程度，选用恰当的锤子，且锤击时用力要适当。

2）必须对受击部位采取相应的保护措施，切忌用锤子直接敲击零件。一般应使用铜棒、胶木棒或木板等来保护受敲击的轴端、套端和轮辐等易变形、强度较低的零件或部位。拆卸精密或重要零部件时，还应制作专用保护工具，如图 4-27 所示。

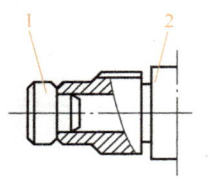 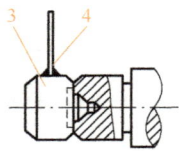 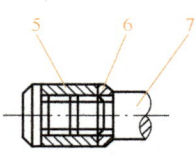 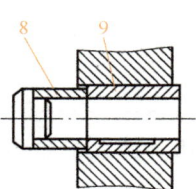

a) 保护主轴用的垫铁　　b) 保护中心孔用的垫铁　　c) 保护轴端螺纹用的装置　　d) 保护轴套用的垫套

图 4-27　拆卸专用保护工具

1、3—垫铁　2—主轴　4—焊条　5—保护套　6、8—垫套　7—螺纹轴　9—轴套

3）应选择合适的锤击点，以防止零件变形或损坏。对有轮辐的带轮、齿轮等，应锤击轮与轴配

合处的端面，锤击点要对称，不能敲击外缘或轮辐。

4）对于因严重锈蚀而难以拆卸的连接件，不能强行锤击，应用煤油浸润锈蚀部位，当略有松动时再进行敲击拆卸。实际拆卸过程中，可以利用零件自重进行冲击拆卸。例如，拆卸锈蚀的锤子时，拆卸前先将锤头上的抵铁拆去，用两端平整、直径小于锥孔小端5mm左右的阴极铜棒作为冲铁，放在下抵铁上，并使冲铁对准锥孔中心。在下抵铁上垫好木板，然后开动蒸汽锤下击，即可将锤头拆下来，如图4-28所示。

2. 拉拔法

拉拔法是利用通用或专用工具与零部件相互作用产生的静拉力或不大的冲击力拆卸零部件的方法。这种方法不会损坏零件，适用于拆卸精度比较高的零件。

（1）轴套的拆卸

轴套一般都是用硬度较小的铜、铸铁或其他轴承合金制成的，如果拆卸不当，很容易使轴套变形或拉伤配合表面。因此，轴套无须拆卸时尽量不要去拆卸，只进行清洗或修整即可。对于必须拆卸的轴套，可用专用或自制工具拆卸，如图4-29所示。

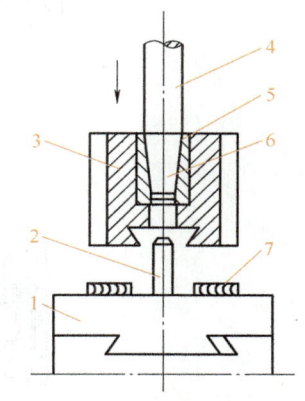

图4-28 利用零件自重冲击拆卸

1、6—锤头 2—铜棒 3—工件
4—锤杆 5—轴套 7—抵铁

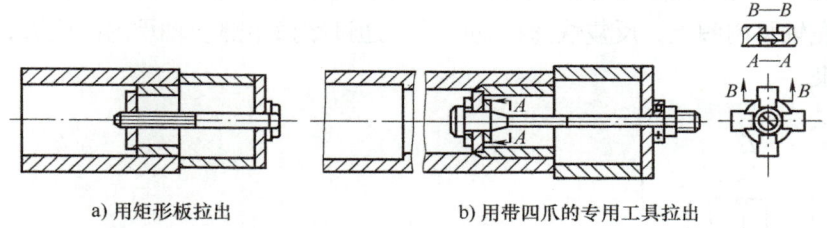

a) 用矩形板拉出　　b) 用带四爪的专用工具拉出

图4-29 轴套的拆卸

（2）轴端零件的拆卸

位于轴端的带轮、链轮、齿轮和滚动轴承等零件，可用不同规格的顶拔器进行拆卸，如图4-30所示。

（3）钩头楔键的拆卸

图4-31所示为两种拉卸钩头楔键的方法，使用这两种工具拆卸钩头楔键既方便又不损坏钩头楔键和其他零件。

（4）轴的拆卸

对于端面有内螺纹且直径较小的传动轴，可用拔销器拆卸，如图4-32所示。

3. 顶压法

顶压法适用于形状简单的过盈配合件的拆卸，常利用油压机、螺旋压力机、千斤顶、C形夹头等进行拆卸。当不便使用上述工具进行拆卸时，可采用工艺螺纹孔，借助螺钉进行顶出以拆卸。图4-33所示为采用顶压法拆卸轴上难以拆卸的键。

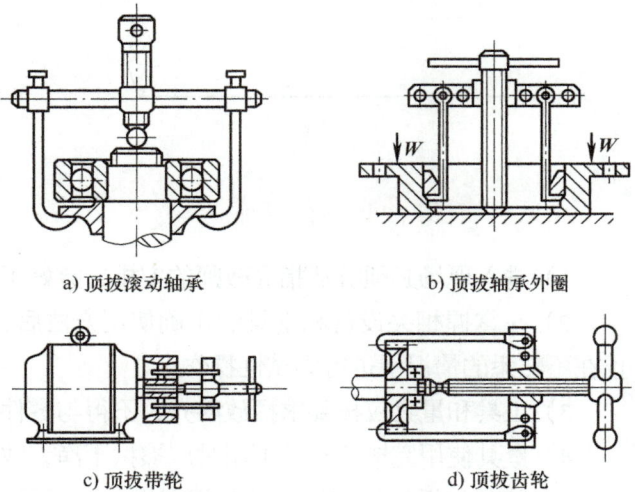

a) 顶拔滚动轴承　　b) 顶拔轴承外圈
c) 顶拔带轮　　d) 顶拔齿轮

图4-30 轴端零件的拆卸

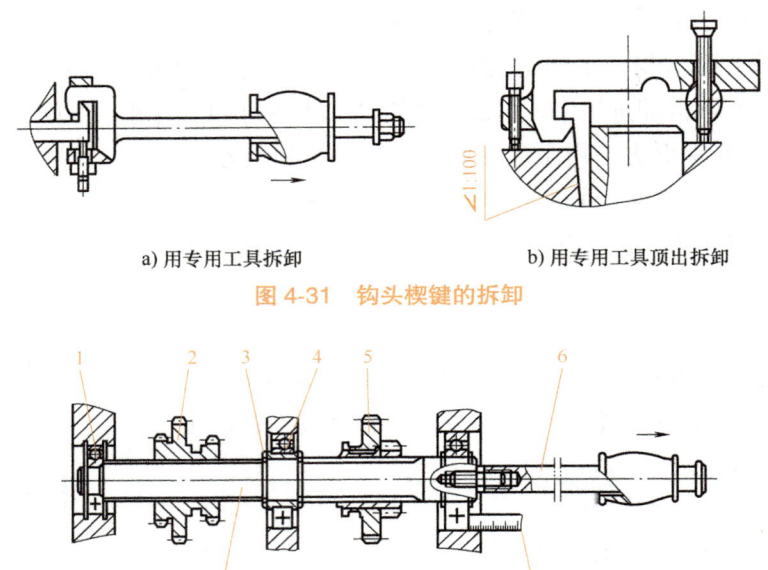

a) 用专用工具拆卸　　b) 用专用工具顶出拆卸

图 4-31　钩头楔键的拆卸

图 4-32　轴的拆卸

1、4—轴承　2—三联齿轮　3—轴承座　4—齿轮　6—拔销器　7—标尺　8—花键传动轴

4. 温差法

温差法是通过加热包容件或冷冻被包容件，同时借助专用工具来进行拆卸的一种方法。如图 4-34 所示，将绳子绕在轴承内圈上，反复快速拉动绳子，通过摩擦生热使轴承内圈胀大，就可较容易地将其从轴上拆卸下来。

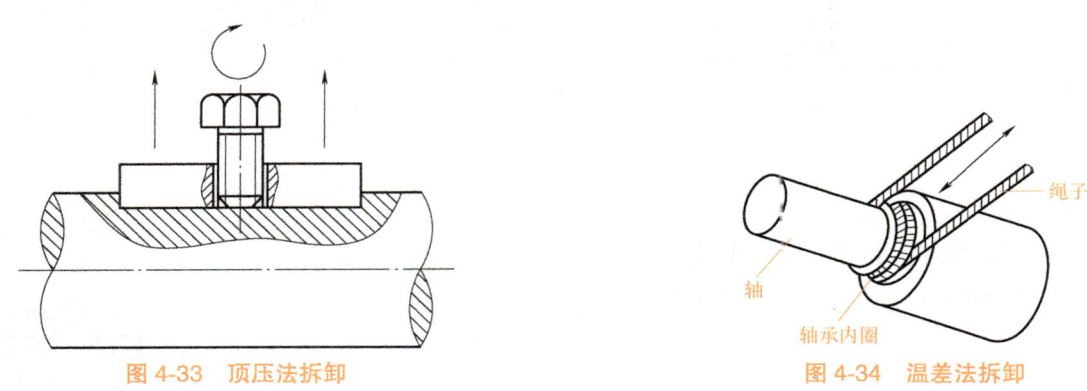

图 4-33　顶压法拆卸　　　　　　　　图 4-34　温差法拆卸

三、机械拆装安全操作规程

1）进入现场必须听从指导教师的安排，穿好工作服，认真听讲，仔细观摩。

2）在掌握相关设备和工具的正确使用方法后，才能进行操作，遇到问题应立即向教师询问，禁止在不熟悉的情况下进行尝试性操作。

3）工具和量具应按要求摆放整齐，不得与零件混放在一起。

4）量具使用完毕或暂时不用时应擦拭干净，放在量具盒内。如果长时间不用，则应涂油防锈。

5）装配与拆卸均应按照工艺规程操作，所用扳手、螺钉装拆工具要符合要求，手和扳手上的油污要擦拭干净，用力不能过猛，以防打滑造成伤害。

6）训练结束时，要将零件、组件、部件和机器摆放整齐，工具和量具根据要求整齐地放入工具箱内，打扫现场卫生。

工作二　自我检验

查阅机械拆卸的相关资料，并和小组其他成员一起讨论。

1）简述机械的拆卸注意事项。
_____
_____

2）典型的拆卸方法有哪些？
_____
_____

3）简述击卸法拆卸适用的连接方式。
_____
_____

4）结合实训规范与安全说一说进行机械拆卸时还应注意哪些安全事项。
_____
_____

5）拆卸与机械装配有哪些异同？拆卸顺序和装配顺序又有怎样的联系？
_____
_____

工作三　技能训练

根据表 4-10 的操作步骤完成各项实际操作。

变速器拆卸实操微课

表 4-10　减速器拆卸操作步骤

序号	工作步骤	操作要领			学员检查、实施并记录问题
1	设备检查	检查减速器零部件是否齐全，各零部件状态是否完好，避免在拆卸过程中造成零部件的缺失与损坏			
2	工、量具准备	名称	型号及规格	数量	
		减速器		1 台	
		内六角扳手		1 套	
		橡胶锤		1 把	
		长柄十字螺钉旋具		1 把	
		三角拉拔器		1 个	
		活扳手	250mm	1 把	
		圆螺母扳手	M27、M16	各 1 把	
		外用卡簧钳	直角 7in	1 把	
		防锈油		1 盒	
		纯铜棒		1 根	
		零件盒		2 个	

(续)

序号	工作步骤	操作要领	学员检查、实施并记录问题
3	拆卸工艺的分析	根据装配工艺，按照由整机到部件，由部件到零件，由外部到内部的拆卸顺序对减速器进行拆卸，整体拆卸顺序如下 ① 观察窗的拆卸 ② 箱盖、箱座的拆卸 ③ 轴系的拆卸 ④ 轴承的拆卸	
4	减速器拆卸操作	① 拧下观察窗上的螺栓 ② 拧下箱盖、箱座连接螺栓及轴承连接螺栓并摆放整齐，便于整理和后续装配 ③ 把箱盖取下并放置平稳 ④ 逐级取下各级齿轮轴，观察轴的结构，测量阶梯轴的各段直径以及阶梯轴不同直径处的长度。测量齿轮轮毂的宽度和轴承宽度，与安装齿轮处的长度和安装轴承处的长度进行尺寸比较	

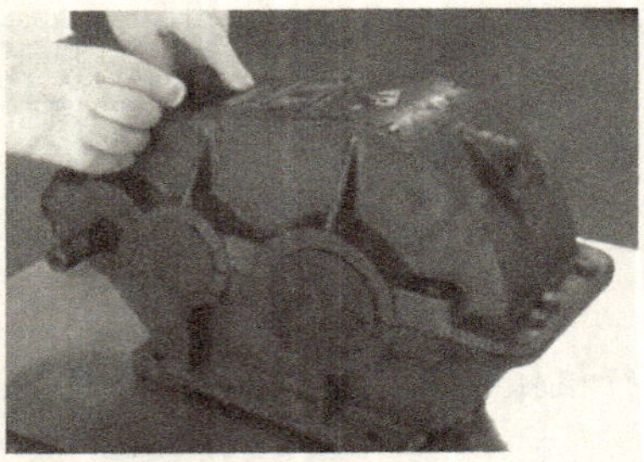

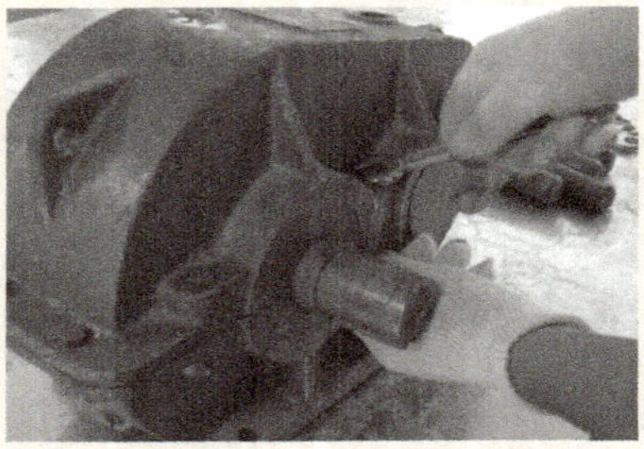

（续）

序号	工作步骤	操作要领	学员检查、实施并记录问题
4	减速器拆卸操作	⑤ 由于轴承和轴采用过盈配合，因此使用拉拔器将轴承从轴上取下	
5	零件检测	① 零件几何精度的检测 ② 表面质量的检测 ③ 隐蔽缺陷的检测	
6	工作时的6S要求	自我检查工具的摆放、零部件的归类整理、拆卸台的清理、周围环境的清理情况	
7	安全要求	实训中注意周围人员及自身安全，防止因挥动工具、工具脱落、铁屑飞溅造成伤害	

工作四　总结与反馈

1. 填写 TPM 和 6S 表格

完成每日点检表和 6S 检查表的填写。

2. 考核评价

本任务的评分标准见表 4-11。

表 4-11　机械拆卸评分标准

评价内容	考核项目	考核要求	配分	评分标准	得分
知识评价（线上）	了解机械拆卸的一般要求	掌握机械拆卸的一般要求	15	不清楚拆卸一般要求，扣2分/处	
	掌握典型拆卸方法	掌握典型拆卸方法	10	不清楚典型拆卸方法，扣1分/处	
技能评价（线下）	拆卸顺序表格的填写	1. 选择拆卸工具 2. 组织拆卸顺序	25	1. 拆卸工具选用不当，扣2分/处 2. 拆卸顺序不合理，扣2分/处	
	拆卸零部件	拆卸流程应用	25	拆卸工具使用不当，扣2分/处	
职业素养	学习和劳动态度	态度认真、虚心好学、埋头苦干	5	做与课堂无关的事情，扣1分/次	
	工作与职业操守	规范着装，安全文明操作，无事故隐患和事故苗头	5	1. 违反安全生产规程，视情节扣1~5分 2. 违反文明操作规程（工具、器材的摆放不规范；不清理现场）扣1~5分 3. 着装不规范，扣1分/次	
	团队合作精神	具有良好的团队合作精神，热心帮助小组其他成员	5	不团结同学，扣1分/次	
	现场 6S 管理	能够按照 6S 管理正确整理现场	5	未按照 6S 管理整理现场，扣1分/处	
	出勤	遵守实训制度，无迟到、早退、请假	5	迟到、早退、请假，扣1分/次	
	合计		100		

> **技术点拨**
>
> 1）拆卸前必须了解清楚设备及其部件的结构，以便拆卸和修理后再装配。
> 2）一般拆卸应按与装配相反的顺序进行。
> 3）拆卸时，零件旋松的方向、厚度端、大小头，必须辨别清楚。
> 4）拆下的零部件必须有次序、有规律地摆放，避免杂乱和堆积。
> 5）拆下的零件要尽可能与原来结构连接在一起（如螺钉、螺母、垫圈、销等）。必要时，有些零件须标上记号（打钢印字母），以免装配时发生错误，影响其原有的配合性质。

拓展知识

行星减速器

一、行星减速器名称的由来

行星减速器这一名字来源于一系列位于中间位置的组件，也是行星减速器必须搭载的核心部件——行星齿轮组（图 4-35）。行星减速器由太阳轮、行星轮、行星架和内齿圈组成。太阳轮连接输入轴，内齿圈连接输出轴，行星轮则通过行星架与太阳轮和内齿圈相连。当太阳轮旋转时，行星轮和行星架跟着旋转，但是行星轮的运动方向与太阳轮相反。同时，行星轮和行星架之间的齿轮传动会使内齿圈旋转，从而实现输出轴的运动。行星减速器具有结构紧凑、转矩输出平稳、传动效率高等优点，因此被广泛应用于各种机械设备中。例如，行星减速器常用于工业机械、自动化设备、机器人等领域，以实现由高速旋转的电动机输出低速高转矩的动力。

在实际应用中，可以根据具体的需求选择不同的减速比和结构形式，以满足不同的机械传动要求。

图 4-35　行星齿轮组

二、行星减速器的结构特点

1. 运动平稳，抗冲击和振动能力强

由于行星减速器采用多个结构相同的行星轮，且在太阳轮周围均匀分布，能使行星轮和转架的惯性力相互平衡。同时，还增加了参与啮合的齿数，使行星轮传递运动平稳，抗冲击、振动能力强，工作性能可靠。

2. 传动比较大，能实现运动的合成和分解

只要选择合适的行星齿轮传动类型和配齿方案，多级齿轮组就能获得较大的传动比。行星减速器仅传递运动时，传动比可以达到几千。需要指出的是，虽然行星齿轮传动具有较大的传动比，但仍能保持结构紧凑、质量小、体积小等优点。此外，它还能实现运动的合成和分解，实现各种变速的复杂运动（如减速器组合传动、转角传动、圆盘传动、空心轴传动等）。

3. 体积小、质量小、结构紧凑、承载能力大

由于行星齿轮传动具有动力分流，各太阳轮构成共轴传动，并合理应用了内啮合齿轮副，故结构紧凑。同时，由于多个行星轮均匀分布在太阳轮周围，使每个齿轮承受较小的载荷，从而使这些齿轮的模数较小；该结构充分利用了内齿圈内啮合的承载能力和内齿圈的容许体积，有利于减小外廓尺寸，使其体积小、质量小、结构紧凑、承载能力大。一般情况下，行星齿轮传动的外廓尺寸和质量约为普通齿轮传动的 1/5~1/2（在承受相同载荷的条件下）。

【自我探索】

请同学们搜集行星齿轮机构的应用实例。

_____
_____
_____
_____

 拓展训练

1）根据齿轮泵装配图，确定齿轮泵由哪些零件组成，拆卸这些零件可能会用到哪些拆卸方法，以及选用什么样的工具。

2）根据装配图样和零部件清单，确定齿轮泵的拆卸方法并总结拆卸顺序，填写表 4-12。

表 4-12　齿轮泵的拆卸

拆卸顺序	拆卸工作内容	工具
1		
2		
3		
4		
5		
6		

拓展阅读

装配机器人

顾名思义，装配机器人就是为完成装配操作而设计制造的工业机器人。它由机器人操作机、控制器、末端执行器和传感系统组成，是柔性自动化装配系统的核心设备。

1. 装配机器人的功能

装配机器人广泛应用在工业生产中的各个领域，主要用于各种电器制造（包括家用电器，如电视机、录音机、洗衣机、电冰箱、吸尘器）、小型电机、汽车及其部件、计算机、玩具、机电产品及其组件的装配等方面。例如在汽车装配行业中，人工装配已基本上被自动化生产线所取代，这样既节约了劳动成本，降低了劳动强度，又提高了装配质量，并保证了装配安全。随着装配机器人功能的不断发展和完善，以及装配机器人成本的进一步降低，未来它将在更多的领域发挥更加重要的作用。

2. 装配机器人的优点

1）操作速度快，加速性能好，可缩短工作循环时间。
2）精度高。具有极高的重复定位精度，可保证装配精度。
3）提高生产率，解决单一繁重体力劳动问题。
4）改善工人劳动条件，使工人摆脱有毒、有辐射装配环境。
5）可靠性好、适应性强、稳定性高。
6）柔性好、工作范围小，能与其他系统配套使用。

3. 装配机器人的发展方向

装配机器人技术涉及多个科学领域，依赖于很多相关技术的进步。首先是智能化技术，因为智能机器人是未来机器人发展的必然趋势。其次是多机协调技术，因为制造业产业领域更多地体现了多机协调作业的特征，这是由现代生产规模不断扩大决定的。而多台设备共同生产时，相互之间的协调控制就变得异常重要了。最后，装配机器人的微型化也是一个重要的研究领域，这有赖于微型传感器、微处理器、微执行机构等电子元件集成技术的进步。

【共鸣反思】

科技不断进步，产业转型升级，让产业工人、技能人才有了更加广阔的发展舞台。我们一定要抓住机会，加强学习、不断进步，成长为知识型、技能型、创新型人才，争做新时代的奋斗者。

同学们认为如何成长为一名知识型、技能型、创新型人才？

_____
_____
_____
_____
_____
_____
_____

项目 5 车削加工

车削加工是在车床上利用工件的旋转运动和刀具的直线运动来改变毛坯的形状和尺寸，以加工成符合图样要求的零件。车削加工是金属加工中最基本的加工方法，也是外圆表面最经济、有效的加工方法。通过学习认识车床、车刀、夹具，具备操作车床的基本能力。

任务 1 车削外圆、端面和台阶面

知识树

车削外圆、端面和台阶面知识树及职业素质培养如图 5-1 所示。

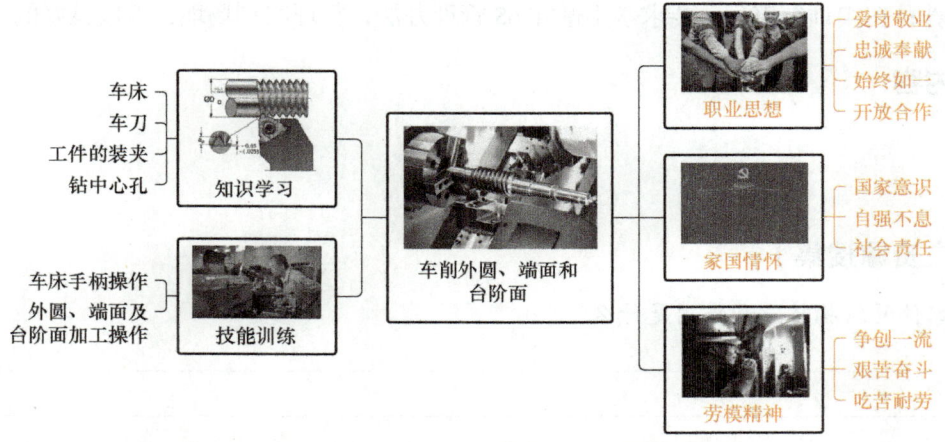

图 5-1 车削外圆、端面和台阶面知识树及职业素质培养

任务描述

观察卧式车床的结构及传动过程，熟悉卧式车床各手柄名称及位置，选择合适的切削用量，调整机床进行基本操作练习；认识车刀的结构，熟悉各种类型车刀；掌握车床上工件的装夹方法，加工图 5-2 所示台阶轴零件，进行端面、外圆和台阶面的粗加工、精加工训练。

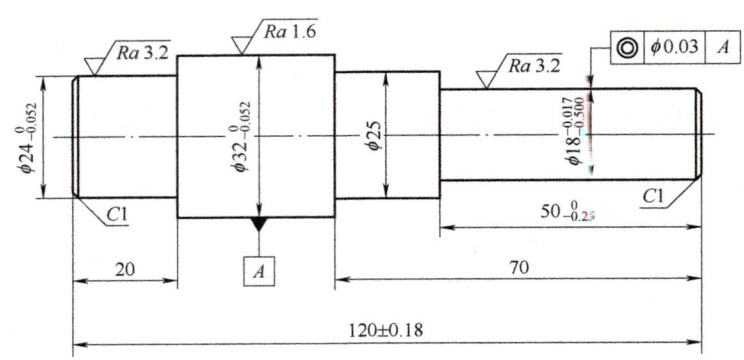

图 5-2　台阶轴零件图

任务要求

1. 认识卧式车床主要部件及作用,熟悉卧式车床各手柄位置并能进行基本操作。
2. 能根据具体加工位置选择合适的车刀并安装,做好加工前的准备工作。
3. 选择各种切削参数,进行外圆、端面和台阶面的加工。

素养提升

在实训准备阶段,同学们要了解和掌握车削安全文明生产规范,培养学生坚持准则、工作规范、文明生产的意识;在实训过程中,要求学生严谨细致,精益求精,踏实训练,养成吃苦耐劳、敬业爱岗的职业素养;在实训结束后,要求学生遵守 6S 管理办法,整理实训场地,养成良好的工作习惯。

工作内容

工作一　知识学习

【自主资源搜集】

轴类零件的结构特点和作用是什么?

_____

_____

_____

_____

【专业知识学习】

一、车床

车床是主要用车刀对旋转的工件进行车削加工的机床。车床适用于加工各种轴类、套筒类和盘类等回转体零件上的回转表面,如内外圆柱面、内外圆锥面、成形回转表面,可车削端面及各种常用螺纹，还可以进行钻孔、扩孔、铰孔、滚花等加工。车削加工的主要工艺范围如图 5-3 所示。

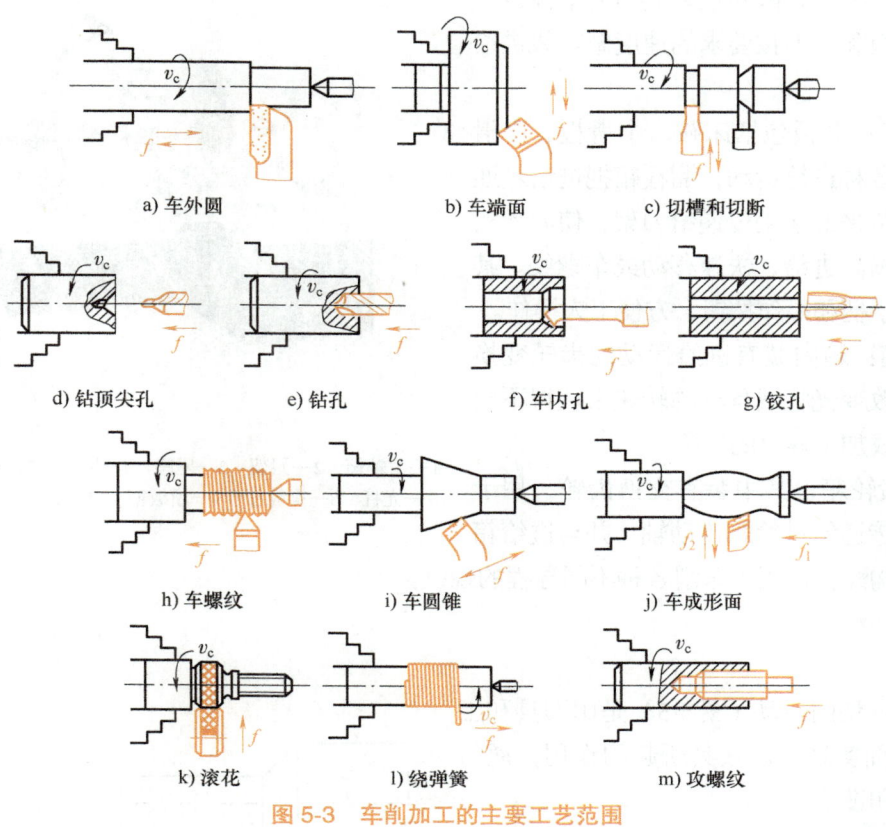

图 5-3 车削加工的主要工艺范围

在机械加工的各类机床中，车床占总数的 1/2 左右。其加工尺寸公差等级为 IT6~IT11，表面粗糙度 Ra 值为 0.8~12.5μm，见表 5-1。

表 5-1 常用车削加工尺寸公差等级与相应的表面粗糙度

加工类别	尺寸公差等级	表面粗糙度 Ra 值/μm	表面特征
粗车	IT11~IT13	12.5~50	可见刀痕~可见明显刀痕
半精车	IT8~IT10	3.2~6.3	微见加工痕迹~可见加工痕迹
精车	IT7~IT8	0.8~1.6	不见加工痕迹~可辨加工痕迹方向
精细车	IT6~IT7	0.025~0.4	不辨加工痕迹方向~微辨加工痕迹方向

1. CA6136 型车床的组成

CA6136 型车床的外形如图 5-4 所示，其主要组成部件及功用如下：

1）主轴箱：支承主轴并把动力经变速传动机构传给主轴，使主轴通过卡盘带动工件按需要的转速旋转，以实现主运动。

2）刀架：由纵溜板、横溜板、上溜板和方刀架组成，用于装夹车刀，实现其纵向、横向或斜向进给运动。

3）尾座：可沿导轨纵向调整其位置，可安装顶尖，支承工件，也可以安装钻头、铰刀等孔加工刀具，进行孔加工。

4）床身和床腿：是基础构件，用来支承和连接各主要部件，使它们在工作时保持准确的相对位置。

5）丝杠：在车削螺纹时使用，使车刀按要求的速比做精确的直线移动。

6）光杠：将进给箱的运动传递给溜板箱，使床鞍、中滑板和车刀按要求的速度做直线进给运动。

7）溜板箱：溜板包括床鞍、中滑板、小滑板，用来实现各种进给运动，溜板箱把进给箱通过光杠或丝杠传来的运动传递给刀架，使刀架实现纵向进给、横向进给、快速移动或车螺纹。其上有各种操作手柄和操作按钮，方便工人操作。

8）进给箱：箱内装有进给运动的齿轮变换机构，可通过改变光杠或丝杠的转速来获得不同的机动进给量或加工螺纹的导程。

9）交换齿轮箱：其中装有交换齿轮，用于将主轴的运动传递给进给箱传动轴，并与进给箱的齿轮变速机构配合，用于车削各种不同导程的螺纹。

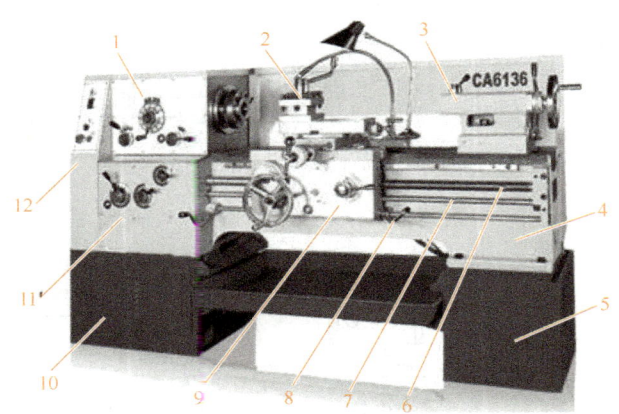

图 5-4 CA6136 普通车床

1—主轴箱 2—刀架 3—尾座 4—床身 5、10—床腿 6—丝杠 7—光杠 8—操纵杆 9—溜板箱 11—进给箱 12—交换齿轮箱

2. 车削运动及切削用量

（1）车削运动

在车床上，切削运动（图 5-5）是由刀具和工件做相对运动而实现的。按其所起的作用，通常可分为主运动和进给运动。

1）主运动。切除工件上多余金属，形成工件新表面必不可少的基本运动。其特征是速度高，消耗功率多。车削时工件的旋转为主运动，切削加工时，主运动只能有一个。

2）进给运动。使切削层间断或连续投入切削的一种附加运动。其特征是速度小，消耗功率少。车削时刀具的纵、横向移动为进给运动。切削加工时，进给运动可能不只一个。

（2）车削表面

在车削外圆的过程中，工件上存在着三个不断变化着的表面，即待加工表面、已加工表面和过渡表面，如图 5-5 所示。

图 5-5 车削运动及切削用量　车削运动和三个表面

（3）车削用量

在车削时，车削用量是切削速度 v_c、进给量 f 和背吃刀量 a_p 三个切削要素的总称。它们对加工质量、生产率及加工成本有很大影响。

1）切削速度 v_c。车削时的切削速度是指车刀切削刃与工件接触点上主运动的最大线速度，其计算公式为

$$v_c = \frac{\pi d_w n}{1000} \tag{5-1}$$

式中　v_c——切削速度（m/s 或 m/min）；

d_w——工件待加工表面的直径（mm）；

n——主运动的转速（r/s 或 r/min）。

2）进给量 f。车削时，进给量是指工件一转时刀具沿进给方向的位移量，又称走刀量，其单位为 mm/r。

3）背吃刀量 a_p。车削时，背吃刀量是指待加工表面与已加工表面之间的垂直距离，单位为 mm。它又称切削深度，车削外圆时由下式确定

$$a_p = \frac{d_w - d_m}{2} \tag{5-2}$$

式中　d_w——工件待加工表面的直径（mm）；

　　　d_m——工件已加工表面的直径（mm）。

二、车刀

1. 车刀切削部分的构成

图 5-6 所示为常见的外圆车刀，由刀杆和刀头两部分组成。刀杆用来把刀固定在刀座上；刀头部分即切削部分，一般由三个表面、两个切削刃和一个刀尖组成，定义如下。

（1）三个表面

三个表面即前刀面、后刀面和副后刀面。

1）前刀面：切下的切屑沿其流出的表面。

2）后刀面：刀具上与工件过渡表面相对的表面（又称主后刀面）。

3）副后刀面：刀具上与工件已加工表面相对的表面。

（2）两个切削刃

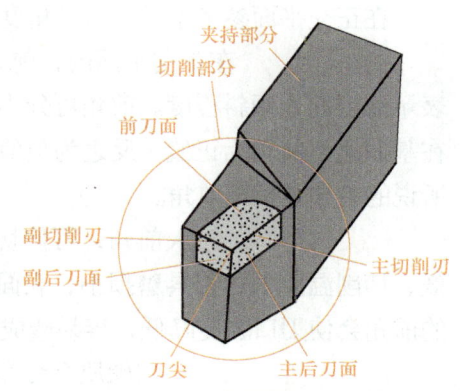

图 5-6　车刀切削部分的构成

两个切削刃即主切削刃和副切削刃。

1）主切削刃：前刀面与后刀面的交线，完成主要的切削工作。

2）副切削刃：前刀面与副后刀面的交线，配合主切削刃完成切削工作并形成已加工表面。

（3）刀尖

刀尖是主切削刃和副切削刃相交的转折部分。为提高刀尖的强度，许多刀具都在刀尖处刃磨出曲线或折线过渡刃。

2. 刀具的标注角度

（1）刀具角度参考系

用于定义和规定刀具角度的各基准坐标平面，称为刀具角度参考系，最常用的是正交平面参考系。为了便于设计、制造刀具，要先假定刀具的运动条件和安装条件，以此来确定刀具的标注角度坐标系。例如，为确定外圆车刀的标注角度，要做到以下假设：切削刃上选定点的主运动方向与刀具底面垂直，进给运动方向与刀体中心线垂直，该选定点与工件的轴线等高。

正交平面参考系由基面、切削平面和正交平面（主剖面）组成，如图 5-7 所示。

1）基面 P_r：通过切削刃上选定点，且与该点的切削速度方向垂直的平面，可理解为平行于刀具底面的平面。

2）切削平面 P_s：通过切削刃上选定点，且与切削刃相切并垂直于基面的平面。

3）正交平面 P_o：通过切削刃上选定点，且与该点的基面和切削平面同时垂直的平面。显然，正交平面垂直于主切削刃在基面上的投影。

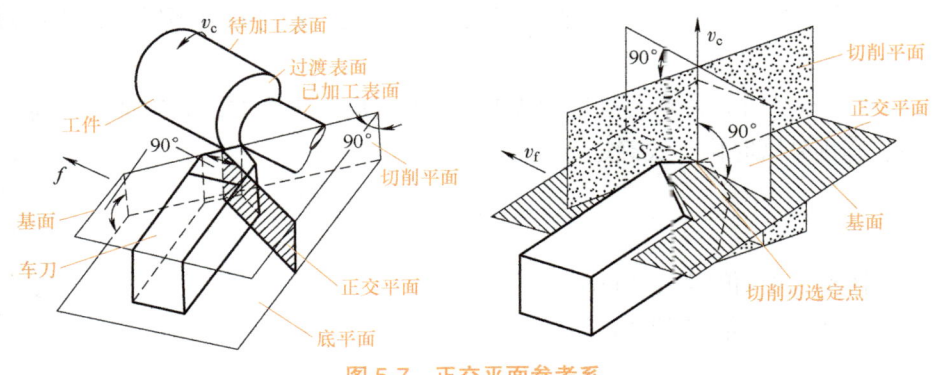

图 5-7 正交平面参考系

(2) 刀具的标注角度

在正交平面参考系下，刀具角度主要有七个，如图 5-8 所示。

1) 前角 γ_o：在正交平面内，前刀面与基面间的夹角，表示前刀面的倾斜程度。前角可分为正、负及 0°，前刀面在基面之下前角为正值，反之为负值，相重合为 0°。一般所说的前角是指正前角。

前角的作用：增大前角，可使切削刃锋利、切削力降低、切削温度低、刀具磨损小、表面加工质量高。但过大的前角会使刃口强度降低，容易造成刃口损坏。

前角的选择原则：用硬质合金车刀加工钢件（塑性材料等），一般选取 $\gamma_o=10°\sim20°$；加工灰铸铁件（脆性材料等），一般选 $\gamma_o=5°\sim15°$。精加工时可取较大的前角，粗加工时应取较小的前角。工件材料的强度和硬度大时，前角取较小值，有时甚至取负值。

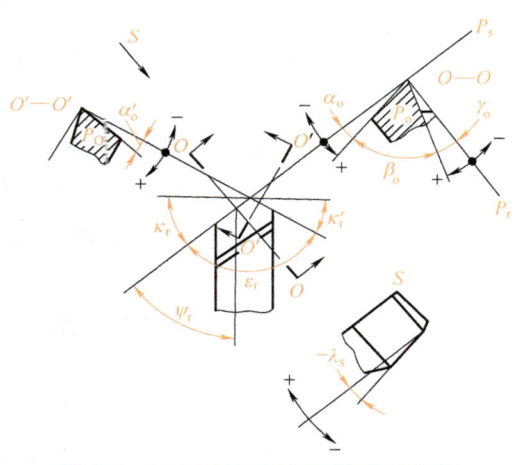

图 5-8 正交平面参考系下的刀具角度

2) 后角 α_o：在正交平面内，后刀面与切削平面间的夹角，表示主后刀面的倾斜程度。

后角的作用：减少主后刀面与工件之间的摩擦，并影响刃口的强度和锋利程度。

后角的选择原则：一般后角 α_o 可取 $=6°\sim8°$。车削脆性材料或硬度较高的材料，选择较小的后角；否则选择较大的后角。精加工时可取较大的后角，粗加工时应取较小的后角。车刀材料的强度、冲击韧性较差时，后角取小值。

3) 楔角 β_o：在正交平面内，前刀面与后刀面间的夹角。楔角的大小将影响切削部分截面的大小，决定着切削部分的强度。

4) 主偏角 κ_r：在基面内，主切削刃在基面上的投影与假定进给方向间的夹角。

主偏角的作用：影响切削刃的工作长度、切深抗力、刀尖强度和散热条件。主偏角越小，切削刃工作长度越长，散热条件越好，但切深抗力越大。

主偏角的选择原则：车刀常用的主偏角有 45°、60°、75° 和 90° 几种。工件粗大、刚性好时，可取较小值。车细长轴时，为了减小径向力引起的工件弯曲变形，宜选取较大值。车削硬度较高的工件，选择较小的主偏角。

5) 副偏角 κ_r'：在基面内，副切削刃在基面上的投影与假定进给反方向间的夹角。

副偏角的作用：影响已加工表面的表面粗糙度，减小副偏角可使已加工表面光滑。

副偏角的选择原则：一般选 $\kappa_r'=5°\sim15°$，精车时取 $5°\sim10°$，粗车时取 $10°\sim15°$。

6) 刀尖角 ε_r：在基面内，主切削刃和副切削刃间的夹角。

刀尖角 ε_r 的大小会影响刀头的强度和传热性能。

7) 刃倾角 λ_s：在主切削平面内，主切削刃与基面间的夹角。刀尖为切削刃最高点时为正值，反之为负值。

刃倾角的作用：主要影响主切削刃的强度和控制切屑流出的方向。以刀杆底面为基准，当刀尖为主切削刃最高点时，λ_s 为正值，切屑流向待加工表面，如图 5-9a 所示；当主切削刃与刀杆底面平行时，$\lambda_s=0°$，切屑沿垂直于主切削刃的方向流出，如图 5-9b 所示；当刀尖为主切削刃最低点时，λ_s 为负值，切屑流向已加工表面，如图 5-9c 所示。

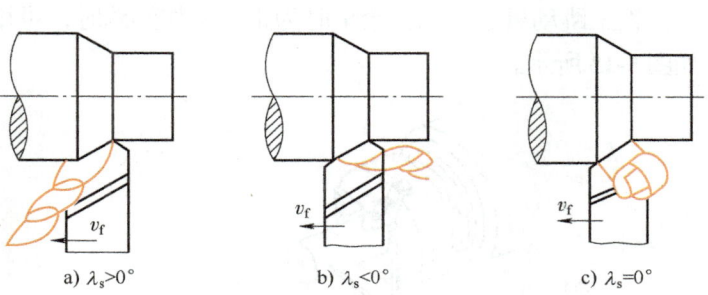

图 5-9 刃倾角对切屑流向的影响

双倾角的选择原则：一般 λ_s 在 0°~±5° 范围内选择。粗加工时，λ_s 常取负值，切屑流向已加工表面也无妨，可保证主切削刃强度好。精加工时，常取正值，使切屑流向待加工表面，从而不会划伤已加工表面。

3. 车刀的类型

车刀按其用途不同，可分为外圆车刀、端面车刀、切断刀、内孔车刀、螺纹车刀和成形车刀等，如图 5-10 所示。

车刀的种类和用途

三、工件的装夹

1. 自定心卡盘装夹

自定心卡盘的外形如图 5-11a 所示，三个卡爪同时向轴中心移动或退出，以夹紧或松开工件。它的特点是对中性好，自动定心精度可达 0.05~0.15mm。自定心卡盘可装夹直径较小的工件，如图 5-11b 所示。当装夹直径较大的外圆工件时，可用三个反爪装夹，如图 5-11c 所示。自定心卡盘夹紧力不太大，只适用于装夹外形规则的中、小型工件，如圆柱形、正三边形、正六边形工件等。

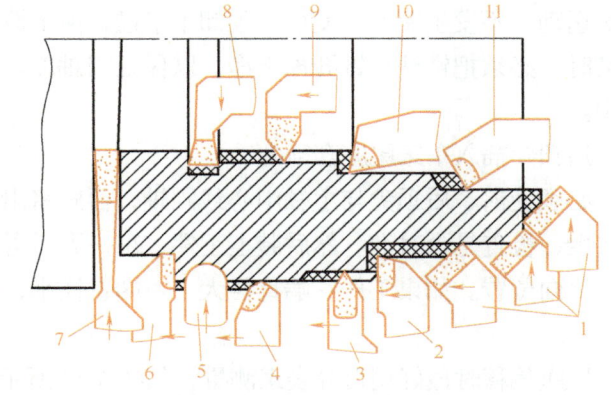

图 5-10 按用途分的车刀类型

1—45° 端面车刀　2—90° 外圆车刀　3—外螺纹车刀　4—75° 外圆车刀
5—成形车刀　6—90° 左偏外圆车刀　7—切断刀、切槽刀　8—内孔车刀
9—内螺纹车刀　10—95° 内孔车刀　11—75° 内孔车刀

车床卡盘的装卸方法

a) 外形

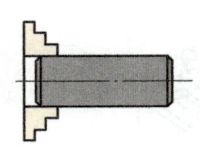

b) 夹持棒料

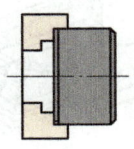

c) 反爪夹持大棒料

图 5-11 自定心卡盘装夹

自定心卡盘虽能自动定心，但是在装夹稍长的工件或加工同轴度要求较高的工件时，因工件离

卡盘较远处的中心不一定与车床主轴中心线一致；或有时自定心卡盘使用时间较长，失去了应有的精度，要用划线盘或目测找正。找正工件轴线的方法如图 5-12 所示，将划针尖靠近轴端外圆，左手转动卡盘，右手移动划线盘，使针尖与外圆的最高点刚好未接触到，然后目测外圆与划针尖之间的间隙变化，当出现最大间隙时，用锤子将工件轻轻向划针方向敲击，要求间隙约缩小 1/2；再重复检查和找正，直至跳动量小于加工余量时为止。操作熟练时，可用目测法进行找正。工件找正后，用力夹紧，如图 5-13 所示。

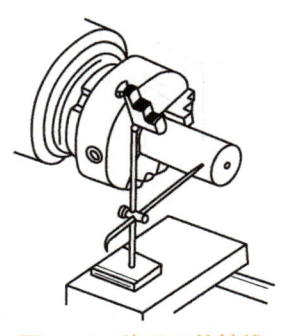

图 5-12 找正工件轴线　　　　　　　图 5-13 夹紧工件的操作姿势

2. 双顶尖装夹

工件利用中心孔被顶在前、后顶尖之间，并通过拨盘和卡箍（鸡心夹头）随主轴一起转动，如图 5-14 所示。此时定位基准与设计基准统一，能在一次装夹中加工多处外圆和端面，并可保证各外圆轴线的同轴度以及端面与轴线的垂直度要求，是车削、磨削加工中常用的工件装夹方法。

前顶尖为固定顶尖，插在主轴锥孔内与主轴一起旋转。前顶尖随同工件一起转动，与中心孔无相对运动，不发生摩擦。使用时须卸下卡盘，换上拨盘来带动工件旋转。插入主轴孔的前顶尖在每次安装时，必须把锥柄和锥孔擦干净，以保证同轴度。拆下顶尖时可用一根棒料从主轴孔后稍用力将其顶出。

后顶尖插入车床尾座套筒内。

必须使前、后顶尖与主轴中心线同轴，否则将出现锥度。调整时，可先把尾座推向车头，使用顶尖接触，检查是否对准。然后装上工件，车一刀后再测量工件两端的直径，根据直径的差别来调整尾座的横向位置。如果工件右端直径大、左端直径小，那么尾座应向操作者方向偏移；反之，向相反方向偏移。

尾座偏移时最好用百分表来测量，如图 5-15 所示。测量时以百分表测头接触工件右端，如果两端直径相差 0.1mm，那么尾座应偏移 0.1mm÷2=0.05mm，这个偏移量可以从百分表中读出。

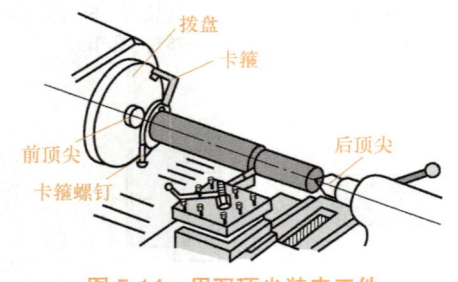
图 5-14 用双顶尖装夹工件

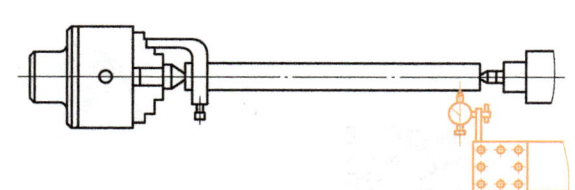
图 5-15 用百分表测量尾座的偏移量

3. 一夹一顶装夹

对于较长且质量较大、加工余量也较大的回转体类工件，可采取前端用卡盘夹紧、后端用后顶尖顶住的装夹方法。为了防止工件产生轴向位移并准确地控制尺寸，工件应该轴向定位，即在车床主轴锥孔内装一个限位支承，如图 5-16a 所示；也可以利用工件上的台阶限位，如图 5-16b 所示。这种装夹方法比较安全，刚性大大提高，能承受较大的轴向切削力，同时可提高切削用量，缩短加工时间，应用十分广泛。

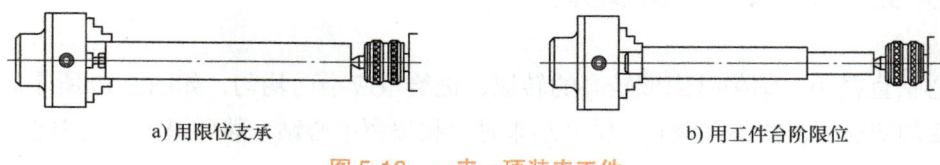

a) 用限位支承　　　　　　　　　　b) 用工件台阶限位

图 5-16　一夹一顶装夹工件

四、钻中心孔

加工轴类工件时，一般选择其轴线作为定位基准，以中心孔作为加工外圆的定位基面，通过双顶尖装夹工件。因此，必须在其端面钻出中心孔。

1. 中心孔的类型及其用途

中心孔的形式由刀具的类型确定，已标准化。国家标准 GB/T 145—2001 规定，中心孔有 A 型（不带护锥）、B 型（带护锥）、C 型（带螺孔）和 R 型（弧形）四种类型，如图 5-17 所示。

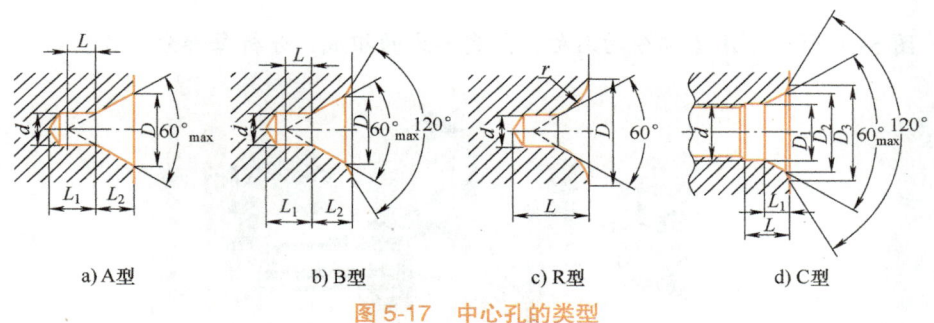

a) A型　　　　b) B型　　　　c) R型　　　　d) C型

图 5-17　中心孔的类型

A 型中心孔（又称不带护锥中心孔），一般都用 A 型中心钻（图 5-18）加工。A 型中心孔由圆柱孔和圆锥孔组成。定位圆锥孔的角度一般为 60°，圆锥孔用来和顶尖配合，锥面是定中心、夹紧、承受切削力和工件重力的表面。圆柱孔一方面用来保证顶尖与锥孔密切配合，使定位正确，另一方面用来储存润滑油。

图 5-18　A 型中心钻

A 型中心孔的主要缺点是孔口容易碰坏，致使中心孔与顶尖锥面接触不良，从而引起工件的跳动，影响工件的精度。这种中心孔仅在粗加工或不要求保留中心孔的工件上采用，它的直径尺寸 d 和 D 主要根据轴类工件的直径和质量来选定。

B 型中心孔常用在需要多次装夹加工的工件上。如机床的光杠和丝杠、铰刀等刀具上的中心孔，都应钻 B 型中心孔。

2. 钻中心孔的方法

（1）在钻夹头上装夹中心钻

按逆时针方向旋转钻夹头的外套，使钻夹头的三个卡爪张开，把中心钻插入，然后用钻夹头扳手顺时针方向转动钻夹头外套，把中心钻夹紧。

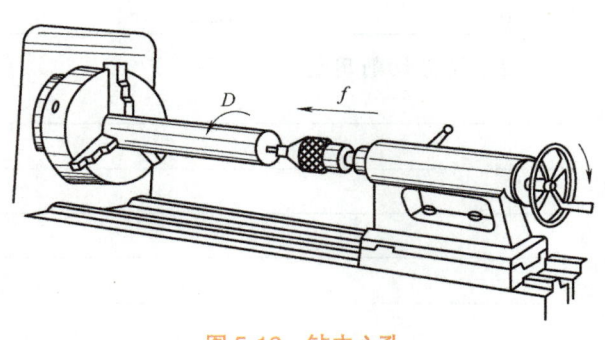

图 5-19　钻中心孔

（2）在尾座锥孔中安装钻夹头

先擦净钻夹头柄部和尾座锥孔，然后用轴向力把钻夹头夹紧。

（3）校正尾座中心

将工件装夹在卡盘上，开机使其转动，移动尾座使中心钻接近工件平面，观察中心钻头部是否与工件旋转中心一致，并找正，然后紧固尾座。

（4）转速的选择和钻削

由于中心钻直径小，钻削时应取较高的转速，进给量应小而均匀，如图5-19所示。当中心钻钻入工件时，应加切削液，使钻削顺利。钻孔结束时应稍停留中心钻，然后退出，使中心孔光洁、尺寸准确。

3. 钻中心孔的注意事项

1）钻夹头柄部必须擦干净后放入尾座套筒内并用力插入，以便圆锥面结合。中心钻装入钻夹头内时，伸出长度要短些。

2）套筒的伸出长度：要求中心钻靠近工件时，伸出长度为50~70mm。

3）工件端面车平后，才能钻中心孔，否则中心钻易折断。钻中心孔时主轴转速要高些，$n>1000r/min$，进给速度要小些。

工作二　自我检验

1）写出图5-20所示车床各部分的名称，熟悉车床的组成，分析每部分的作用。

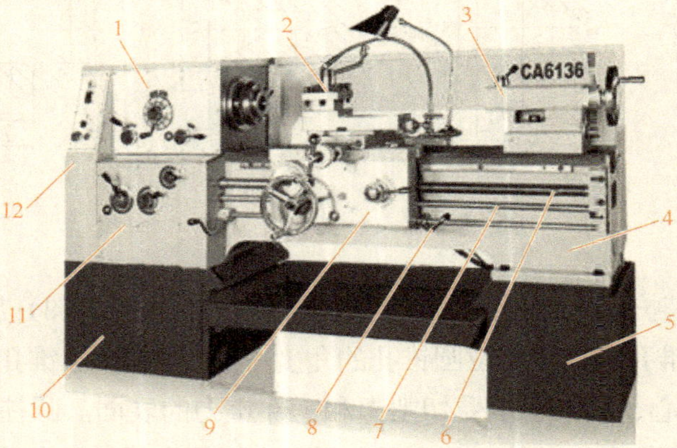

图5-20　车床的组成

1—_____　　2—_____　　3—_____　　4—_____
5—_____　　6—_____　　7—_____　　8—_____
9—_____　　10—_____　　11—_____　　12—_____

2）解释切削用量。

_____
_____
_____
_____
_____

3）在车床上进行加工操作练习，记录练习中的注意事项及收获。

停车练习（主轴正反转及停止手柄在停止位置）：

① 变换主轴转速；

② 变换进给量；

③ 变换纵向和横向手动进给手柄的转动方向；

④ 纵向或横向机动进给操作练习；

⑤ 尾座操作练习。

低速开机练习：

练习前应先检查各手柄是否处于正确位置，无误后进行开机练习。

① 主轴起动正反转及停车练习；

② 机动进给练习。

特别注意以下问题：

① 机床未完全停止时严禁变换主轴转速，否则会发生严重的主轴箱内齿轮打齿现象，甚至发生机床事故。开机前要检查各手柄是否处于正确位置。

② 纵向和横向手柄进、退方向不能摇错，尤其是快速进、退刀时，要千万注意，否则会造成工件报废或发生安全事故。

③ 横向进给手动手柄每转一格时，刀具横向背吃刀量为 0.02mm，其圆柱体直径方向的切削量为 0.04mm。

④ 手摇进给手柄送进时要求均匀、连续。为防止因操作不熟练而发生事故，限制练习时的转速不得超过 200r/min，进给量要小，大、中溜板置于中间位置，练习中不做丝杠进给。

_____

_____

_____

_____

4）车床上工件的装夹方式有哪些？分别应用在什么场合？

_____

_____

_____

5）请各小组选择一把车刀，讨论车刀的用途，介绍车刀切削部分的结构，并分析刀具的角度。

_____

_____

_____

_____

_____

工作三　技能训练

一、工艺过程

台阶轴零件加工步骤如下：

1) 下料 $\phi 35mm \times 125mm$。

2) 热处理调质 220~250HBW。

3) 在自定心卡盘上夹住 $\phi 35mm$ 毛坯外圆，伸出 105mm 左右长度，必须先找正外圆。

① 车端面：用 45° 外圆车刀，车平即可。

② 钻中心孔：在尾座上安装 A2.5 中心钻，钻孔。

$\phi 18mm$ 外圆轴线对 $\phi 32mm$ 外圆轴线的同轴度公差为 0.03mm，必须一次装夹加工完成。

③ 粗车、半精车外圆，分别至 $\phi 32.5mm$、$\phi 25mm$（$Ra6.3\mu m$）、$\phi 18_{-0.077}^{-0.050} mm$（$Ra3.2\mu m$），保证长度 70mm 及 $50_{-0.25}^{0}mm$。

④ 精车外圆至 $\phi 32_{-0.052}^{0}mm$（$Ra1.6\mu m$），（$\phi 32mm$、$\phi 18mm$ 外圆必须一次装夹加工完成，确保二者的同轴度要求）。

⑤ 用 45° 外圆车刀倒角 $C1$，锐边倒钝。

4) 调头夹住 $\phi 25mm$ 外圆（表面包一层铜皮夹住圆柱面），靠住端面，找正工件。

① 车端面，保证总长 $120 \pm 0.18mm$。

② 粗车、精车 $\phi 24_{-0.052}^{0}mm$ 外圆至尺寸要求（$Ra3.2\mu m$），保证长度尺寸。

③ 倒角 $C1$，锐边倒钝。

5) 按零件图各项要求检验零件。

二、台阶轴零件加工操作

根据表 5-2 的操作步骤完成台阶轴零件的加工。

台阶轴零件加工
实操微课

表 5-2　台阶轴零件加工操作步骤

序号	工作步骤	操作要领	学员检查并填写
1	设备检查	根据表 5-4 检查车床，保证机床能正常运行	
2	工、量具及备件准备	45° 外圆车刀、90° 外圆车刀、顶尖、钻夹头、A2 中心钻、自定心卡盘、游标卡尺、外径千分尺等，毛坯为 45 钢，尺寸为 $\phi 35mm \times 125mm$	
3	刀具安装	将刀架装刀面和车刀刀柄底面擦净，车刀安装在刀架上，在不影响观察的前提下，应尽量伸出短些，否则容易产生振动，使车出来的工件表面不光洁，甚至使车刀损坏。车刀伸出的长度约等于刀杆厚度的 1.5 倍。车刀下面的垫片要平整，垫片应跟刀架对齐且垫片的片数要尽量少，以防止产生振动。车刀至少要用两个螺钉压紧在刀架上，并逐个拧紧。拧紧时不得用力过大，以免使螺钉损坏 安装车刀时，刀杆轴线应与工件表面垂直，否则会使主偏角和副偏角的数值发生变化 刀尖应安装得跟工件中心线一样高，调好后将刀架位置转正后用手柄锁紧 方法 1：根据车床的主轴中心高，用钢直尺测量安装车刀 方法 2：根据尾座顶尖的高低把车刀位置安装准确 方法 3：使车刀靠近工件端面，用目测估计车刀的高低，然后紧固车刀，试车端面，再根据端面的中心安装准确车刀	
4	工件装夹	用自定心卡盘夹住左端外圆，右端面用顶尖顶住，完成 $\phi 32.5mm$、$\phi 25mm$、$\phi 18mm$ 三段外圆的加工。调头，用自定心卡盘夹住 $\phi 25mm$ 外圆，完成 $\phi 24mm$ 外圆的车削	

（续）

序号	工作步骤	操作要领					学员检查并填写
5	车削加工	外圆车削： 粗车：目的是尽快地切去多余的金属，使工件接近最后的形状和尺寸。粗车后应留下 0.5~1mm 的加工余量，背吃刀量取 1~4mm，进给量取 0.3~0.8mm/r，切削速度取 50~60m/min 精车：切去余下少量的金属层，以获得所要求的精度和表面粗糙度。因此，背吃刀量取 0.1~0.2mm，进给量取 0.08~0.2mm/r，切削速度≥60m/min 　检查毛坯直径，根据加工余量确定进给次数和背吃刀量 　划线痕，确定车削长度。先在工件上用粉笔涂色，然后用内卡钳在钢直尺上量取尺寸后，在工件上划出加工线 　车外圆要准确地控制背吃刀量，这样才能保证外圆的尺寸公差。通常采用试切法来控制背吃刀量					
		图示	操作内容	图示	操作内容		
			1. 起动机床，移动床鞍和中滑板，使车刀刀尖与工件表面轻微接触	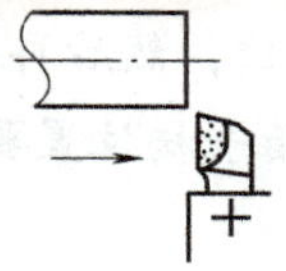	2. 移动床鞍，退出车刀		
			3. 转动中滑板刻度盘，使零位对准后，横向进给，利用刻度值控制背吃刀量	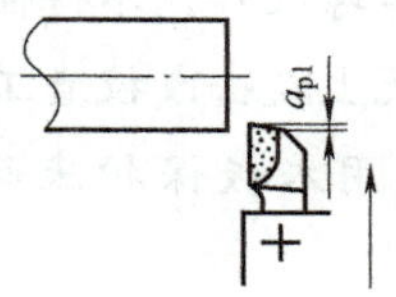	4. 移动床鞍，试切外圆，试切长度约为 2mm		
			5. 向右移动床鞍，退出车刀，进行测量	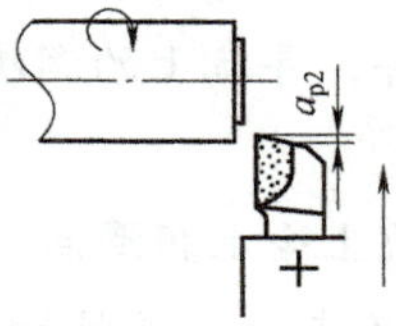	6. 根据测量尺寸调整背吃刀量		
		端面车削： 移动床鞍和中滑板，使车刀靠近工件端面，将床鞍上的螺钉拧紧，使床鞍位置固定。测量毛坯长度，确定端面应车去的余量，一般先车的一面尽可能车去的余量少，其余余量在另一面车去。车端面前可先倒角，尤其是铸件表面有一层硬皮，先倒角可以防止刀尖损坏。双手摇动中滑板手柄车端面，手动进给速度要保持均匀，当刀尖车到端面中心时，车刀即退回					
6	工件检测	使用合适的量具完成各段外圆直径和长度尺寸、工件总长尺寸的测量					
7	工作时的 6S 要求	机床切屑清扫、机床周围场地清扫、工、量具整理摆放符合要求					
8	安全要求	按照车床安全生产规范文明生产					

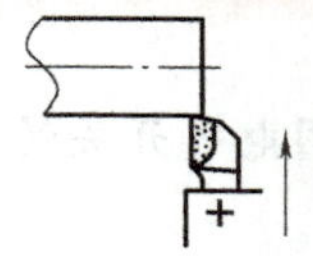

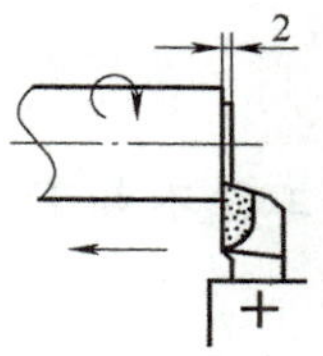

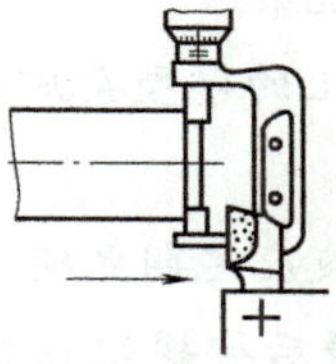

文明和安全操作

一、车床安全生产规范

1）工作时应穿工作服、戴套袖。女同志应戴工作帽，头发应塞在工作帽内。

2）工作时，头与工件不应靠得太近，以防切屑飞入眼中，必要时应戴防护镜。

3）工作时必须集中精力，不允许擅自离开机床或做与车床工作无关的事，手和身体不得靠近旋转的工件（或车床卡盘）。

4）工件和车刀必须装夹牢固，否则会飞出伤人。卡盘必须装有保险装置。

5）车床运转时不得测量工件。

6）不能用手清除切屑，要用专用工具清理，以防划伤皮肤。

7）工件装夹完成后，应取下卡盘扳手，以防飞出伤人。

8）棒料在主轴后端不要伸出过长。如果必须伸出过长，应用支架支承。支架孔应与机床主轴孔同轴，且距棒料末端不大于0.5m。如果料长太大，也可以加两个支架。

9）车工不准戴手套操作。

二、车工文明生产

1）开车前，应检查车床各部分机构是否完好，有无防护设备；各转动手柄是否放在空档位置，变速齿轮的手柄位置是否正确，以防开车时突然撞击，损坏机床。起动车床后应使主轴空转1~2min，使润滑油供至需要润滑的部位，然后再进行车削作业。

2）变速时必须停车！变换进给箱手柄位置要在低速时进行，使用电气开关的车床不准用反向运动夹紧急停车，以免打坏齿轮。

3）为了保持丝杠的精度，除车螺纹外，不得使用丝杠自动进给。

4）不允许在卡盘上、车床导轨上敲击或校直工件。

5）装夹较重的工件时，应该用木板保护床面，实训下课时如工件不卸下，应使用千斤顶支承。

6）车刀磨损后应及时刃磨，否则会增加车床的负荷，甚至损坏机床。

7）车削铸铁和气割下料的工件，导轨上的润滑油要擦去，工件上的砂型杂质应去除，以免磨坏床面导轨。

8）用切削液时，要在车床导轨上涂上润滑油，冷却泵中的切削液应定期更换。

9）实训结束，应清除车床上及车床周围的切屑和切削液，擦净后按规定在加油部位加上润滑油。

10）实训结束，应将大托板摇至床尾一端，各转动手柄放到空档位置，关闭电源。

技术点拨

车床刻度盘的使用

在车床上，车刀的移动量可以从有关刻度盘上读出。小、中滑板、床鞍，各有一个刻度盘，它们的使用方法是相同的。各个滑板的移动，依靠转动相应的手轮来实现。

在横向进给刻度盘上可以读出车刀横向移动量。当调整好背吃刀量时，便可用这个刻度盘来读出背吃刀量。使用刻度盘时，应慢慢地转动手轮，在快转到所需尺寸时，只能用手轻轻敲击手轮，以防止转过格。如果不小心多转了几格，则必须多退回更多的格数（消除手轮轴前端丝杠与中滑板上螺母接触面的间隙），然后重新把手轮转到所需的格数上。若要退回刀具，必须使手轮反转。但是手轮反转后首先会产生一段空行程（刻度盘已退回几格，可是刀具没有移动），只有在空行程过了以后，刀具才随手轮一起反向运动。所以刻度盘转过格以后，务必使反面空行程全部消除以后，再把手轮转到所需要的格数上，只有经过这样调整的刀具，位置才是正确的。

纵向进给刻度盘用来读出刀具的纵向移动量。手动进给时，可利用这个刻度盘转过的格数来控制刀具纵向移动的距离。对于床鞍来说，手轮前端的轴上固定着一个与床身上的齿条相啮合的小齿轮。当转动手轮时，小齿轮就在齿条上滚动，小齿轮的轴线（也就是床鞍）沿床身纵向移动，移动量由纵向进给刻度盘读出，读数原理与横向刻度盘相同。纵向进给方向一般总是从床尾走向床头，个别情况下，如用左偏车刀切削时，才应反向进给。

工作四　总结与反馈

1. 车外圆时产生缺陷的原因及预防措施（表 5-3）

表 5-3　车外圆时产生缺陷的原因及预防措施

产生的缺陷	产生原因	预防措施
毛坯外圆达不到尺寸	① 毛坯余量不够 ② 毛坯弯曲没有矫正 ③ 工件安装时没有找正 ④ 中心孔位置不正	① 拿到毛坯后一定要预先量一下加工余量是否足够 ② 长轴容易弯曲，所以必须矫正后再进行加工 ③ 装夹工件必须找正 ④ 必须检查中心孔是否正确
外圆达不到尺寸精度要求	① 未经过试切和测量，盲目进给 ② 刻度盘使用不当 ③ 量具误差大或测量不准	① 先试车外圆，测量无误后再继续车削 ② 掌握正确使用刻度盘的方法和读数方法 ③ 选择正确的量具、进行正确测量
表面粗糙度达不到要求	① 各种原因引起的振动，如工件、刀具伸出太长，刚性不足，主轴轴承间隙过大，转动件不平衡，刀具的主偏角过小等 ② 车刀后角过小，车刀后刀面和已加工面摩擦 ③ 切削用量选得不当	① 减少各种原因引起的振动 ② 选择合适的车刀后角，减少车刀后刀面和已加工面的摩擦 ③ 选择合适的切削用量
产生锥度	① 用卡盘装夹时，工件悬伸太长，受力后末端偏离中心线 ② 床身导轨与主轴轴线不平行 ③ 刀具磨损	① 用卡盘装夹工件时，工件悬伸不宜过长，如加工细长轴，应采用一夹一顶或中心架等辅助工具支承工件 ② 检查床身导轨与主轴轴线是否平行 ③ 注意及时检查刀具是否磨损，及时修整或更换刀具
产生椭圆	① 加工余量分配不均，没分粗、精车加工阶段 ② 车床主轴轴承磨损，间隙过大	① 加工过程合理划分粗、精车加工阶段，并合理分配加工余量 ② 定期检修车床主轴轴承

2. 填写 TPM 和 6S 表格

完成表 5-4 普通机床加工区域 TPM 每日点检表和表 5-5 车削区域 6S 检查表的填写。

表 5-4　普通机床加工区域 TPM 每日点检表

所属区域：普通机床加工实训室　　设备名称：普通车床　　设备型号：CA6136　　　年　月

序号	保养及点检内容	学年　第　学期　第　周						
		星期一	星期二	星期三	星期四	星期五	星期六	星期日
1	检查车床控制开关工作是否正常							
2	检查车床电动机、主轴运转是否正常							
3	检查车床各手柄操作的灵活性，并将各操作手柄置于空档位置							
4	检查车床所有安全防护装置的功能							

(续)

序号	保养及点检内容	学年　第　学期　第　周						
		星期一	星期二	星期三	星期四	星期五	星期六	星期日
5	检查车床各滑动部件的润滑情况							
6	检查车床各部位紧固螺钉是否有松脱，并锁紧松动的螺钉							
7	清扫车床，保持车床清洁卫生							
	点检人签名							
异常情况描述								

备注：1）点检记录：√—正常；×—异常，在异常情况描述栏内注明异常现象并通知实训教师。
2）只要使用机床，必须在实训教师指导下进行每天点检。
3）如果机床整周不使用，可以只进行每周点检。
4）每次实训结束由实训教师收集此表，交实训室管理教师复核后保存。

表 5-5　车削区域 6S 检查表

名称	序号	检查内容	学年　第　学期　第　周						
			星期一	星期二	星期三	星期四	星期五	星期六	星期日
（一）整理	1	机床或设备周围的工具及其他物品应存放有序							
	2	车床上、窗台上、地面上无应清理出去的杂物							
	3	教学区保持整齐，没有摆放无关物品							
（二）整顿	4	车床的操作指导书、操作规程完善，放置在适当位置							
	5	实训时各工具摆放位置正确							
	6	工具柜中的工具和车床的刀具摆放整齐且按要求分类摆放							
（三）清扫	7	车削区域地面每天下班前打扫，无切屑和杂物、废物							
	8	车床每天清扫后无切屑和杂物							
（四）清洁	9	实训区整体保持整洁、美观							
（五）素养	10	教师和学生按要求着装，戴好防护用品							
	11	不随地吐痰，不随便乱丢垃圾							
	12	实训区域内不进食（如早餐、零食等）							
	13	实训区域内保持正常的教学秩序，无大声喧哗和无故走动现象							
	14	下课后学生主动开展 6S 管理，教师锁好门窗，关闭电气设备							

（续）

名称	序号	检查内容	学年 第 学期 第 周					
			星期一	星期二	星期三	星期四	星期五	星期六	星期日
（六）安全	15	不佩戴饰物（如耳环、戒指、项链、手表等）；不涂指甲油，指甲长度不超过 0.2cm							
	16	正确穿戴工作服、工作鞋、工作帽（头发不外露）							
	17	工作前或离岗返回应洗手并消毒；不存在皮肤破损人员正在从事直接接触产品工作							
	18	遵守安全操作规程，保障生产正常进行，不损坏公物							

学生检查人员签名		指导教师检查签名	

3. 考核评价

本任务的评分标准见表 5-6。

表 5-6　车削外圆、端面和台阶面考核评价表

评价内容	考核项目	考核要求	配分	评分标准	得分
知识评价（线上）	车削基本知识	1. 车削安全文明生产规范 2. 车床基本知识 3. 刀具基本知识 4. 工件装夹基本知识 5. 车削加工基本知识	25	完成线上测验，并查看评分标准	
技能评价（线下）	车削操作	1. 加工前车床的检查 2. 正确安装工件 3. 选择合适的刀具 4. 选择合适的切削用量，进行车削加工 5. 加工过程中和加工完成后进行工件检测	50	1. 未检查到相应项目，扣 5 分 / 处 2. 工件安装不当，扣 5 分 3. 刀具选择不合适，扣 5 分 4. 切削用量选择不合适，扣 5 分 / 处；车削加工操作不当，扣 5 分 / 处 5. 测量工具选择不当，扣 2 分 / 处，测量方法不正确，扣 3 分 / 处	
职业素养	学习和劳动态度	态度认真、虚心好学、埋头苦干	5	做与课堂无关的事情，扣 1 分 / 次	
	工作与职业操守	规范着装，安全文明操作，无事故隐患和事故苗头	5	1. 违反安全生产规程，视情节扣 1~5 分 2. 违反文明操作规程（工具、器材的摆放不规范；不清理现场），扣 1~5 分 3. 着装不规范，扣 1 分 / 次	
	团队合作精神	具有良好的团队合作精神，热心帮助小组其他成员	5	不团结同学，扣 1 分 / 次	
	现场 6S 管理	能够按照 6S 管理正确管理现场	5	未按照 6S 管理整理现场，扣 1 分 / 处	
	出勤	遵守实训制度，无迟到、早退、请假	5	迟到、早退、请假，扣 1 分 / 次	
合计			100		

 拓展知识

刀具材料

生产中使用最多的刀具材料是高速工具钢和硬质合金。

1. 高速工具钢

高速工具钢是一种加入了较多的钨、铬、钒、钼等合金元素的高合金工具钢，有良好的综合性能。其强度和冲击韧性是现有刀具材料中最高的。其耐热性为500~650°C，在640°C左右其硬度下降，不能进行高速切削。高速工具钢的制造工艺简单，容易刃磨成锋利的切削刃；锻造、热处理变形小，目前在复杂的刀具（如麻花钻、丝锥、拉刀、齿轮刀具和成形刀具）制造中，仍占有主要地位。

高速工具钢可分为普通高速工具钢和高性能高速工具钢。普通高速工具钢，如W18Cr4V，广泛用于制造各种复杂刀具。其切削速度一般不太高，切削普通钢料时为40~60m/min。高性能高速工具钢，如W12Cr4V4Mo，是在普通高速工具钢中再增加一些碳、钒含量及添加钴、铝等元素冶炼而成的，制造的刀具寿命为普通高速钢的1.5~3倍。

粉末冶金高速工具钢是20世纪70年代投入市场的一种高速工具钢，其强度与冲击韧性分别提高了30%~40%和80%~90%，制造的刀具寿命可提高2~3倍。目前我国尚处于试验研究阶段，生产和使用尚少。

2. 硬质合金

硬质合金是用粉末冶金的方法制成的。在实际使用中，一般将硬质合金刀片焊接或机械夹固在刀体上使用。国际标准化组织在ISO 513—1975（E）中将切削加工用硬质合金分为三大类，分别用K、P、M表示。

国产硬质合金按其化学成分与使用特性分为四类。

1）钨钴类（K类、YG类：WC+Co）：外包装用红色标志。这类硬质合金冲击韧性较好，但硬度和耐磨性较差，适用于加工铸铁、青铜等脆性材料。常用的牌号有YG8、YG6、YG3，它们制造的刀具分别适用于粗加工、半精加工和精加工。其牌号中的数字表示Co的质量分数，如YG6表示Co的质量分数为6%。含Co量越多，其冲击韧性越好。

2）钨钛钴类（P类、YT类：WC+TiC+Co）：外包装用蓝色标志。这类硬质合金耐热性和耐磨性较好，但冲击韧性较差，适用于加工钢材等塑性材料。常用的牌号有YT5、YT15、YT30等，其中数字表示碳化钛的质量百分数，其值越大，耐磨性越好，冲击韧性越差。用这三个牌号的硬质合金制造的刀具分别适用于粗加工、半精加工和精加工。

3）添加稀有金属碳化物类（M类、YW类：WC+TiC+TaC/NbC+Co）：外包装用黄色标志。它具有前两类硬质合金的优点，用其制造的刀具既能加工脆性材料，又能加工塑性材料，同时还能加工高温合金、耐热合金及合金铸铁等难加工材料。常用牌号有YW1、YW2。

4）碳化钛基类（YN类：TiC+WC+Ni+Mo）：主要用于加工铸铁、碳素钢、合金钢。

选择刀具材料应结合使用性能、工艺性能、价格等因素进行综合考虑，做到合理选用。例如，车削加工45钢自由锻齿轮毛坯时，由于工件表面不规则且有氧化皮，切削时冲击力大，选用冲击韧性好的K类（钨钴类）硬质合金就比P类（钨钴钛类）硬质合金有利；又如车削较短钢材上的螺纹时，按理要用YT类硬质合金，但由于车刀在工件切入处要受到冲击，容易崩刃，所以一般采用YG类硬质合金比较有利，虽然它的热硬性不如YT类硬质合金，但工件短，散热容易，热硬性就不是主要矛盾了。

【自我探索】

同学们实训时使用的车刀是什么材质的?性能如何?

_____

_____

_____

拓展训练

1)操纵车床时,为什么纵、横向手动进给手柄的进退方向不能摇错?

2)试依次变换主轴转速:50r/min、200r/min、450r/min;变换纵向进给量:0.1mm/r、0.15mm/r、0.2mm/r;变换横向进给量0.12mm/r、0.15mm/r、0.24mm/r。

3)卧式车床横向进给丝杠螺距为4mm,横向进给手柄刻度有200小格,如果横向进给手柄转过10小格,刀具横向移动多少mm?车外圆时,背吃刀量a_p为1mm,对刀试切后横向手动手柄应进多少小格?

任务2 车削螺纹和圆锥面

知识树

车削螺纹和圆锥面知识树及职业素质培养如图5-21所示。

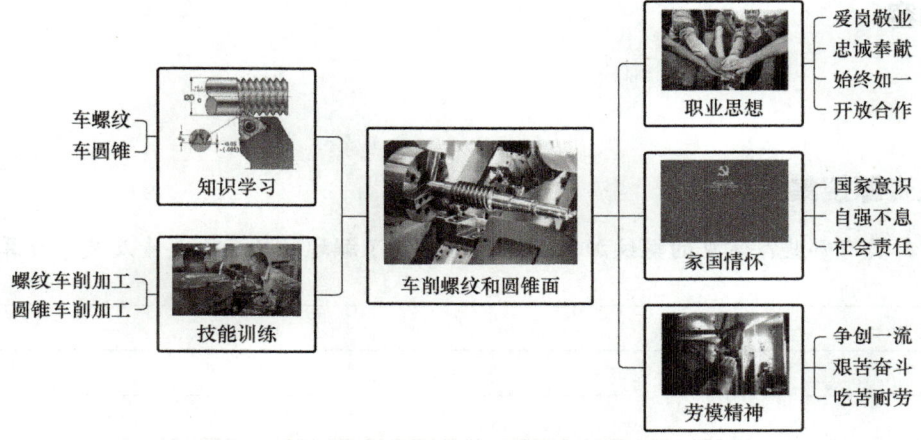

图5-21 车削螺纹和圆锥面知识树及职业素质培养

任务描述

螺纹和圆锥面为轴类零件上常见的结构。在机械零件中，螺纹通常具有连接、传动、紧固、测量零件等多种用途。在机床与工具中，圆锥面配合应用很广泛，例如车床主轴锥孔与顶尖锥体的配合，车床尾座套筒锥孔与麻花钻、铰刀及回转顶尖等锥柄的配合。图 5-22 所示锥度心轴零件包含圆锥面和螺纹，请根据图纸要求完成该零件的车削加工。

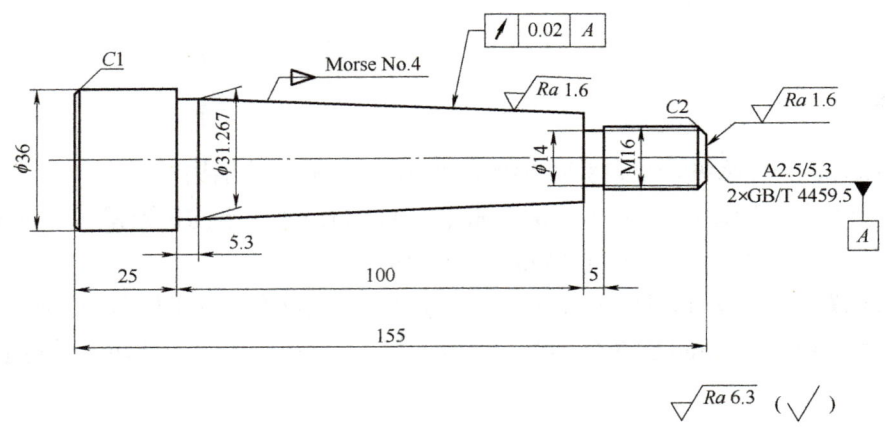

图 5-22　锥度心轴零件图

 任务要求

1. 能分析锥度心轴零件的结构工艺。
2. 了解车削螺纹和圆锥面的加工方法。
3. 能操作机床加工螺纹和圆锥面。
4. 会使用量具检验螺纹和圆锥面。

 素养提升

严格执行相关标准、工作规范、工艺文件和安全操作规程，文明生产；能建立质量、安全、环保及现场管理的理念；培养与设计人员、工艺人员、操作人员沟通的能力，树立正确的工作态度，培养团结协作的能力和善于观察、思考、自主学习的能力。

 工作内容

工作一　知识学习

【自主资源搜集】

螺纹的种类有哪些？常见的螺纹加工方法有哪些？了解螺纹的基本要素及尺寸计算方法。

_____
_____
_____
_____

【专业知识学习】

一、车螺纹

车螺纹

螺纹的种类有很多，按牙型分为三角形、梯形、矩形螺纹等；按螺纹标准分为米制和寸制螺纹，米制三角形螺纹的牙型角为 60°，用螺距或导程来表示；寸制三角形螺纹的牙型角为 55°，用每英寸牙数作为主要规格。各种螺纹都有左旋、右旋，单线、多线之分，其中以米制三角形螺纹即普通螺纹应用最广。普通螺纹以大径、中径、螺距、牙型角和旋向为基本要素，是螺纹加工时必须控制的部分。在车床上能车削各种螺纹，现以车削普通螺纹为例展开介绍。

1. 螺纹车刀

（1）外螺纹车刀的类型

普通螺纹车刀分为高速工具钢螺纹车刀和硬质合金螺纹车刀。

高速工具钢外螺纹车刀在低速车削或精车螺纹时使用，车削时需加注切削液。高速工具钢外螺纹粗车刀如图 5-23a 所示，有较大的背前角，刀具容易刃磨，适用于粗车普通螺纹。高速工具钢外螺纹精车刀如图 5-23b 所示，具有 4°~6° 的正前角，前刀面磨有半径 $R=4$~6mm 的圆弧形排屑槽，适用于精车普通螺纹。

硬质合金外螺纹车刀如图 5-24 所示，刀片材料为 YT15，刀尖角为 59°30′，适用于高速切削螺纹。车刀两侧切削刃上有宽 0.2~0.4mm、$\gamma_o=-5°$ 的倒棱，并磨有 1mm 宽的刃带，起修光和增强刀头强度的作用，可车削较大螺距（$P>2$mm）的螺纹。

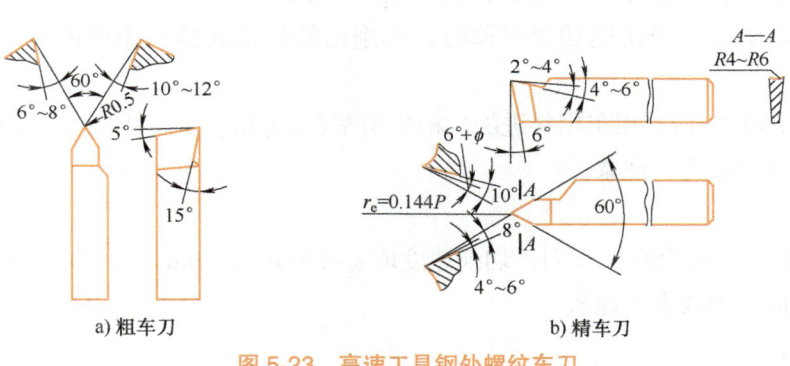

图 5-23 高速工具钢外螺纹车刀　　　　图 5-24 硬质合金外螺纹车刀

（2）螺纹车刀的安装要求

车螺纹时，为了保证牙型正确，对安装车刀提出了较严格的要求。安装车刀时刀尖高低应对准工件轴线，车刀刀尖角的中心线必须与工件轴线严格保持垂直，这样车削出的螺纹，其两牙型半角相等，如图 5-25a 所示。如果把车刀装歪，就会产生牙型歪斜，如图 5-25b 所示。

2. 车削螺纹的方法

车削螺纹时，一般可采用低速车削和高速车削两种方法。低速车削螺纹可获得较高的精度和较小的表面粗糙度值，但生产率低；高速车削螺纹比低速车削螺纹的生产率可提高 10 倍以上，也可以获

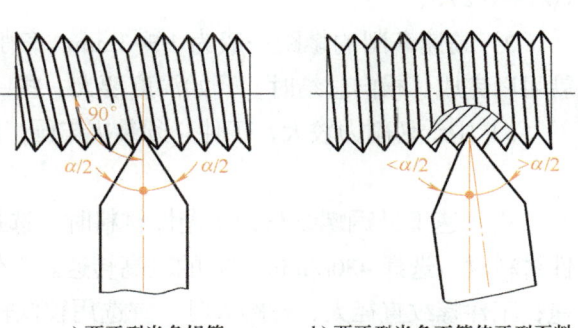

a）两牙型半角相等　　b）两牙型半角不等使牙型歪斜

图 5-25 车削螺纹时的对刀要求

得较小的表面粗糙度值，因此在制造企业中广泛采用。

(1) 低速车削螺纹的方法

低速车削普通螺纹时，为了保证螺纹车刀的锋利状态，车刀最好用高速工具钢制成，并且把车刀分成粗、精车刀，分别进行粗、精加工。

车削螺纹主要有以下三种进给方法。

1) 直进法：车削螺纹时，只利用中滑板做横向进给，其背吃刀量 a_p 与螺距 P 的关系为 $a_p \approx 0.65P$，在几个工作行程中车削好螺纹，如图5-26a所示。直进法车削螺纹可以得到比较正确的牙型，但车刀切削刃和刀尖全部参加切削，螺纹齿面不易车光，并且容易产生"扎刀"现象，因此只适用于车削螺距 $P<1.5$mm 的螺纹。

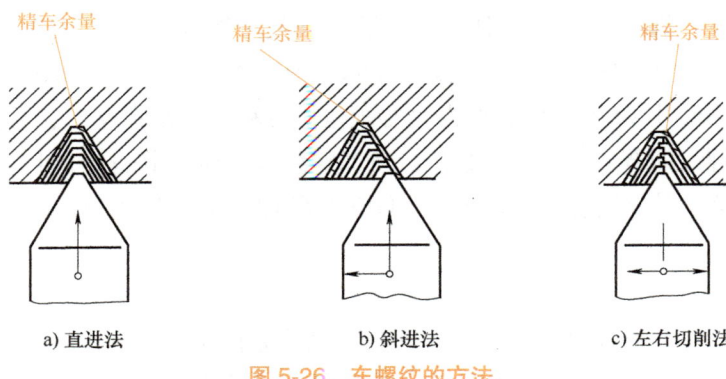

a) 直进法　　b) 斜进法　　c) 左右切削法

图5-26　车螺纹的方法

2) 斜进法：如图5-26b所示，开始1~2刀用直进法车削，以后用中、小滑板交替进给车削，小滑板切削量约为中滑板的1/3，用于粗车螺纹，每边约留0.2mm的精车余量。

3) 左右切削法：如图5-26c所示，车削时，除中滑板横向进给外，同时小滑板向左或向右微量进给，这样重复切削几个工作行程，直至螺纹的牙型全部车好。这种方法用于各类螺纹（除梯形螺纹外）的粗、精车。精车时选用 $v_c<5$m/min 的切削速度，并加注切削液，可以获得很小的表面粗糙度值，但背吃刀量不能过大，一般 $a_p<0.05$mm，否则会使牙底过宽或凹凸不平。在实际工作中，可用观察法控制左、右进给量。当排出切屑很薄时，车削出的螺纹表面粗糙度值一定很小。

一般情况下，螺距较大的螺纹（$P>1.5$mm）粗车用斜进法，精车用左右切削法。这两种方法，因为车刀都是单面切削，所以不容易产生"扎刀"现象。

(2) 高速车削螺纹的方法

高速车削螺纹时，最好使用YT15硬质合金螺纹车刀，切削速度取 $v_c=50\sim100$m/min。车削时只能用直进法进刀，使切屑垂直于轴线方向排出或卷成球状。

高速车削螺纹时应注意以下问题。

1) 因工件材料受车刀挤压，使螺纹大径胀大，因此车削螺纹时螺纹大径应比螺纹公称尺寸小 $(0.15\sim0.2)P$。

2) 高速车削的螺距一般为1.5~3mm。车削中碳（合金）钢螺纹时，一般只需要3~5个工作行程就可以完成。横向进给时，开始深度要大一些，以后逐步减小，但最后一次不要小于0.1mm。

3) 由于切削力较大，工件必须装夹牢固。同时转速很高，必须集中思想进行操作。

(3) 车削螺纹时切削速度的选用

用高速工具钢螺纹车刀车塑性材料时，选择12~150r/min的较低转速；用硬质合金螺纹车刀车塑性材料时，选择480r/min左右的较高转速。工件螺纹直径小、螺距小（$P \leq 2$mm）时，宜选用较高转速；工件螺纹直径大、螺距大时，宜选用较低转速。

(4) 车削螺纹时乱牙的产生

车削螺纹时，一般都要分几次进给才能完成。如果车刀刀尖不在前一个工作行程的螺旋槽内，而是偏左、偏右或在牙顶中间，会使螺纹车乱，这种现象称为乱牙。常用的预防车削螺纹时乱牙的方法是开倒顺车法。车刀与丝杠的传动链没有分离过,车刀始终在原来的螺旋槽中倒顺运动,这样就不会产生乱牙。

3. 螺纹的测量

普通螺纹一般使用螺纹量规进行综合测量,也可进行单项测量。单项测量指的是对螺纹的螺距、长度、大径和中径等分项测量。综合测量是对螺纹的各项精度要求进行综合性测量。

(1) 单项测量

1) 螺距的测量。螺距一般用钢直尺或螺距规进行测量。用钢直尺测量时,因为普通螺纹的螺距一般较小,最好量 10 个螺距的长度,然后把长度除以 10,就得出一个螺距的尺寸。如果螺距较大,可以量出 2 或 4 个螺距的长度,再计算螺距,如图 5-27a 所示。

用螺距规(图 5-27b)测量螺距时,把标明螺距的螺距规以平行轴线的方向嵌入牙型中,如完全符合,则说明被测螺距正确。

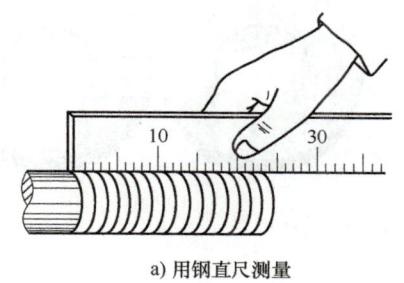

a) 用钢直尺测量

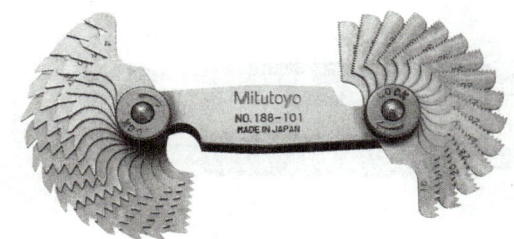

b) 用螺距规测量

图 5-27 螺距的测量

2) 大径的测量。螺纹大径的公差较大,一般可用游标卡尺或外径千分尺测量。

3) 中径的测量。普通螺纹的中径可用螺纹千分尺或三针测量法测量。

螺纹千分尺(图 5-28)一般用于中径公差等级为 5 级以下的螺纹的测量。它的读数原理和读数方法与外径千分尺相同,所不同的是螺纹千分尺有两套(60°和 55°)

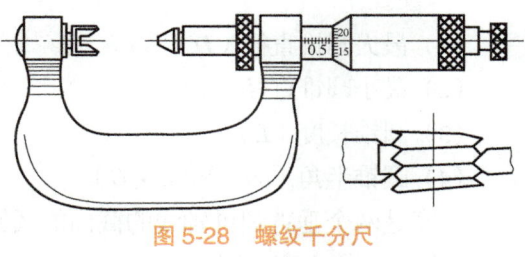

图 5-28 螺纹千分尺

适用不同牙型角和不同螺距的测头,可根据测量的需要进行选择,然后分别插入千分尺的测杆和测砧座孔内。换上所选用的测头后,必须调整测砧座的位置,使千分尺对准零位后,方可进行测量。

测量时,螺纹千分尺应放平,使测头轴线与螺纹轴线垂直,然后将 V 形测头与被测螺纹的牙顶部分相接触,锥形测头则与直径方向上的相邻槽底部分相接触,螺纹千分尺测得的读数值就是中径的实际尺寸。

用三针测量法测量外螺纹中径是一种比较精密的测量方法。测量所用的 3 根圆柱形量针是由量具厂专门制造的。测量时,把 3 根量针放置在螺纹两侧相应的螺旋槽下,用外径千分尺量出两边量针顶点之间的距离 M(图 5-29),根据 M 值可以计算出螺纹中径的实际尺寸。

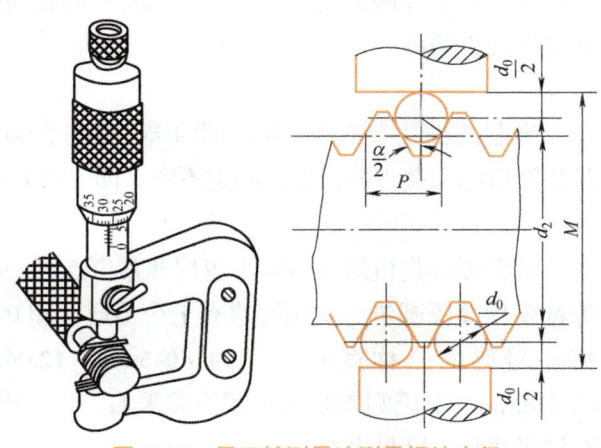

图 5-29 用三针测量法测量螺纹中径

(2) 综合测量

螺纹的综合测量可使用螺纹量规。用螺纹塞规检验内螺纹；用螺纹环规检验外螺纹。

1) 螺纹塞规。图 5-30 所示为一种双头螺纹塞规（测量大尺寸的螺纹时，多用单头螺纹塞规），两端分别为通端螺纹塞规和止端螺纹塞规。通端螺纹塞规是综合检验螺纹的，具有完整的外螺纹牙型和标准旋合长度。通端与螺纹顺利旋合通过，则表示通端检验合格。止端螺纹塞规是检验螺纹中径的上极限尺寸的，做成截短牙型，止端不能通过螺纹。

测量时，只有当通端能顺利旋合通过，而止端又不能通过时，才表明该螺纹合格。

2) 螺纹环规。图 5-31 所示为一种常用的螺纹环规，通端螺纹环规和止端螺纹环规是分开的。螺纹环规与螺纹塞规相似，通端有完整的牙型和标准旋合长度，而止端是截短牙型，去除两端不完整牙型，其长度不少于 4 牙。

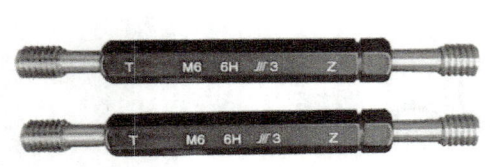

图 5-30　螺纹塞规

图 5-31　螺纹环规

二、车圆锥

车圆锥

1. 圆锥的四个基本参数（图 5-32）

(1) 最大圆锥直径（D）

(2) 最小圆锥直径（d）

(3) 圆锥长度（L）

(4) 圆锥半角（$\alpha/2$ 和锥度 C）。

锥度是两个垂直圆锥轴线的截面的圆锥直径差与两截面间的轴向距离之比，即 $C=(D-d)/L$。

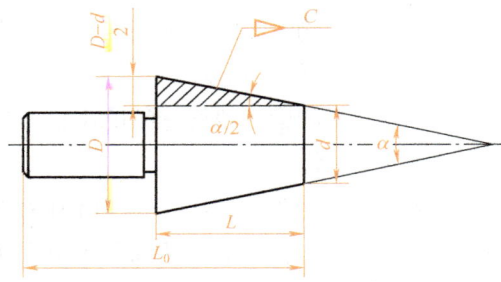

图 5-32　圆锥的基本参数

2. 标准圆锥

为了使用方便和降低生产成本，常用的工具、刀具上的圆锥都已标准化，圆锥的各部分尺寸可按照规定的几个号码来制造。使用时只要号码相同的圆锥，就能互配。常用的标准工具圆锥有米制圆锥和莫氏圆锥两种。

(1) 米制圆锥

米制圆锥共有八个号码，即 4 号、6 号、80 号、100 号、120 号、140 号、160 号和 200 号。号码是指圆锥的大端直径，锥度固定不变，即 $C=1:20$，圆锥半角 $\alpha/2=1°25'56''$。

(2) 莫氏圆锥

莫氏圆锥是机器制造业中应用非常广泛的一种圆锥，如车床主轴孔、顶尖、钻头柄部及铰刀柄部等都使用莫氏圆锥。莫氏圆锥有七个号码，即 0、1、2、3、4、5、6，最小的是 0 号，最大的是 6 号，每一号码的公称直径分别为 9.045mm、12.065mm、17.78mm、23.825mm、31.267mm、44.399mm、63.348mm。莫氏圆锥是从英制换算来的，当号码不同时，圆锥半角和尺寸都不同。莫氏圆锥的锥度、圆锥半角和斜度见表 5-7。

表 5-7　莫氏圆锥的锥度、圆锥半角和斜度

圆锥号码	锥度 C	圆锥角（α）	圆锥半角（α/2）	斜度
0	1∶19.212	2°58′54″	1°29′27″	0.0260
1	1∶20.047	2°51′26″	1°25′43″	0.0249
2	1∶20.020	2°51′41″	1°25′50″	0.0250
3	1∶19.922	2°52′32″	1°26′26″	0.0251
4	1∶19.254	2°58′31″	1°29′15″	0.0260
5	1∶19.002	3°00′53″	1°30′26″	0.0263
6	1∶19.180	2°59′12″	1°29′36″	0.0261

3. 车削圆锥面的方法

在车床上车削圆锥面的方法主要有以下两种。

（1）转动小滑板法

车削长度较短、锥度较大的圆锥体或圆锥孔时，可以使用转动小滑板法，如图 5-33 所示。这种方法操作简便，能保证一定的车削精度，适用于单件或小批量生产，是一种应用广泛的车削方法。

小滑板转动角度应是圆锥素线与车床主轴轴线的夹角，即工件圆锥半角。车削时应使车刀进给轨迹与所要车削的圆锥素线平行。如果图样上没有注明圆锥半角，可计算得出。

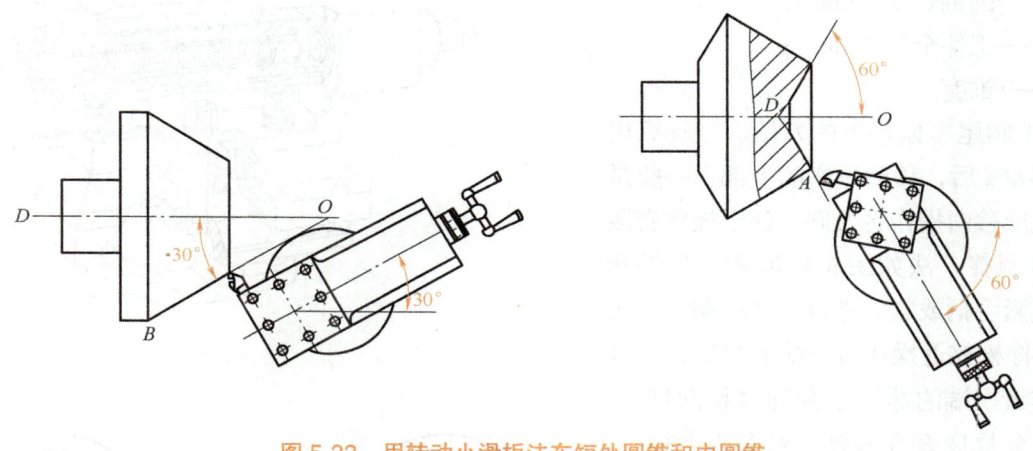

图 5-33　用转动小滑板法车短外圆锥和内圆锥

找正小滑板角度的方法如下：

1）当车削标准锥度和较小角度时，一般可用锥度量规，左右摆动看间隙、涂色检验接触面的方法，逐步找正小滑板所转动的角度。

2）车削角度较大的圆锥面时，可用角度样板或用游标万能角度尺检验找正。

3）当车削的圆锥工件已有样件时，可用百分表找正小滑板应转的角度，找正方法如图 5-34 所示。

（2）偏移尾座法

对于长度较长、锥度较小的圆锥体工件，可将工件装夹在两顶尖间，采用偏移尾座法车削。该车削方法可以机动进给车削圆锥面，劳动强度小，车削出的锥体表面粗糙度值小。但因受尾座偏移量的限制，不能车削锥度很大的工件。

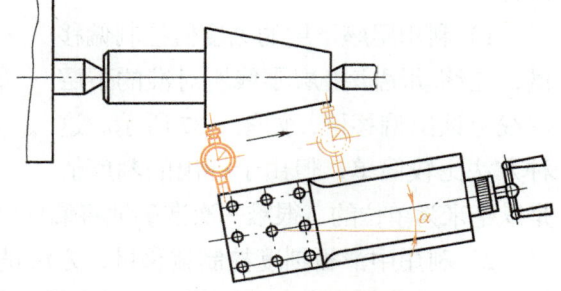

图 5-34　用样件找正小滑板转动角度

偏移尾座的具体车削方法是把尾座水平偏移一个 s 值,使得装夹在前、后顶尖间的工件轴线与车床主轴轴线成一个夹角,这个夹角就是锥体的圆锥半角 α/2。当工件旋转后,与车床主轴轴线平行移动的车刀刀尖的轨迹,就是被车削锥体的素线,如图 5-35 所示。

1)尾座偏移量的计算。尾座偏移量不仅与圆锥部分的长度 L 有关,还与两顶尖间的距离有关,这段距离一般可近似看作工件总长 L_0 的偏移量,可根据下列公式计算

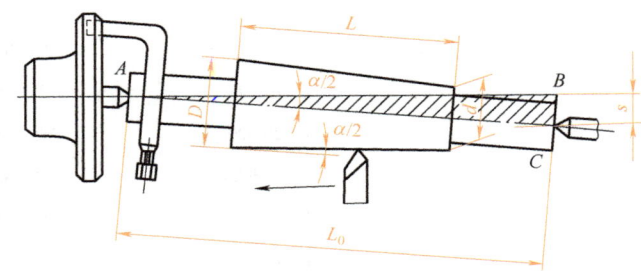

图 5-35 偏移尾座法车圆锥体

$$s = \frac{D-d}{2L} \times L_0$$

或

$$s = \frac{C}{2} \times L_0 = \frac{CL_0}{2}$$

式中 s——尾座偏移量(mm);
　　　D——最大圆锥直径(mm);
　　　d——最小圆锥直径(mm);
　　　L——圆锥长度(mm);
　　　L_0——工件全长(mm);
　　　C——锥度。

2)控制尾座偏移量的方法。当计算出尾座偏移量 s 后,移动尾座的上部,一般是将尾座上部移向操作者方向,便于操作者测量。具体调整方法如图 5-36 所示,先松开尾座的锁紧手柄或紧固螺母,然后调整两边的螺钉(拧松靠近操作者一端的螺钉,拧紧远离操作者一端的螺钉),尾座体横向移动,即可使尾座套筒的轴线对车床主轴轴线产生一个偏移量 s。调整后两边的螺钉要同时锁紧。

控制尾座偏移量的方法一般有以下几种。

1)利用尾座下层的刻度值控制偏移量,在移动尾座上层零线所对准的下层刻线上读出偏移量,如图 5-37 所示。这种方法比较简单,但由于标出的刻度值是以毫米为单位的,很难一次准确地将偏移量调整精确。

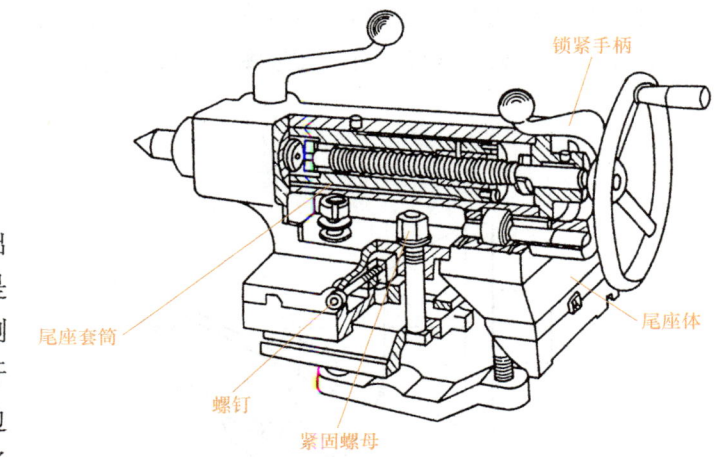

图 5-36 尾座偏移量的调整

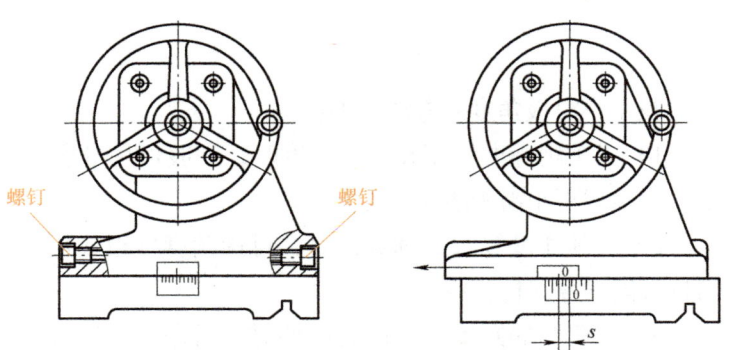

图 5-37 利用尾座刻度值偏移尾座

2)利用中滑板刻度控制偏移量,方法是在方刀架上装夹一铜棒,移动中滑板,使铜棒与尾座套筒接触,消除刻度盘空行程后,记录中滑板刻度值,根据刻度把铜棒退出 s 的距离,如图 5-38 所示,然后偏移尾座上部,直至套筒接触铜棒为止。

3)用百分表控制偏移量,方法是把百分表固定在刀架上,使百分表的测头垂直接触尾座套筒,

并与机床中心等高，调整百分表指针至零位，然后偏移尾座，偏移值能从百分表上读出，然后将尾座固定，如图 5-39 所示。

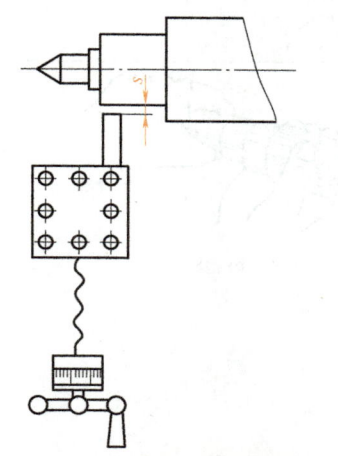

图 5-38　利用中滑板刻度控制尾座偏移量

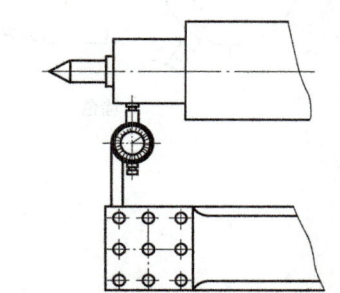

图 5-39　用百分表控制尾座偏移量

4）用锥度检验棒或样件控制偏移量，方法是把锥度检验棒或样件装夹在两顶尖间，并把百分表固定在刀架上，使测头垂直接触检验棒或样件的圆锥素线，并与机床中心等高，再偏移尾座，纵向移动床鞍，观察百分表指针在圆锥两端的读数是否一致。如读数不一致，再调整尾座位置，直至两端读数一致为止（图 5-40）。这种方法找正锥度操作简便，而且精度较高。但应注意，所用的检验棒或样件的总长度应等于被车削工件的长度，否则找正的锥度是不正确的。

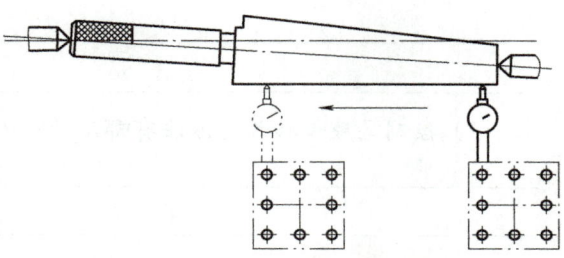

图 5-40　用锥度检验棒控制尾座偏移量

4. 圆锥角度和锥度的测量

对于相配合的锥度和角度零件，根据用途不同，规定不同的锥度和角度公差。

对于相配合精度要求较高的锥度零件，在工厂中一般采用涂色检验法，以测量接触面的大小来评定锥度精度。

1）用游标万能角度尺测量，可以测量 0°~320° 范围内的任何角度。

2）用角度样板测量。成批和大量生产时，可使用专用的角度样板测量工件。图 5-41 所示为用角度样板测量锥齿轮坯的角度。

3）用圆锥量规采用涂色法检验。检验标准圆锥或配合精度要求较高的工件，可用标准塞规或套规来检验。如图 5-42 所示，用圆锥套规检验圆锥体时，用显示剂（印油、红丹粉）在工件表面顺着圆锥素线均匀地涂上三条线，涂色要求薄而均匀，如图 5-42a 所示。检验时，手握圆锥套规轻轻套在工件圆锥上，如图 5-42b 所示，稍加轴向推力将套规转动约半周。取下套规后，若三条显示剂全长被均匀擦去，说明圆锥接触良好，锥度正确；如果显示剂被局部擦去，说明圆锥的角度不正确或圆锥素线不直。

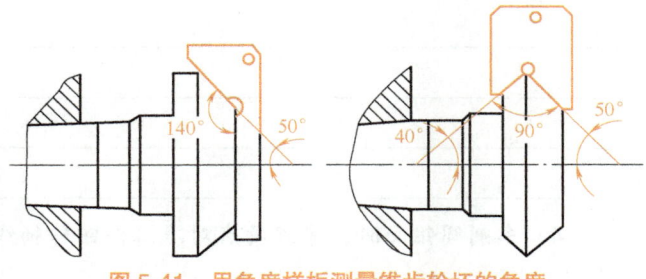

图 5-41　用角度样板测量锥齿轮坯的角度

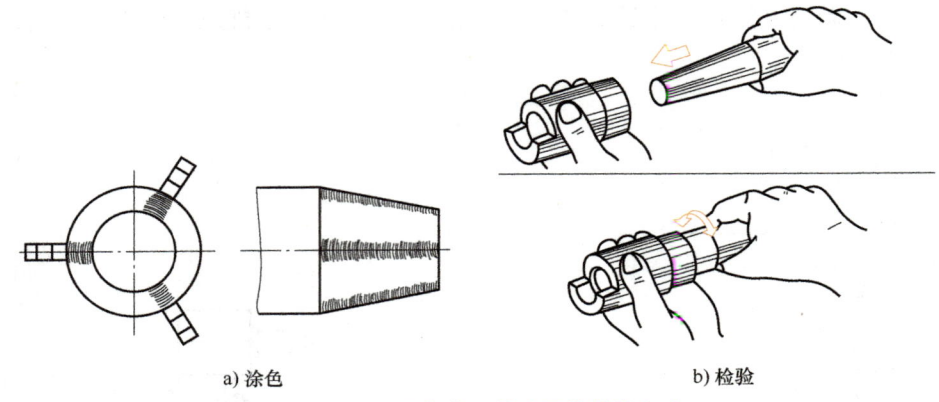

a) 涂色　　　　　　　　　　　　b) 检验

图 5-42　用圆锥套规检验圆锥体的方法

工作二　自我检验

1) 用转动小滑板法车削圆锥面有什么优、缺点？小滑板转动角度的原则是什么？

_____
_____

2) 控制尾座偏移量的方法有哪几种？

_____
_____

3) 用偏移尾座法车削图 5-43 所示圆锥体零件，求尾座偏移量 s。

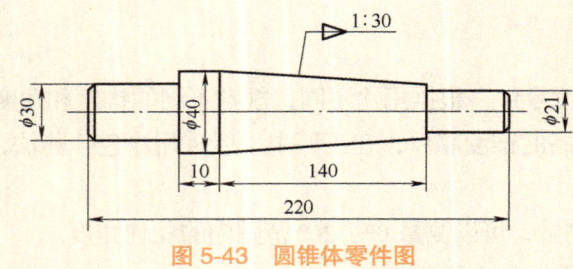

图 5-43　圆锥体零件图

_____
_____
_____

4) 车削圆锥面时，车刀没有对准工件回转轴线，对工件质量有何影响？

_____
_____
_____

工作三 技能训练

一、工艺过程

车端面——钻中心孔——粗车莫氏 4 号圆锥所在外圆——粗车 M16 大径所在外圆——调头，车端面、钻中心孔——精车各段外圆——车莫氏 4 号圆锥。

二、锥度心轴零件加工操作

根据表 5-8 的操作步骤完成锥度心轴零件的加工。

锥度心轴零件加工实操微课

表 5-8 锥度心轴零件的加工操作步骤

序号	工作步骤	操作要领	学员检查并填写
1	设备检查	根据表 5-4 检查车床各项内容，保证机床能正常运行	
2	工、量具及备件准备	45°外圆车刀，90°外圆车刀，外螺纹车刀，前、后顶尖，钻夹头，A2.5 中心钻，自定心卡盘，游标卡尺，外径千分尺，百分表，磁力表座，莫氏 4 号圆锥套规等，毛坯材料为 45 钢，尺寸为 $\phi 40mm \times 160mm$	
3	刀具安装	将 45°外圆车刀、90°外圆车刀、外螺纹车刀按要求装夹在刀架上	
4	工件装夹	① 车削端面与钻中心孔时，以毛坯外圆为粗基准，用自定心卡盘装夹 ② 粗车莫氏 4 号圆锥及外圆时，采用一夹一顶的装夹方法 ③ 精车外圆及圆锥面时，为保证其位置精度，可以装夹在两顶尖间车削	
5	车削加工	采用偏移尾座法车削，莫氏 4 号锥度 $C=1:19.254=0.05194$。尾座偏移量 $s=CL_0/2=0.05194 \times 155/2mm=4.03mm$，尾座的偏移量可用百分表来控制 毛坯 $\phi 40mm \times 160mm$，用自定心卡盘夹住毛坯外圆，车端面，车平即可，钻 A 型 $\phi 2.5mm$ 中心孔 一端夹住，一端顶牢，粗车莫氏 4 号圆锥至 $\phi 32.5mm$，长度 129mm；车螺纹 M16 大径至 $\phi 17mm$，长度 29mm	

（续）

序号	工作步骤	操作要领	学员检查并填写
5	车削加工	调头，夹住外圆 φ32.5mm，车端面，长度尺寸 155mm，钻 A 型 φ2.5mm 中心孔；粗车 φ36mm 外圆至 φ37mm 两顶尖装夹：精车外圆 φ36mm 至尺寸，倒角 C1；调头，控制尺寸 25mm，车外圆 φ31.267mm 至尺寸；控制尺寸 100mm，车螺纹 M16 大径至尺寸 15.8mm；车槽 5mm×φ14mm；倒角 C2；车螺纹 M16 两顶尖装夹：粗、精车莫氏 4 号锥度至尺寸；锐角倒钝	
6	工件检测	使用合适的量具完成各段外圆直径和长度尺寸、工件总长尺寸的测量	
7	工作时的 6S 要求	机床切屑清扫、机床周围场地清扫，工、量具整理摆放	
8	安全要求	按照车工安全生产规范文明生产	

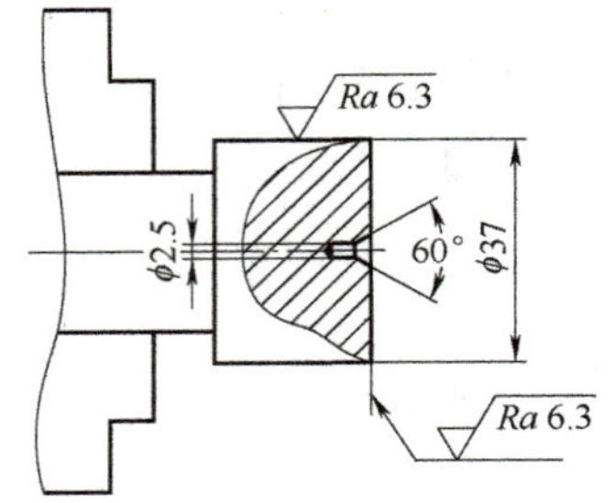

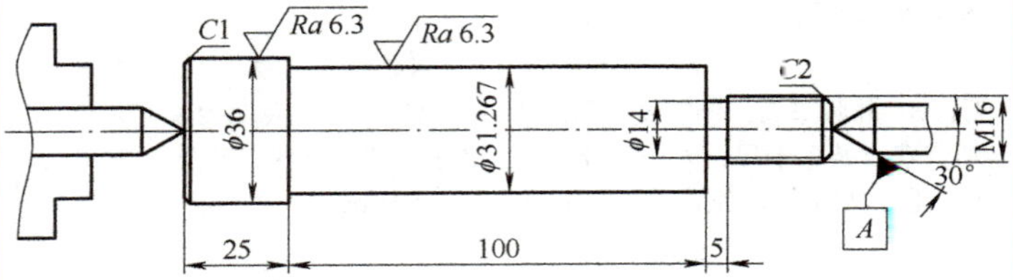

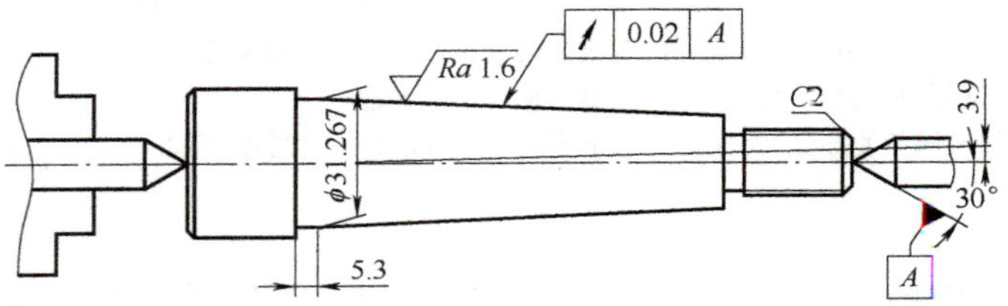

💡 文明和安全操作

机床整理注意事项：

1）机床停机后，要清洁机床，清除切屑。清除切屑一定要用专用钩子或其他工具，不得直接用手去清理。

2）将机床的各部件回位。

3）停机前，不得进行清理工作。

4）工具、量具、刀具应放回指定地点进行保管。

5）检查刮屑板有无损坏，若有损坏应及时替换。

6）检查切削液、润滑油的污染情况，如果混杂严重，则应清洗相关容器后予以更换。

7）检查切削液、润滑油的使用量，如果有必要应予以添加。

8）清理油盘过滤器。

9）实训结束或离开机床前，应关闭总电源开关。

工作四　总结与反馈

1. 车削螺纹、圆锥时产生缺陷的原因及预防措施（表 5-9 和表 5-10）

表 5-9　车削螺纹时产生缺陷的原因及预防措施

产生的缺陷	产生原因	预防措施
中径尺寸不正确	① 高速切削时，切入深度未掌握好 ② 工件安装时没有找正 ③ 中心孔位置不正	① 高速切削时，应及时测量工件 ② 工件安装时找正工件 ③ 检查中心孔位置对中
螺距不正确	在计算或搭配交换齿轮时错误，进给箱手柄位置放错	应在车削第一个工件时，先车出一条很浅的螺旋线，停车后用钢直尺测量螺距尺寸是否正确
局部螺距不正确	① 车床丝杠和主轴的窜动量较大 ② 转动溜板箱手轮时轻重不均匀 ③ 开合螺母间隙太大	① 调整车床丝杠和主轴，防止窜动量较大 ② 均匀转动溜板箱手轮 ③ 调整开合螺母间隙
牙型不正确	① 车刀装夹不正确，产生螺纹的牙型半角误差 ② 车刀刀尖角刃磨得不正确 ③ 车刀磨损	① 一定要使用螺纹样板对刀 ② 正确刃磨车刀刀尖角 ③ 应合理选择切削用量，及时修磨车刀
牙侧表面粗糙度不合格	① 高速切削螺纹时，切削厚度太小或切屑倾斜排出，拉毛牙侧表面 ② 车刀产生积屑瘤，用高速工具钢车刀切削，应降低切削速度，切削厚度应小于 0.07mm，并加注切削液 ③ 刀杆伸出过长，刀杆刚性不够，切削时引起振动 ④ 切削刃磨得不光洁，或在车削中损伤了刃口	① 高速切削螺纹时，最后一刀的切削厚度一般不小于 0.1mm，切屑要沿垂直轴线的方向排出 ② 检查床身导轨和主轴轴线是否平行 ③ 刀杆不要伸出过长 ④ 将切削刃磨得光洁
牙型乱牙	① 车床丝杠螺距不是工件螺距的整数倍时产生乱牙 ② 用倒顺车方法车螺纹时，开合螺母抬起	① 车床丝杠螺距不是工件螺距的整数倍时直接起动开合螺母 ② 用倒顺车方法车螺纹时，开合螺母不抬起
"扎刀"和顶弯工件	① 车刀背前角太大，中滑板丝杠间隙较大 ② 工件刚性差，而切削用量选择得太大	① 粗车螺纹时车刀背前角适当取大些，精车螺纹时背前角取小值，调整中滑板丝杠间隙至合适 ② 当工件刚性差时，切削用量取值小

表 5-10　车削圆锥时产生缺陷的原因及预防措施

产生的缺陷	产生原因	预防措施
锥度不正确	用转动小滑板法车削时 ① 小滑板转动角度计算错误 ② 小滑板移动时松紧不均匀	① 仔细计算小滑板转动的角度和方向，并反复试车找正 ② 调整镶条，使小滑板移动均匀
	用偏移尾座法车削时 ① 工件长度不一致 ② 尾座偏移位置不正确	① 当工件数量较多时，各件的长度必须一致 ② 重新计算和调整尾座偏移量
大小端尺寸不正确	① 车床丝杠和主轴的窜动量较大 ② 转动溜板箱手轮时轻重不均匀 ③ 开合螺母间隙太大	① 调整车床丝杠和主轴，防止窜动量较大 ② 均匀转动溜板箱手轮 ③ 调整开合螺母间隙
双曲线误差	车刀刀尖没对准工件轴线	安装刀具时，车刀刀尖必须严格对准工件轴线

2. 填写 TPM 和 6S 表格

完成表 5-4 普通机床加工区域 TPM 每日点检表和表 5-5 车削区域 6S 检查表的填写。

3. 考核评价

本任务的评分标准见表 5-11。

表 5-11 锥度心轴零件考核评价表

评价内容	考核项目	考核要求	配分	评分标准	得分
知识评价 （线上）	车削基本知识	1. 车削安全文明生产规范 2. 车床基本知识 3. 刀具基本知识 4. 工件装夹基本知识 5. 车削加工基本知识	25	完成线上测验，并查看评分标准	
技能评价 （线下）	车削操作	1. 加工前车床的检查 2. 正确安装工件 3. 选择合适的刀具 4. 选择合适的切削用量，进行车削加工 5. 加工过程中和加工完成后进行工件检测	50	1. 未检查到相应项目，扣 5 分 / 处 2. 工件安装不当，扣 5 分 3. 刀具选择不合适，扣 5 分 4. 切削用量选择不合适，扣 5 分 / 处；车削加工操作不当，扣 5 分 / 处 5. 测量工具选择不当，扣 2 分 / 处；测量方法不正确，扣 3 分 / 处	
职业素养	学习和劳动态度	态度认真、虚心好学、埋头苦干	5	做与课堂无关的事情，扣 1 分 / 次	
	工作与职业操守	规范着装，安全文明操作，无事故隐患和事故苗头	5	1. 违反安全生产规程，视情节扣 1~5 分 2. 违反文明操作规程（工具、器材的摆放不规范；不清理现场），扣 1~5 分 3. 着装不规范，扣 1 分 / 次	
	团队合作精神	具有良好的团队合作精神，热心帮助小组其他成员	5	不团结同学，扣 1 分 / 次	
	现场 6S 管理	能够按照 6S 管理正确管理现场	5	未按照 6S 管理整理现场，扣 1 分 / 处	
	出勤	遵守实训制度，无迟到、早退、请假	5	迟到、早退、请假，扣 1 分 / 次	
合计			100		

技术点拨

一、用自定心卡盘装夹工件

1）用自定心卡盘装夹工件时，为确保安全，应将主轴变速手柄置于空档位置。装夹工件时，右手握稳工件，使工件轴线与卡爪保持平行，左手转动卡盘扳手，将卡爪拧紧，如图 5-44 所示，扳手要随手取下。

2）工件夹紧后，伸出卡爪的长度要超出需切削的长度（伸出越短越好）。

3）在自定心卡盘上装夹工件，若工件较长而夹持部分较短时，工件的远端需要找正。

图 5-44 用自定心卡盘装夹工件

4）在自定心卡盘上装夹工件，若工件较短而夹持部分较长时，工件的远端不需要找正。如有偏差，只能松开卡爪，将工件转过相应角度，再重新夹紧。

5）用自定心卡盘装夹已经精加工过的表面时，工件表面应包一层铜皮，以免夹伤工件表面。

二、用双顶尖装夹工件

1）中心孔钻好之后，将工件置于两顶尖之间，先将心轴一端的中心孔对准主轴上的顶尖，并用手顶住；再用手扶住工件，将尾座松开向前拖动，使尾座上的顶尖顶在工件另一端的中心孔上，再将尾座紧固；摇动尾座上的手轮，使顶尖顶紧工件。此时装夹并没有完成，当车床主轴转动时，工件还不能随主轴转动，需要通过拨盘和卡箍带动工件旋转。

2）尾座套筒尽量伸出短些，但要注意不得影响车削。

3）顶尖的松紧度应适宜，不要过松或过紧。尾座上最好不要装固定顶尖。

4）卡箍上的支承螺钉不能支承得太紧，以防工件变形。

5）由于靠卡箍传递转矩，所以车削工件的切削用量要小。

 拓展知识

车床的维护和常规保养

车床保养得好坏，直接影响零件的加工质量和生产率。为了保证车床的工作精度，延长其使用寿命，必须对车床进行合理的保养，主要内容有清洁、润滑和必要的调整。

当车床运转 500h 以后，需进行一级保养。保养工作以操作人员为主，维修人员配合进行。保养时，必须先切断电源，然后进行保养工作，具体保养内容和要求如下：

1. 外保养

1）清洗机床外表及各罩盖，要求内外清洁、无锈蚀、无油污。

2）清洗长丝杠、光杠和操纵杆。

3）检查并补齐螺钉、手柄等，清洗机床附件。

2. 主轴箱的保养

1）清洗滤油器和油箱，使其无杂物。

2）检查主轴，并检查螺母有无松动，紧固螺钉应锁紧。

3）调整摩擦片间隙及制动器。

3. 溜板的保养

1）清洗刀架，调整中、小滑板镶条间隙。

2）清洗并调整中、小滑板丝杠螺母间隙。

4. 交换齿轮箱的保养

1）清洗齿轮、轴套并注入新油脂。

2）调整齿轮啮合间隙。

3）检查轴套有无晃动现象。

5. 尾座的保养清洗尾座，保持内外清洁

6. 润滑系统的保养

1）清洗冷却泵、过滤器、盛液盘。

2）清洗油绳、油毡，保证油孔、油路清洁、畅通。

3）检查油质是否良好，油杯要齐全，油窗应明亮。

7. 电气部分的保养

1）清扫电动机、电气箱。

2）电气装置应固定，并清洁、整齐。

【自我探索】

同学们根据车床的维护和常规保养要求，在实训结束后进行车床的检查和润滑保养，并记录要点。

_____
_____
_____

拓展练习

如图 5-45 所示变径套，毛坯材料为 40Cr，加工数量为 10 件，小组讨论变径套的加工步骤并进行零件加工。

拓展阅读

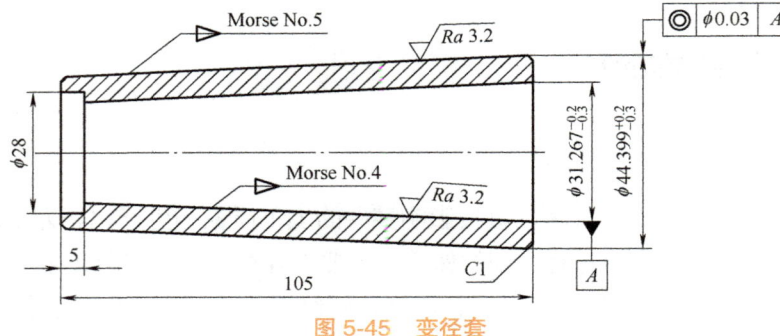

图 5-45 变径套

夹 具

随着我国加工制造业的发展，机床夹具也在不断改进，但是其通用性和精度还有待提高。为提高夹具的通用性，很多企业正在不断进行优化。

一、机床夹具的类型

1. 组合夹具

为了提高专用夹具的使用效果、降低其报废率，将不同形状、不同规格的标准专用夹具组合成为一体，使其可以在多种不同的机床上使用，以加工不同的工件，从而提高夹具的通用性，同时保证加工的精度。由于组合夹具是将多个夹具组合在一起，因此体积和重量较大，在安装使用过程中会造成一定的不便，并且一次性投资高，从而限制其应用推广。

2. 成组夹具

成组夹具也由专用夹具改造而成，主要由固定部分和可更换部分组成，可更换部分可根据加工对象的不同来更换相应的夹具单元，从而提高夹具的通用性。成组夹具尤其适用于用一台机床加工不同规格零件的场合，在加工完一种零件后，可通过快速更换夹具单元的方式加工另一种规格的零件，因此具有精度高、通用性好的优点，而且比组合夹具的成本低，但其自动化程度不够，无法满足现代机床加工的要求。

3. 自动化夹具

为适应自动化机械加工的需要，夹具也正在加快自动化进程。在自动化加工过程中，自动化夹具可根据加工的需要实现自动更换，整个过程不需人工介入，因此更换速度较快。在自动化夹具的使用过程中，要注意设计好夹具输送、更换的工艺，使待更换的夹具能够准确输送到预定部位，并借助气动、电动或液压等方式实现快速更换。另外，由于自动化高速切削会带来大量的切屑，因此必须在夹具上设计自动清屑装置，避免影响切削工作，同时要做好夹具以及夹具与机床接触部位的润滑工作，防止加工过程中磨损过大。由于自动化加工过程一般持续性较强，因此这些工作都需要预先设定好程序，使之可以在无人操作的情况下完成。

4. 数控机床夹具

随着机械制造行业的飞速发展，数控机床得到了广泛的应用。数控机床加工精度高、加工速度快，加工产品的转换容易实现，自动化程度也较高，适合用在多种不同规格、种类工件的加工以及高精度、多工序、小批量工件的加工中。数控机床对夹具提出了更高的要求：首先，夹具要具备高精度加工的要求，并且能够做到自身的快速更换以及夹具对加工工件的快速装夹；其次，夹具应具有良好的敞开性和机动性，机床坐标系中坐标关系要明确，数据要简单，便于坐标的转换计算；最后，部分数控机床还要求相应夹具具备协助刀具自动对刀的功能。

二、现代机床夹具的发展方向

1. 标准化

现代机床夹具在实现通用性的前提下，为降低夹具本身的成本，应朝着标准化的方向发展，即应在现行的国家通用夹具、组合夹具标准的基础上，制定适合所有种类夹具的加工标准，使机床夹具成为一种标准化机床配套设备，以促进机床夹具本身的商品化和规模化生产，降低夹具自身成本。

2. 精密化

随着社会各行业对机械加工产品的精度要求越来越高，要求现代机床夹具向高精密化的方向发展。夹具的精密化主要体现在夹具结构的设计上，目前较为精密的夹具有自定心卡盘、多爪卡盘等。设计人员在对夹具进行结构设计时要充分发挥主观能动性，以实现更高精度的机械加工。

3. 高效化

随着现代机械加工行业竞争的日益激烈，要求机械加工企业要最大限度地提高工作效率，因此对现代机床夹具也提出了更高的要求。首先，机床夹具要能适应高速加工的要求，并最大程度降低生产的辅助时间，以提高机床的劳动生产率，保持加工的连续性。例如，在高速车床上采用自定心卡盘夹紧工件，可以适应 10000r/min 的高速加工条件；又如，采用电动虎钳装夹工件，比人工装夹的效率提高了 5 倍以上，大大提高了机械加工的生产率。

4. 柔性化

夹具的柔性化是通过对夹具的结构进行科学的设计，将不可拆卸机构改造成可拆卸机构，使之可以通过自身的组合、调整来满足各种工艺需求。

可以预见，随着科技的发展，还会出现更为先进的机床夹具。

【共鸣反思】

党的二十大报告指出，"建设现代化产业体系。坚持把发展经济的着力点放在实体经济上"。实体经济发展的着力点在制造业，而制造业高质量发展的关键在于创新。通过夹具类型和发展方向的介绍，充分说明了创新在制造业发展中发挥着重大的作用。请大家思考：在专业学习过程中如何培养、提升自己的创新能力？

参 考 文 献

[1] 杨跃. 典型焊接接头电弧焊实作 [M]. 2版. 北京：机械工业出版社，2016.
[2] 雷世明. 焊接方法与设备 [M]. 3版. 北京：机械工业出版社，2014.
[3] 孙景荣. 实用焊工手册 [M]. 3版. 北京：化学工业出版社，2007.
[4] 人力资源和社会保障部. 中国高技能人才楷模事迹读本：第二辑 [M]. 北京：中国劳动社会保障出版社，2010.
[5] 陈倩清. 焊接实训指导 [M]. 哈尔滨：哈尔滨工程大学出版社，2007.
[6] 许志安. 焊接实训 [M]. 2版. 北京：机械工业出版社，2016.
[7] 钟诚. 金属焊接工 [M]. 北京：煤炭工业出版社，2006.
[8] 杨跃，扈成林. 电弧焊技能项目教程 [M]. 北京：机械工业出版社，2013.
[9] 王强. 金工实习 [M]. 北京：机械工业出版社，2012.
[10] 路宝学，邓洪军. 焊条电弧焊实训 [M]. 3版. 北京：机械工业出版社，2019.
[11] 吴志亚. 焊接实训 [M]. 3版. 北京：机械工业出版社，2021.
[12] 陈学永. 工程实训指导书：金工实习 [M]. 北京：机械工业出版社，2018.
[13] 王铁成，张艳蕊，师占群. 工程训练简明教程 [M]. 北京：机械工业出版社，2019.
[14] 刘军，马战文，范启东. 金工实训 [M]. 哈尔滨：哈尔滨工业大学出版社，2021.
[15] 柳秉毅. 金工实习：热加工 [M]. 4版. 北京：机械工业出版社，2019.